宏观经济学习题与解答

主　编　张　顺

副主编　周　正

中国教育出版传媒集团

高等教育出版社·北京

内容简介

本书是按照马克思主义理论研究和建设工程重点教材——《西方经济学（第二版）》（下册）宏观经济学部分框架编写的学习辅导资料。本书每章由四部分构成：第一部分是内容框架结构与复习重点；第二部分为章后思考题详解，具体包括扫码自测习题的解析和思考题的解析；第三部分是精编习题；第四部分是精编习题详解，对精编习题中的选择题、判断题、名词解释、问答题、计算题、案例分析题都给出了详尽解析。内容紧扣教材，并超越教材，习题全部源于宏观经济学的基本概念、基本理论、基本分析方法。

本书既是高等学校本科生学习宏观经济学的学习辅导书，也是考研人员备考宏观经济学的必备参考书。

图书在版编目（CIP）数据

宏观经济学习题与解答 / 张顺主编；周正副主编. -- 北京：高等教育出版社，2023.6
ISBN 978-7-04-060392-7

Ⅰ. ①宏… Ⅱ. ①张… ②周… Ⅲ. ①宏观经济学-高等学校-教学参考资料 Ⅳ. ①F015

中国国家版本馆 CIP 数据核字（2023）第 066253 号

宏观经济学习题与解答
Hongguan Jingjixue Xiti yu Jieda

策划编辑 施春花　责任编辑 奚 玮　封面设计 杨立新　版式设计 童 丹
责任绘图 李沛蓉　责任校对 商红彦 吕红颖　责任印制 朱 琦

出版发行 高等教育出版社
社　　址 北京市西城区德外大街 4 号
邮政编码 100120
印　　刷 三河市吉祥印务有限公司
开　　本 787mm×1092mm 1/16
印　　张 19.5
字　　数 320 千字
购书热线 010-58581118
咨询电话 400-810-0598
网　　址 http://www.hep.edu.cn
　　　　 http://www.hep.com.cn
网上订购 http://www.hepmall.com.cn
　　　　 http://www.hepmall.com
　　　　 http://www.hepmall.cn
版　　次 2023 年 6 月第 1 版
印　　次 2023 年 6 月第 1 次印刷
定　　价 52.00 元

物 料 号 60392-00

序

马克思主义理论研究和建设工程是关系中国特色社会主义事业发展全局的战略工程、生命工程、基础工程，是巩固马克思主义在意识形态领域指导地位的基础工程，是一项重大的创新工程。2016 年 5 月，习近平在哲学社会科学工作座谈会中谈到，要加强马克思主义学科建设，加快完善对哲学社会科学具有支撑作用的学科，如哲学、历史学、经济学等，打造具有中国特色和普遍意义的学科体系，充分发挥马克思主义理论研究和建设工程的作用。学科体系同教材体系密不可分，学科体系建设上不去，教材体系就上不去，反过来，教材体系上不去，学科体系就没有后劲。正确处理学科体系和教材体系的关系至关重要。

马克思主义理论研究和建设工程重点教材《西方经济学》在 2019 年推出了第二版，同时也对原来相关教学资源建设的数量和质量提出了更多更高的要求。随着马工程重点教材《西方经济学》在高校使用的范围越来越广，一线从事西方经济学教学的教师参与马工程重点教材相关资源建设的积极性越来越高。为进一步服务高校师生西方经济学课程的教与学，由大连民族大学张顺老师领衔，部分多年深耕西方经济学乃至政治经济学一线教学，且具备丰富教学经验和一定学术水平的教师编写了《微观经济学习题与解答》《宏观经济学习题与解答》等读本。

本书是按照马工程重点教材《西方经济学（第二版）》（下册）宏观经济学部分框架编写的辅导资料。大体划分为内容框架结构与复习重点、章后思考题详解、精编习题、精编习题详解四大部分。该书具有以下四个特点：

第一，习题内容紧扣教材，并提炼了教材的各个知识点；试题内容囊括了宏观经济学的基本概念、基本理论、基本分析方法，以及重点难点的解答和典型考研试题。

第二，题型全面、重点突出、深入浅出，针对每个小知识点编写了大量的单项选择题、多项选择题和判断题，尽量覆盖全部知识点。对于复杂的理论问题，该书以问答题、计算题的形式进行阐述。

第三，习题设置由浅入深，循序渐进，先是吃透知识点，然后围绕知识点展开测试，符合教育教学规律和人才培养要求，凸显学科教学特点，促进了教材体系向教学体系的转化。

第四，该书关注新时代中国特色社会主义丰富实践，力图把中国特色社会主义与马克思主义中国化最新成果贯穿教学全过程。

《宏观经济学习题与解答》既是高等学校本科生学习西方经济学课程的学习辅导书，是自学、自测、巩固提高、加深理解基本理论和基本知识的必备读物，也是研究生入学考试课程宏观经济学的必备参考书。

颜鹏飞

2022 年 1 月 5 日

前　言

在高等院校，宏观经济学是经济及管理类学科的基础课和必修课，是学生提高综合素质和适应社会生活应该了解并掌握的基本理论。有针对性地做一些习题，分析一些经典案例，是学习和掌握宏观经济学的有效途径。

由高等教育出版社出版的马工程重点教材《西方经济学》是本领域专家精心编写、使用最广泛的本科教材。本书是按照马工程重点教材《西方经济学（第二版）》（下册）宏观经济学部分的框架编写的习题与解答。本书由四部分构成，第一部分是内容框架结构与复习重点，第二部分是章后思考题详解；第三部分是精编习题；第四部分是精编习题详解。习题紧扣教材，并超越教材，习题内容再现宏观经济学的基本概念、基本理论、基本分析方法、重点难点和典型考研试题。

本书内容力求做到紧扣教材、题型全面、重点突出、深入浅出。针对每个知识点编写了大量的单项选择题、多项选择题、判断题、名词解释、问答题、计算题和案例分析题。针对马工程重点教材《西方经济学》没有涉及但有助于读者拓展学习的知识点编写的习题以 * 标识。本书是高等院校本科生、考研学生、自考生等学习宏观经济学的配套用书。每道题都配备参考答案和解析，是加深理解宏观经济学基本理论和基本知识的必备读物、良师益友。

本书的编写分工如下：由张顺负责总设计和修改校对工作。第九章、第十章由张顺老师编写；第十一章由周正老师编写；第十二章由滕月老师编写；第十三章由臧宇老师编写；第十四章由师颖新老师编写；第十五章由李严老师编写；第十六章由上创利老师编写。另外，本书得以顺利出版要感谢对书稿进行评阅并给出修改意见的颜鹏飞教授、刘凤良教授、吴汉洪教授；在编写过程中提供宝贵建议或资料的李怀教授、刘文革教授、马书琴教授、范丹教授、林吉双教授、高长春教授、赵万里教授、张树安教授、刘大志教授、张巨勇教授、韩平教授等；在本书编写过程中，参考了国内外一些同类资料，对同类资料的贡献者深表谢意。感谢高等教育出版社编辑团队的指导和审阅。对于本书的错误和不足，希望得到读者和专家的指正，你们的指导对我们完善此书将有巨大帮助。主编邮箱是 xfjjxxtj@126.com。

张　顺

2022 年 9 月 25 日于大连

目　　录

第九章　宏观经济的基本指标及其衡量

第一部分　内容框架结构与复习重点

一、内容框架结构

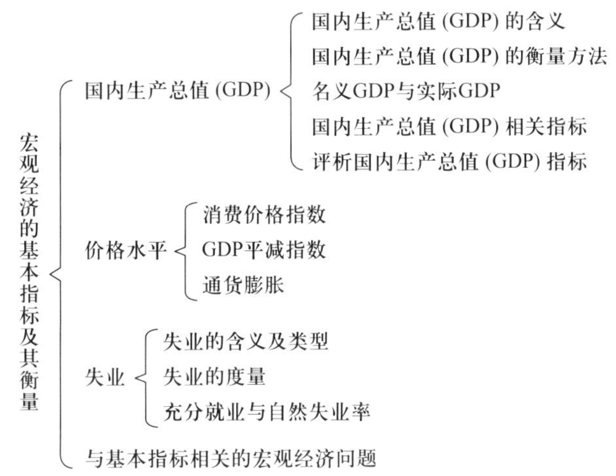

二、复习重点

1. 主要概念

国内生产总值（GDP）、名义 GDP、实际 GDP、GDP 平减指数、国民生产总值（GNP）、国民收入（NI）、国民净产值（NNP）、可支配收入、消费价格指数（CPI）、通货膨胀、失业、滞胀

2. 基本理论

国民收入核算的支出法、国民收入核算的收入法、评析国内生产总值（GDP）指标

第二部分　章后思考题详解

一、扫码自测习题

（一）单选题

1. 失业率是指（　　）。

A. 失业人数与成年人总数之比

B. 失业人数与劳动力总数之比

C. 劳动人数与劳动年龄人口数之比

D. 失业人数与就业人数之比

答案 B，解析：失业率是考察失业人数占劳动力人数的比率。劳动年龄人口数是社会总人口中处于劳动年龄范围的人口，我国法定工作年龄是 16 岁到退休年龄。劳动力是劳动年龄人口中，有劳动能力、愿意工作的人。劳动年龄人口数大于劳动力人数。劳动力参与率是劳动力人数与劳动年龄人口数之比。

2. 用支出法核算 GDP 的公式可表示为（　　）。

A. $GDP=C+I+G+NX$　　B. $GDP=C+I-G+NX$

C. $GDP=C-I+G+NX$　　D. $GDP=C+I+G-NX$

答案 A，解析：支出法核算 GDP，指通过核算一定时期内整个社会购买最终产品和服务的总支出即总卖价来核算 GDP。GDP 为家庭、企业、本国政府和外国对本国最终产品和服务的支出总和。

3. 国内生产总值（GDP）是（　　）生产的最终产品和服务的市场价值。

A. 一国公民　　B. 一国（或地区）范围内

C. 一地区公民　　D. 一国公民在本国范围内

答案 B，解析：国内生产总值（GDP）以地域为统计标准。

4. 在宏观经济学中，三部门经济是指（　　）。

A. 家庭部门、企业部门和政府部门的经济

B. 家庭部门、企业部门的经济

C. 企业部门、政府部门和国外部门的经济

D. 家庭部门、企业部门和国外部门的经济

答案 A，解析：三部门经济指封闭经济国内三部门，即家庭部门、企业部门和政府部门的经济。

（二）多选题

1. 下面关于 GDP 的描述正确的是（　　　）。

A. GDP 是一个市场价值概念

B. GDP 衡量所有产品和服务的价值

C. GDP 是一国（或地区）范围内生产的最终产品和服务的市场价值

D. GDP 衡量一定时间内所生产的产品和服务的价值

E. GDP 不包括服务的市场价值

答案 ACD，解析：GDP 不包括中间产品，故 B 不对。GDP 衡量一定时间内所生产的产品和服务的价值，包含服务的市场价值，所以 E 不选。

2. 下面表述正确的是（　　）。

A. 充分就业就是经济中的失业率为零的状态

B. 经济中不存在周期性失业的状态为充分就业

C. 充分就业情况下的失业率是自然失业率

D. 结构性失业是政府最为关注的失业

E. 失业率和就业率之和总是等于 1

答案 BCE，解析：充分就业存在自然失业，不存在周期性失业。充分就业时存在失业，失业率也在 5%左右。政府最为关注的失业是周期性失业。失业率和就业率之和总是等于 1。

3. 在宏观经济学中，衡量一般价格水平，一般有以下指标：（　　）。

A. GDP 平减指数　　B. CPI

C. PPI　　D. 石油的价格

E. 钢铁的价格

答案 ABC，解析：PPI 是生产者价格指数，反映生产资料价格变化情况。个别商品价格变化不能代表价格水平，所以 D、E 不选。

4. 核算 GDP 一般有如下几种方法：（　　）。

A. 增值法　　B. 收入法

C. 支出法　　D. 加成法

E. 边际法

答案 ABC，解析：增值法核算一定时期一个区域产品和服务价值的增值。产出 = 收入 = 总支出 = 价值增值。加成法和边际法不是 GDP 的核算方法。

（三）判断题

1. 实际 GDP 是比名义 GDP 更明确的经济福利衡量指标。（　）

答案√，解析：实际 GDP 剔除了价格因素对生产产品和服务数量的影响，比名义 GDP 更能衡量经济福利指标。

2. CPI 是衡量经济中价格水平变化的唯一指标。（　）

答案×，解析：衡量经济中价格水平变化的主要指标有 GDP 平减指数、消费价格指数（CPI）、生产价格指数（PPI）。

3. GDP 属于流量。（　　）

答案√，流量是一定时期发生的量。GDP 衡量一定时期新生产的价值或者一定时期价值的增量。

4. 周期性失业是政府最为关注的失业。（　　）

答案√，解析：周期性失业对社会影响大，而且政府可以有所作为，降低周期性失业率。

二、思考题

1. 举例说明经济中流量和存量的联系与区别。

解析：存量是指某一时点上存在的某种经济变量的数值，其大小没有时间维度；流量是指一定时期内发生的某种经济变量的数值，其大小有时间维度。二者也有联系，存量由流量累积而成，有时流量来自存量，又归于存量。例如，工资是劳动者的主要收入来源，工资就是流量，储蓄是存量，工资影响储蓄；同时，储蓄增多，可能带给劳动者更多获得收入的机会，存量也会影响流量。

2. 为什么人们购买股票从个人来说是投资，而在经济学中不算是投资？

解析：经济学上所讲的投资是增加或替换资本资产的支出，即建造厂房、购买机器设备、存货和住宅上的支出总和，而人们购买债券和股票的证券交易活动是一种产权转移活动，并不是实际的生产经营活动，因而不属于经济学意义的投资活动，也不能计入 GDP。企业在一级市场上从人们手里取得了出售债券或股票的货币资金去购买厂房或机器设备，才算投资活动。

3. 说明核算 GDP 的支出法。

解析：对于整个经济体来说，产出 = 收入 = 支出。用支出法核算 GDP 就是衡量在一定时期内整个社会购买最终产品和服务的总支出。该方法将一国经济从对产品和服务需求的角度划分为四个部门，即家庭部门、企业部门、政府部门和国外部门。支出法按照四部门核算 GDP：$GDP=C+I+G+NX$。

4. 名义 GDP 和实际 GDP 哪一个能更好地描述经济活动的变化和经济福利状况？

解析：名义 GDP 是指用现期价格衡量全部最终产品和服务的价值。名义 GDP 的变动可以有两种原因：一是实际产量的变动，二是价格的变动。也就是说，名义 GDP 的变动既可能是实际产量变动引起的，又可能是价格水平变动引起的。

实际 GDP 是使用一组不变价格衡量的产品和服务的价值。实际 GDP 的变动仅仅是由于实际产量的变动所引起的。也就是说，实际 GDP 的变动仅仅反映了实际产量变动的情况。因此，相对于名义 GDP，实际 GDP 能更好地描述经济活动的变化和经济福利状况。

5. 说明 GDP 这一指标的缺陷。

解析：（1）GDP 并不能反映经济中的收入分配状况。GDP 高低或人均 GDP 高低并不能说明一个经济体中的收入分配状况是否理想。

（2）由于 GDP 只涉及与市场活动有关的那些产品和服务的价值，因此它忽略了家庭劳动和地下经济因素。

（3）GDP 不能反映经济增长付出的成本。

（4）GDP 不能完全反映人们的生活质量。

（5）国民收入核算没有反映就业率、人们的劳动强度。人们的劳动强度高、就业率低，则整体福利水平下降。

（6）国民收入核算不能很好地反映一国的科技水平和劳动生产率。

（7）GDP 不能反映社会建设、政治建设、生态建设和文化建设情况。

6. 比较 GDP 平减指数和消费价格指数。

解析：(1) 名义 GDP 是用现期价格计算的一定时期生产的全部最终产品和服务的价值。实际 GDP 是选取某一年的价格为基年价格，按照基年价格计算的一定时期生产的全部最终产品和服务的价值。

$$GDP\text{ 平减指数}=\frac{\text{名义 }GDP}{\text{实际 }GDP}\times 100$$

（2）消费价格指数即 CPI，它测量的是典型城镇家庭的生活成本。可以表述为“商品篮子”中城镇家庭主要消费的产品和服务现期费用额与这一篮子产品和服务某个基期费用额之比。

$$CPI=\frac{\text{现期价格下“商品篮子”的费用额}}{\text{基期价格下“商品篮子”的费用额}}\times 100$$

（3）GDP 平减指数与消费价格指数是衡量通货膨胀率的常用指标。

（4）两者差异。第一，GDP 平减指数衡量生产出来的所有产品和服务的价格水平，而 CPI 衡量的只是消费者购买的产品和服务的价格水平。因此，企业或政府购买的产品价格上升只会反映在 GDP 平减指数上，而不会反映在 CPI

上。第二，GDP 平减指数只包括国内生产的产品。进口品并不是 GDP 的一部分，其价格变动也不反映在 GDP 平减指数上。因此，当在国内销售的进口品价格上升时，会影响 CPI，但这种变化并不影响 GDP 平减指数。第三，CPI 给不同产品的价格分配固定的权重，GDP 平减指数商品权重随产出量变化而变化。

7. 如果一个城市消费者的“商品篮子”包括 5 千克大米和 2 个橘子。以 2010 年为基期，写出 2018 年该城市 CPI 的计算表达式。

解析：$CPI_{2018}=\frac{5P_{2018,\text{大米}}+2P_{2018,\text{橘子}}}{5P_{2010,\text{大米}}+2P_{2010,\text{橘子}}}\times 100$，其中$P_{2018,\text{大米}}$表示 2018 年每千克大米的价格，$P_{2018,\text{橘子}}$表示 2018 年每个橘子的价格。

8. 失业主要有哪些类型？哪种类型的失业是政府最为关注的？

解析：失业主要分为三种类型：摩擦性失业、结构性失业和周期性失业。具体说来，摩擦性失业是指因工人和工作之间的匹配过程所引起的失业。摩擦性失业产生的原因在于失业人员和有职位空缺的雇主之间的信息在相互搜寻过程中需要花费一些时间。结构性失业是指源于工人的技能和特征与工作要求的持续不匹配所引起的失业。结构性失业的原因有两种情况：一是在某特定地区，劳动力市场上所需要的技能与劳动者实际供给的技能之间出现了不匹配的现象；二是劳动力供给和劳动力需求在不同地区之间出现了不平衡的现象。周期性失业是指一个经济周期内随着经济衰退而上升，随着经济扩张而下降的波动性失业，当一个经济体中的总需求下降，进而引起劳动力需求下降时，周期性失业就出现了。

结构性失业和摩擦性失业是失业的常态，不可克服，长期存在，数量稳定，也被统称为自然失业。因此，周期性失业是政府可以调节、最为关注的失业类型，也是宏观经济学研究的主要失业类型。

9. 说明中国目前所使用的失业率指标，并进行评价。

解析：2018 年 4 月 17 日，国家统计局正式向社会公开发布城镇调查失业率。调查失业率，是指通过劳动力调查或相关抽样调查推算得到的失业人口占全部劳动力的百分比。将登记失业率和调查失业率并用，同时公布两种来源的数据，能够为分析研判我国就业失业状况提供更加全面、准确、完整、及时的信息依据。

城镇调查失业率与城镇登记失业率的区别主要体现在以下三个方面：一是数据来源不同，前者的失业人口数据来自劳动力调查，而后者的失业人口数据来自政府就业管理部门的行政记录。二是失业人口的指标定义不同，前者采用国际劳工组织的失业标准，后者是指 16 岁至退休年龄内没有工作而想工作，并在就业服务机构进行了失业登记的人员。三是统计范围不同，前者按照常住人口统计（既包括城镇本地人，也包括外来的常住人口），后者是本地非农户籍的人员。

国际劳工组织数据显示，发达国家和地区平均失业水平为 6.6%，发展中国家和地区平均失业水平为 5.5%，全球平均失业率水平为 5.7%。与世界其他国家和地区相比，我国城镇地区失业率水平既低于全球平均水平，也低于发展中国和地区的平均水平，就业形势持续稳定。

10. 说明在衡量失业工作中可能面临的问题。

解析：失业人口是指那些有工作能力，想要工作却没有工作的人员。衡量失业可能面临的问题有：

(1) 找到一个可靠的方式来确定谁是失业者。一方面，有些人在现实中由于找工作不顺利而变得非常沮丧，从而停止寻找工作。这些人突然之间不被算作劳动力人口，使得失业率下降。这是对实际失业率的低估。另一方面，当经济体经历衰退后开始复苏时，这些人注意到经济环境开始变好了，周围的人有了新的工作，从而受到鼓励再次投入找工作的队伍当中，这些受到鼓励的工人又被算作失业人员。这就导致一个悖论，即当收入和就业增加时，失业率反而上升了。

(2) 有人为了获得失业救济金，或者失业保险，伪装失业。

第三部分　精 编 习 题

一、单项选择题

1. 宏观经济学以国民收入为中心，被称为（　　）理论。

A. 收入　　B. 价格　　C. 供求　　D. 分配

2. 宏观经济学的研究对象是（　　）。

A. 经济个体决策者的行为及其后果

B. 总体经济行为及总体经济变量的决定

C. 消费者或生产者个体利益最大化

D. 采用个量分析方法

3. 国内生产总值中的中间产品是指（　　）。

A. 有形的产品

B. 既包括有形的产品，也包括无形的产品

C. 无形的产品

D. 消费资料

4. 国内生产总值是一年内一个经济体中（　　）的市场价值。

A. 消费的所有最终产品　　B. 生产的所有最终产品和服务

C. 生产的所有中间产品　　D. 生产的所有产品和服务

5. 下列应计入 GDP 的是（　　）。

A. 购买二手轿车　　B. 购买 20 万元股票

C. 政府转移支付　　D. 当年生产的面包

6. 下列应该计入当年国内生产总值的是（　　）。

A. 租房子的租金　　B. 居民家庭食用的面粉

C. 理发师的工资　　D. 以上都对

7. 下列变量属于存量的是（　　）。

A. 净出口　　B. 消费支出　　C. 个人财富　　D. GDP

8. 政府购买支出是指（　　）。

A. 政府购买各种产品和服务的支出　B. 等于政府全部支出

C. 总量等于政府税收收入　　D. 各种转移支付支出

9. 2021 年，某企业资本存量为 5 600 亿元，本年度投入 800 亿元的资本品，同时资本的折旧是 500 亿元，则该企业本年度的总投资和净投资分别为（　　）。

A. 5 600 亿元和 300 亿元　　B. 5 600 亿元和 500 亿元

C. 800 亿元和 300 亿元　　D. 6 400 亿元和 500 亿元

10. 在核算 GDP 时，投资是指（　　）。

A. 购买股票、债券等

B. 购买房地产和家庭教育支出

C. 购买新厂房、设备和金融资产

D. 购买新厂房、新设备、存货和新的住宅

11. 国民净产值等于国内生产总值与（　　）的差。

A. 折旧　　B. 直接税
C. 间接税　　D. 个人收入所得税

12. 如果某区域 2019 年的 GDP 以当年价格计算为 480 亿元，2021 年的 GDP 以当年价格计算为 1 008 亿元，相应的 2019 年 GDP 平减指数为 80，2021 年 GDP 平减指数为 120，那么，2021 年的实际 GDP 值比 2019 年的实际 GDP 增长了（　　）。

A. 10%　　B. 20%　　C. 30%　　D. 40%

13. 某区域 2022 年名义 GDP 增加了，说明 2022 年此区域（　　）。

A. 产出增加了　　B. 物价和产出都增加了
C. 物价上涨了　　D. 都有可能，不能确定

14. 假设某经济体第一年即基年的名义 GDP 为 1 000 亿元人民币，如果第二年实际产出增加了 10%，价格指数翻了一倍，则第二年的名义 GDP 等于（　　）。

A. 1 100 亿元　　B. 2 200 亿元　　C. 4 000 亿元　　D. 2 000 亿元

15. 如果 2020 年年底的价格指数是 125，2021 年年底的价格指数是 130，那么，2021 年的通货膨胀率是（　　）。

A. 4%　　B. 3.8%　　C. 5%　　D. 8%

16. 如果 2021 年的 CPI 是 200，而 2010 年的 CPI 是 100，那么 2021 年的 100 元相当于 2010 年的（　　）。

A. 200 元　　B. 100 元　　C. 50 元　　D. 60 元

17. GDP 平减指数（　　）。

A. 衡量生产的全部最终产品的价格
B. 既衡量国内产品价格，也衡量进口产品价格
C. 给各种产品价格分配的权重是固定的
D. 衡量生产的全部生活资料的价格

18. 消费价格指数（　　）。

A. 反映社会总产品的价格　　B. 不包括进口产品的价格
C. 包括全部生产资料的价格　　D. 给各种价格分配固定权重

19. 28 岁的李某身体健康，没有工作、在找工作，但没有找到工作，李某（　　）。

A. 不是劳动力　　B. 是失业的劳动力

C. 失业但不是劳动力　　D. 就业且是劳动力

20. 如果一个失业者停止找工作，那么失业率会（　　），劳动力参与率（　　）。

A. 下降，上升　B. 下降，下降　C. 不变，下降　D. 上升，下降

21. 2021 年，某地区成年人总数为 2 000 万人，劳动力参与率是 60%，失业率是 5%，那么就业和失业人数大约分别是（　　）

A. 1 200 万和 60 万　　B. 1 140 万和 60 万

C. 1 140 万和 10 万　　D. 1 200 万和 10 万

二、多项选择题

1. 下列关于宏观经济学的描述正确的是（　　）。

A. 以社会总体的经济行为及其后果为研究对象

B. 研究整个社会的经济活动

C. GDP 是进行宏观分析的主要经济变量

D. 宏观经济学采用总量分析法

2. 为什么说 GDP 没能全面地衡量社会的福利总水平？（　　）

A. 没有衡量闲暇的价值

B. 没有计量非市场经济活动的价值

C. 没有计量地下经济活动的价值

D. 没有反映经济增长所付出的代价

3. 下述对 GDP 的含义理解正确的是（　　）。

A. GDP 是个市场价值概念

B. 为了避免重复计算，GDP 只计算最终产品价值，而不计算中间产品价值

C. GDP 仅指一定时期内生产的最终产品而不是一定时期内所售出的最终产品

D. GDP 以地域为衡量范围，GNP 以国民为衡量范围

4. 对于一个经济体的核算来讲，下列说法正确的是（　　）。

A. 收入等于支出　　B. 产出大于支出

C. 收入等于产出　　D. 收入、产出、支出三者相等

5. 国民收入核算的方法包括（　　）。

A. 支出法　　B. 收入法　　C. 生产法　　D. 企业法

6. 测度宏观经济运行的重要指标有（　　）。

A. 国民收入　　B. 失业率　　C. 物价水平　　D. 消费者剩余

7. 按照支出法核算 GDP，应该包括（　　）。

A. 个人消费支出总额　　B. 私人国内投资总额

C. 政府购买的产品和服务总额　　D. 产品与服务出口净额

8. 下列各项会计入 GDP 的是（　　）。

A. 政府转移支付　　B. 消费者购买一辆新汽车

C. 企业购买新机器　　D. 政府支付给公务员工资

9. 下列各项中，按收入法核算国内生产总值的要素收入的是（　　）。

A. 业主收入　　B. 雇员报酬　　C. 政府转移支付　D. 个人租金收入

10. 国内生产总值与国民生产总值的关系是（　　）。

A. 国内生产总值加上来自国外的净要素收入就得到国民生产总值

B. 国内生产总值加本国生产要素在国外获得的要素收入，减去本国付给外国生产要素在本国获得的收入，就可以得到相对应的国民生产总值

C. GDP 从国民角度划分，考虑的是一国经济领土内的经济产出总量

D. GNP 从国民角度统计国民运用生产要素所生产的商品总量

11. 中国的联想集团在美国的分公司取得的利润应该计入（　　）。

A. 美国的 GNP　　B. 中国的 GDP　　C. 中国的 GNP　　D. 美国的 GDP

12. 美国的可口可乐公司在中国的分公司取得的利润应该计入（　　）。

A. 美国的 GNP　　B. 中国的 GDP　　C. 中国的 GNP　　D. 美国的 GDP

13. 下列表述正确的是（　　）。

A. NNP 指国民净产值，是 GNP 扣除折旧的部分

B. NI 指国民收入，是指一个国家在一定时期内用于生产的各种生产要素所得到的全部收入

C. PI 即可支配收入

D. GDP 指国内生产总值，是指一国（或地区）在一定时期内境内生产的最终产品与服务的市场价值总和

14. 下述对名义 GDP 和实际 GDP 的表述正确的是（　　）。

A. 名义 GDP 是指用生产产品和服务的当年价格计算的全部最终产品的市场价值

B. 实际 GDP 是指将从前某一年的价格作为基期价格所计算出来的当年全部最终产品的市场价值

C. 实际 GDP=名义 GDP÷GDP 平减指数×100

D. GDP 平减指数=名义 GDP÷实际 GDP×100

15. 如果我国从美国进口的汽车价格下降了，这将使（　　）。

A. GDP 平减指数下降　　B. CPI 上升

C. GDP 平减指数不变　　D. CPI 下降

16[*]. 价格指数主要包括三种：（　　）。

A. CPI　　B. PPI　　C. DPI　　D. GDP 平减指数

17. 某国的成年人口总数是 5 000 万，其中劳动力是 4 000 万，就业人数是 3 600 万，那么下列说法正确的是（　　）。

A. 该国的失业率为 10%　　B. 该国的劳动力参与率为 80%

C. 该国的就业率为 90%　　D. 该国的失业率为 20%

18. 决定一国总产出的主要因素是（　　）。

A. 劳动投入　　B. 资本存量　　C. 技术　　D. 国土面积

19. 宏观经济运行中可能出现的主要经济问题有（　　）。

A. 经济波动　　B. 失业　　C. 通货膨胀　　D. 滞胀

20[*]. 下列储蓄-投资恒等式正确的是（　　）。

A. 在四部门经济中，$I=S+(T-G)+(M-X+Kr)$

B. 在三部门经济中，$I=S+(T-G)$

C. 在四部门经济中，$I=S+(G-T)+(X-M+Kr)$

D. 在两部门经济中，$I=S$

三、判断题

1. 2021 年生产而在 2022 年出售的家用电视机的价值可以计入 2022 年的国内生产总值。（　　）

2. 张某改自己做饭为到饭店吃饭，消费支出增加了，国内生产总值不变。（　　）

3. 居民购买的辣椒和老干妈食品厂为制作辣酱而买的辣椒都应计入国内生产总值。（　　）

4. 2021 年，某人出售一幅毕加索油画所得到的 2 000 万元的收入，应该计

入2021年的国内生产总值。（ ）

5. 名义GDP的变动是由该国所生产的最终产品和服务的数量变动引起的。（ ）

6. 在国民收入核算中，产出=收入=支出。（ ）

7. 按照收入法，个人从政府债券和公司债券中获得的利息收入都应计入GDP。（ ）

8. 用增值法统计GDP，存在重复记账的问题。（ ）

9. 私人住宅在国民收入核算中，被作为消费支出处理。（ ）

10. 折旧费影响个人可支配收入，是个人可支配收入的一部分。（ ）

11. 企业在某一期的存货投资不可能为负值。（ ）

12. 国内生产总值减去折旧就是国民生产总值。（ ）

13. 没有工作的人就是失业者。（ ）

14. 充分就业就是劳动年龄人口都有工作，没有失业。（ ）

15. 自然失业率等于充分就业时的失业率。（ ）

16. 消费价格指数在计算时，把居民所购消费品逐个按照现期和基期价格进行统计。（ ）

17. 2018年的价格指数是20，2019年的价格指数是21.2，2019年通货膨胀率是12%。（ ）

18. GDP平减指数衡量国内销售的全部产品，也包括进口产品的价格。（ ）

四、名词解释

1. 国内生产总值（GDP） 2. 最终产品 3. 中间产品 4. 投资 5. 重置投资 6. 净投资 7. 政府购买 8. 政府的转移支付 9. 核算GDP的收入法 10. 名义GDP 11. 实际GDP 12. 实际人均GDP 13. 国民生产总值（GNP） 14. 国民收入（NI） 15. 可支配收入 16. 价格指数 17. GDP平减指数 18. 消费价格指数（CPI） 19*. 生产者价格指数（PPI） 20. 通货膨胀 21. 失业率 22. 劳动力参与率 23. 摩擦性失业 24. 结构性失业 25. 周期性失业 26. 充分就业 27. 自然失业率 28. 潜在GDP 29. 滞胀 30. 绿色GDP

五、问答题

1. 理解国内生产总值应该把握的要点是什么?

2. 为什么核算 GDP 时要剔除中间产品，只计算最终产品的市场价值?

3. 试述国内生产总值和国民生产总值的区别与联系。

4. 用收入法核算 GDP，GDP 包括哪些主要内容?

5. 购买一台旧电视、购买一块地产是否可以计入 GDP? 试说明原因。

6. 为什么政府给灾区百姓发的救济金不计入 GDP，而给公务员发的工资要计入 GDP?

7. 试说明区分名义 GDP 和实际 GDP 的原因。

8. 简述四部门经济中，国民收入的基本公式——储蓄-投资恒等式的推导过程。

9. “充分就业状态就是失业率为 0 的就业状态”，这种说法是否正确? 为什么?

六、计算题

1. 假定一小国有下列国民收入统计资料（见表 9-1）:

表 9-1　某国的国民收入统计资料　　单位：亿元

国内生产总值	10 000
总投资	900
净投资	400
消费	7 000
政府购买	1 000
政府预算盈余	500

试计算：(1) 国民净产值。(2) 净出口。(3) 政府税收减去转移支付后的收入。(4) 个人可支配收入。(5) 个人储蓄。

2. 一个农民种小麦，他以 800 元的价格把小麦卖给海伦市面粉厂。海伦市面粉厂把小麦加工成面粉，一部分卖给家庭主妇，价格为 200 元；另一部分卖给海伦市好运来甜品店，售价 1 800 元。海伦市好运来甜品店把面粉做成面包，以 3 000 元的价格卖给了消费者。求:

（1）最终产品有哪些？用支出法计算 GDP 是多少？

（2）在这个经济中，三个生产者各自的增值是多少？用增值法计算 GDP 是多少？

3. 假定国内生产总值是 6 000，个人可支配收入是 4 800，政府预算赤字是 500，消费是 4 000，贸易赤字是 200（以上单位都是亿元）。

试计算：（1）私人储蓄。（2）投资。（3）政府支出。

4. 考虑一个只生产牛奶和面包的经济，如表 9-2 所示。

表 9-2 一组商品的均衡价格与均衡数量

年份	牛奶的价格（元）	牛奶量（千克）	面包的价格（元）	面包量（千克）
2020	1	100	2	50
2021	2	200	3	100

（1）把 2020 年作为基年，计算 2021 年的名义 GDP 和实际 GDP。

（2）以 2020 年为基期，计算 2020 年和 2021 年的 GDP 平减指数。

（3）计算从 2020 年到 2021 年实际 GDP 的增长率。

（4）计算用 GDP 平减指数衡量的从 2020 年到 2021 年的通货膨胀率。

七、案例分析题

来自国家统计局 2023 年 1 月的资料显示，2022 年，面对风高浪急的国际环境和艰巨繁重的国内改革发展稳定任务，经济社会大局和谐稳定。全年国内生产总值 1 210 207 亿元，按不变价格计算，比上年增长 3.0%。全年居民消费价格（CPI）比上年上涨 2.0%。全年工业生产者出厂价格比上年上涨 4.1%。全年城镇新增就业 1 206 万人，超额完成 1 100 万人的全年预期目标任务。12 月份，全国城镇调查失业率为 5.5%，本地户籍劳动力调查失业率为 5.4%；全年全国居民人均可支配收入 36 883 元，扣除价格因素实际增长 2.9%，与经济增长基本同步。全年全国居民人均消费支出 24 538 元。

阅读材料，回答以下问题：（1）按不变价格计算国内生产总值属于什么 GDP，为什么这样计算？（2）价格指数主要包括几种？为什么统计公报中重点发布 CPI？（3）什么是失业率？城镇调查失业率与城市登记失业率有什么不同？

第四部分 精编习题详解

一、单项选择题

1. 答案 A，解析：宏观经济学以国民收入为中心，研究国民收入核算、决定、波动，被称为（国民）收入理论。

2. 答案 B，解析：宏观经济学研究整个社会的总体经济活动，采用总量分析方法，着眼于国民经济的总量分析。微观经济学重点研究家庭、企业等个体经济单位的经济行为，旨在阐明各个微观经济主体如何在市场机制调节下做出的各种理性选择，以谋求效用或利润的最大化。

3. 答案 B，解析：中间产品是指由一家企业生产出来被另一家企业当作投入品的那些产品和服务。既包括有形的产品，也包括无形的产品。中间产品主要是生产资料。

4. 答案 B，解析：GDP 是指一定时期内在一国（或地区）境内生产的所有最终产品和服务的市场价值总和。GDP 是个生产的概念，既包括物质产品，也包括服务。

5. 答案 D，解析：A 错，GDP 统计新生产的产品，二手轿车已经统计过；B 错，买股票不对应新的产品和服务，是产权转移，不计入 GDP；C 错，政府转移支付是政府对经济主体单方面的支出，并不是获得收入的经济主体提供了相应的生产要素而获得的收入，不计入 GDP。

6. 答案 D，解析：计入 GDP 的应该是最终产品的市场价格。最终产品和服务是指直接出售给最终消费者的那些产品和服务。A、C 是生产者提供的服务，B 是生产的最终产品。

7. 答案 C，解析：变量包括流量和存量。存量一般指某个时点上存在的量，个人财富属于存量，其他变量属于流量。

8. 答案 A，解析：政府全部支出主要包括政府购买和转移支付，各级政府购买产品和服务的支出被定义为政府购买。

9. 答案 C，解析：总投资是新增资本数量，等于 800 亿元，净投资 = 总投资 - 折旧 = 800 - 500 = 300（亿元）。

10. 答案 D，解析：购买股票、债券等金融资产属于产权转移，不属于投资；家庭教育支出属于家庭消费支出。

11. 答案 A，解析：国民净产值=国内生产总值-折旧。

12. 答案 D，解析：实际 GDP $=\frac{\text{名义 GDP}}{\text{GDP 平减指数}}\times100$，$\frac{1\ 008}{1.2}\div\frac{480}{0.8}-1=0.4$，即增长了 40%。

13. 答案 D，解析：名义 GDP=当年产品和服务单位价格×当年产品和服务数量。名义 GDP 增加，ABC 都有可能。

14. 答案 B，解析：第二年实际 GDP=1 000 亿元×（1+10%）=1 100 亿元。第二年名义 GDP=第二年实际 GDP×价格指数=1 100 亿元×2=2 200 亿元。

15. 答案 A，解析：通货膨胀率=（130-125）÷125=4%。

16. 答案 C，解析：2021 年的物价指数是 2010 年的 2 倍，说明 2021 年的 100 元只有 2010 年 100 元的 1/2 的购买力，即 2021 年的 100 元与 2010 年的 50 元购买力相同。

17. 答案 A，解析：GDP 平减指数 $=\frac{\text{名义 GDP}}{\text{实际 GDP}}\times100$。GDP 衡量的是一定地区生产的全部最终产品的价格。

18. 答案 D，解析：消费价格指数是对城市消费者购买一组固定的消费产品与服务所支付平均价格的度量指标。消费价格指数给各种价格分配固定权重。

19. 答案 B，解析：有劳动能力，且有劳动意愿的劳动者称为劳动力，没找到工作属于失业。

20. 答案 B，解析：一个失业者停止找工作，那么失业人数和劳动力总数都会下降。失业率=失业人数/劳动力总数，比值将会下降。劳动力参与率=劳动力人数/劳动年龄人口数，也会下降。

21. 答案 B，解析：就业人口=2 000×60%×（1-5%）=1 140 万；失业人口=2 000×60%×5%=60 万。

二、多项选择题

1. 答案 ABCD，解析：宏观经济学主要采用总量分析法，研究整个社会的经济活动。宏观经济学分析的国民经济总量，包括总产量、总就业量及物价水平等。

2. 答案 ABCD，解析：GDP 没能全面地衡量社会的福利总水平的原因主要有：没有衡量闲暇的价值；没有计量非市场经济活动的价值；没有计量地下经济活动的价值；没有反映污染、环境恶化的成本。

3. 答案 ABCD，解析：GDP 是个市场价值概念，A 对；GDP 只计算最终产品和服务的价值，B 对；GDP 是个生产概念，C 对；GDP 以地域为衡量范围，D 对。

4. 答案 ACD，解析：理论上来说社会经济总产出 = 生产要素所有者总收入 = 最终产品和服务的总支出，但实际核算时三者核算值可能产生误差。

5. 答案 ABC，解析：GDP 核算的三种方法是生产法、收入法和支出法。产出、收入和支出分别是从生产、分配和流通三个环节对同一最终经济成果的衡量，用生产法、收入法和支出法核算的 GDP 基本是相等的。

6. 答案 ABC，解析：宏观经济学以社会总体的经济行为为研究对象，人们关心的宏观经济变量主要是国民收入、失业（就业）率、物价水平三个主要经济变量。消费者剩余主要衡量消费者消费商品获得的福利水平，属于微观经济衡量指标。

7. 答案 ABCD，解析：用支出法衡量 GDP，就是衡量在一定时期整个社会购买最终产品和服务的总支出，包括家庭部门消费支出、企业部门投资支出、政府购买和国外净出口。

8. 答案 BCD，解析：政府转移支付是已有收入再分配，不计入 GDP。

9. 答案 ABD，解析：政府转移支付是政府对经济主体单方面的支出，并不是获得收入的经济主体提供了相应的生产要素而获得的收入。

10. 答案 ABD，解析：GDP 属地，GNP 属人。国内生产总值加本国生产要素在国外获得的要素收入，减去本国付给外国生产要素在本国获得的收入，就可以得到相对应的国民生产总值。

11. 答案 CD，解析：GDP 属地，GNP 属人。中国联想集团在美国的分公司，按照属地，计入美国 GDP；按照属人，计入中国 GNP。

12. 答案 AB，解析：GDP 属地，GNP 属人。美国的可口可乐在中国的分公司，按照属地，计入中国 GDP；按照属人，计入美国 GNP。

13. 答案 ABD，解析：DPI 属于个人可支配收入，PI 是个人收入，是指一个国家在一年内个人从各种来源所得到的收入总和。故 C 错误。

14. 答案 ABCD，解析：名义 GDP＝当期价格×当期数量；实际 GDP＝基期价格×当期数量；实际 GDP＝名义 GDP÷GDP 平减指数×100。

15. 答案 CD，解析：我国从美国进口的汽车，不计入中国 GDP，所以不影响 GDP 平减指数。消费价格指数 CPI 是对城市消费者购买一组固定的消费产品与服务所支付平均价格的度量指标。我国从美国进口的汽车价格下降，将会导致 CPI 下降。

16*. 答案 ABD，解析：价格指数主要包括消费价格指数（CPI）、生产价格指数（PPI）和 GDP 平减指数。DPI 是个人可支配收入（Disposable Personal Income）的缩写，其不反映物价水平，不是价格指数。

17. 答案 ABC，解析：失业率＝失业人数/劳动力总数＝400÷4 000＝10%；就业率＝就业人数/劳动力总数＝3 600÷4 000＝90%；劳动力参与率＝劳动力人数/劳动年龄人口数＝4 000÷5 000＝80%。

18. 答案 ABC，解析：决定一国总产出的主要因素是劳动投入、资本存量和技术。国土面积与一国总产出无直接联系。

19. 答案 ABCD，解析：宏观经济运行中可能出现的主要经济问题有经济波动、失业、通货膨胀、失业与通货膨胀并存的滞胀等。

20*. 答案 ABD，解析：S 代表家庭部门储蓄；K_r 代表对国外的转移支付；$(T-G)$ 代表政府部门储蓄；$(M-X-K_r)$ 代表国际部门储蓄。下面简单推导四部门储蓄-投资恒等式：社会总需求＝$C+I+G+X-M$；社会总供给＝生产要素收入＝$C+S+T+K_r$。由总需求＝总供给得：$C+I+G+X-M=C+S+T+K_r$，消除 C，移项后可得四部门经济中储蓄-投资恒等式，$I=S+(T-G)+(M-X+K_r)$。

三、判断题

1. 答案×，解析：国内生产总值仅指一定时期内生产的最终产品而不是一定时期内所售出的最终产品，是个生产概念。2021 年生产而在 2022 年出售的家用电视机的价值应计入 2021 年的国内生产总值。

2. 答案×，解析：张某改自己做饭为到饭店吃饭，消费支出增加，GDP 将增加。

3. 答案×，解析：为了避免重复计算，国内生产总值只计算最终产品价值，而不计算中间产品价值。在国民收入核算中，一件产品究竟是中间产品还是最终产品，不是根据产品的物质属性来加以区分，而是根据产品是否进入最终使用者手中这一点来加以区分。老干妈食品厂为制作辣酱而买的辣椒是中间产品，不计入国内生产总值，而居民购买的辣椒是最终产品，应计入国内生产总值。

4. 答案×，解析：国内生产总值仅指一定时期内生产的最终产品而不是一定时期内所售出的最终产品。旧油画不是当年新生产的产品，某人出售一幅旧油画所得到的收入不应该全部计入当年的国内生产总值。但是交易费用和油画增值可以计入当年国内生产总值。

5. 答案×，解析：一国名义 GDP 的变动主要由两个因素造成：一是由该国所生产的产品和服务的数量变动引起；二是由该国所生产的产品和服务的价格变动引起。一国实际 GDP 的变动是由该国所生产的产品和服务的数量变动引起的。

6. 答案√，解析：所谓产出，就是当年生产的全部最终产品的总市值，在这个总市值的价值构成中，一部分是要素成本（如利息、工资、租金等），另一部分是非要素成本（如间接税、折旧等），它们最后分别成为家庭的收入、企业的收入和政府的收入。因为最终产品的总价格就等于要素成本与非要素成本之和，故产出等于收入。企业生产产品一部分由家庭、企业、国内外市场主体实际购买，把另一部分因无人购买或购买力不足而积压在仓库里的存货视为企业自己将其“买下”的投资行为，故产出必等于支出。因此用生产法、收入法和支出法核算的 GDP 基本是相等的。

7. 答案×，解析：收入法之“收入”，是国民收入初次分配形成的收入而非最终收入。个人从政府公债获得的利息属于转移支付，属于国民收入的再分配，不计入 GDP。从公司债券中获得的利息被视为要素报酬的一种，应该计入 GDP。

8. 答案×，解析：增值法也称生产法，此法是直接计算产品与服务的价值增值，统计中剔除企业向其他企业购买的原料、燃料、工具等中间产品的价值。因此，用增值法来统计产出时，不存在重复记账的问题。

9. 答案×，解析：经济学上的投资包括固定资产投资和存货投资。固定资产投资包括新厂房、新设备、新商业用房和新住宅的增加。私人住宅应被作为投资支出处理，而不是消费支出。

10. 答案×，解析：折旧指用于补偿在生产过程中损耗的资本设备的投资，即重置投资，在计算国民生产净值时已经扣除，因此其影响个人可支配收入，不是个人可支配收入的一部分。净投资=总投资-折旧费，总投资=净投资+折旧费，折旧费是总投资的一部分。

11. 答案×，解析：因为某期存货价值可能大于也可能小于基期存货价值，存货投资可能是正值，也可能为负值。

12. 答案×，解析：国内生产总值指一个国家（地区）领土范围内，本国（地区）居民和外国居民在一定时期内所生产和提供的最终产品和服务的价值，即国内生产总值是一国范围内生产的最终产品的市场价值，因此是一个地域概念；而与此相联系的国民生产总值则是一个国民概念，是指某国国民所拥有的全部生产要素所生产的最终产品的市场价值。国民生产总值减去国外净要素收入等于国内生产总值，国内生产总值减去折旧就是国民净产值。

13. 答案×，解析：失业是指在一定年龄范围内，有劳动能力的人想工作而又没有找到工作。比如一个5岁的儿童没有劳动能力，且没有工作，但他不是失业者。

14. 答案×，解析：充分就业就是劳动年龄人口中不存在非自愿失业，还有自愿失业。不存在周期性失业，还存在摩擦性失业和结构性失业等自然失业人口。

15. 答案√，解析：充分就业时的失业率就是自然失业率。

16. 答案×，解析：消费价格指数在计算时，并不是把居民所购消费品的全部计入，只是挑选了对居民生活影响较大的一些商品。这些商品称为一篮子商品，且每种被选商品都赋予一定的权数。

17. 答案×，解析：2019年通货膨胀率$=\frac{21.2-20}{20}=0.06$。

18. 答案×，解析：GDP平减指数衡量的是一国生产的全部最终产品的价格，只包括国内产品和服务的价格，不包括进口产品的价格。

四、名词解释

1. 国内生产总值（GDP）：是以区域为统计标准，指一定时期内在一国（或地区）境内生产的所有最终产品与服务的市场价值总和。

2. 最终产品：指直接出售给最终消费者的产品和服务。

3. 中间产品：指由一家企业生产出来被另一家企业当作投入品的产品和服务。

4. 投资：是企业在厂房、设备和存货上的支出与家庭在住宅上的支出之和。

5. 重置投资：由于资本存量不断地被消耗，为了补偿或重新置换已消耗掉的资本，企业需要投资，宏观经济学将企业的这种支出称为折旧，或重置投资。重置投资是保证再生产所必需的条件。重置投资额取决于资本设备的数量、构成和使用年限等。

6. 净投资：在经济学中，使经济中的资本存量出现净增加的投资被定义为净投资。当年净投资=当年年终资本存量-上年年终资本存量=总投资-折旧。

7. 政府购买：各级政府购买产品和服务的支出。

8. 政府的转移支付：指政府并非购买本年的商品和劳务而做的支付，包括政府对组织和个人的各种福利支出。转移支付不计算在国内生产总值中，转移支付是政府财政预算的一个组成部分。财政盈余等于税收减去政府在物品与劳务上的开支与转移支付之和后的余额。

9. 核算 GDP 的收入法：收入法核算使用要素成本，即用生产产品与服务时所使用的生产要素的成本来核算所生产的产品与服务的价值。对企业而言是生产要素成本，对生产要素所有者而言是生产要素收入。生产要素收入数据为劳动的工资、资本的利息、土地的租金以及企业家才能的利润，然后对这些收入进行加总。这就是收入法核算 GDP 的基本思路。核算 GDP 的收入法的公式：

$$GDP = \text{工资}+\text{利息}+\text{租金}+\text{利润}+\text{折旧}+\text{间接税}-\text{补助金}$$

从理论上说，核算 GDP 的收入法和支出法得到的结果应该是相等的，但在实践中，这两种方法核算的 GDP 并不一致，两者的差额被称为统计误差。

10. 名义 GDP：用现期价格衡量的全部最终产品与服务的价值。

11. 实际 GDP：使用一组不变价格衡量的产品与服务的价值。也就是说，实际 GDP 表明如果产量变化而价格不变时产出的变动。

12. 实际人均 GDP：经济体的实际 GDP 除以该经济体的人口总数。一般认为，一国生活水平依赖于该国实际人均 GDP。实际人均 GDP 提高，意味着人们能够购买到他们所需要的更多的商品和服务，进而人们的生活水平得到改善和提高。

13. 国民生产总值（GNP）：是以国民为统计标准，指一个特定经济体的公民拥有的生产要素所生产的产出的市场价值。$GNP = GDP$+来自国外的要素报酬-支付给国外的要素报酬$=GDP$+国外净要素收入。

14. 国民收入（NI）：经济体中所有人一共赚取的收入，一般等于工资、利润、利息和地租的总和。

15. 可支配收入=家庭获得的市场收入+转移支付-个人税收。

16. 价格指数：同一组产品和服务在某一年的费用额同它在某一设定的基准年度的费用额的比率。基年的指数通常为100，如果以后该组产品和服务的价格上涨，则指数相应地上升。

17. GDP平减指数：名义GDP与实际GDP的比率。

18. 消费价格指数（CPI）：通过计算城市居民日常消费的生活用品和服务的价格水平变动而得到的指数。

19*. 生产者价格指数（PPI）：通过计算生产者在生产过程中所有阶段所获得的产品的价格水平变动而得到的指数。

20. 通货膨胀：一个经济体在一定时期内价格水平普遍、持续地上升的情况。

21. 失业率：劳动力中没有工作而又寻找工作的人所占的比例，即失业者占劳动力的百分比。

22. 劳动力参与率：劳动力占劳动年龄人口数的百分比。

23. 摩擦性失业：因工人和工作之间的匹配过程所引起的失业。

24. 结构性失业：源于工人的技能和特征与工作要求的持续不匹配所引起的失业。

25. 周期性失业：在宏观经济运行过程中，随经济衰退而上升，随经济扩张而下降的失业。周期性失业是政府最为关注的失业，也是宏观经济学研究的主要失业类型。

26. 充分就业：广义上指一切生产要素（包含劳动）都有机会以自己愿意的报酬参加生产的状态。狭义上是指当一个经济体中不存在周期性失业时便是充分就业，或者总失业率等于自然失业率的状态。

27. 自然失业率：充分就业情况下的失业率被称为自然失业率。

28. 潜在GDP：在现有资本和技术水平条件下，一个经济体在充分就业状态下所能生产的GDP。它反映的是经济体处于充分就业时的实际GDP水平。

29. 滞胀：经济体出现了高失业率（停滞）与高通货膨胀率并存的现象。

30. 绿色GDP：从GDP中扣除在经济活动中所付出的资源和环境耗减成本。绿色GDP代表了经济增长的净效应。绿色GDP占GDP的比重越高，表明国民经济增长的正面效应越高，负面效应越低。

五、问答题

1. 理解国内生产总值应该把握的要点是什么?

解析：国内生产总值（GDP）指经济社会在一定时期内在一国（或地区）运用生产要素所生产的全部最终产品（产品和劳务）的市场价值总和。

（1）GDP 是一个地域概念，而不管生产这种产品的归属关系。

（2）GDP 是个市场价值概念。除少数例外，GDP 仅仅是指为市场而生产的产品和劳务的价值，非市场活动不包括在内。

（3）为了避免重复计算，GDP 只计算最终产品价值，而不计算中间产品价值。

（4）GDP 仅仅是一定时期内生产的价值，属于流量。

（5）GDP 不反映收入分配状况；不反映产品质量和人们生活质量；不反映生产的代价，不反映经济增长方式、生态的破坏、环境污染等；忽视地下经济和家务劳动。

2. 为什么核算 GDP 时要剔除中间产品，只计算最终产品的市场价值?

解析：社会生产的全部产品可以分为最终产品和中间产品。最终产品是指直接出售给最终消费者的那些产品和服务，中间产品是指由一家企业生产出来被另一家企业当作投入品的那些产品和服务。

对 GDP 的核算剔除中间产品是为了避免价值核算中的重复计算。如果加总所有产品的市场价值，将会重复计算中间产品价值，从而夸大实际经济成果总量。

3. 试述国内生产总值和国民生产总值的区别与联系。

解析：国内生产总值（GDP）指经济社会在一定时期内在一国（或地区）运用生产要素所生产的全部最终产品（产品和服务）的市场价值总和。国民生产总值（GNP）为一国（或地区）的国民所拥有的全部生产要素生产的全部最终产品（产品和服务）的市场价值。前者是一个地域概念，后者是一个国民概念。两者的关系是：$GNP=GDP+$来自国外的要素报酬$-$支付给国外的要素报酬$=GDP+$国外净要素收入。

4. 用收入法核算 GDP，GDP 包括哪些主要内容?

解析：收入法指用要素收入即企业生产成本核算国内生产总值。严格说来，最终产品的市场价值除了生产要素收入所构成的成本之外，还有折旧、间接税等内容。公式如下：GDP=工资+利息+租金+利润+折旧+间接税-补助金。其中，工资、利息、租金、利润是最典型的要素收入。工资中还包括所得税、社会保险税；利息是指提供资金给企业使用而产生的利息，不包括政府公债利息和消费信贷利息；租金包括租赁收入、专利和版权的收入等。利润是税前利润，包括公司所得税、红利、未分配利润等。

5. 购买一台旧电视、购买一块地产是否可以计入 GDP？试说明原因。

解析：(1) 购买一台旧电视不计入 GDP，因为旧电视在第一次销售时已被计入 GDP，旧电视销售只不过是最终产品从一个消费者手中转移到另一个消费者手中，是产权转移，社会商品并没有增加。

(2) 购买一块地产属于投资：若是新地产，应该计入 GDP；若是二手地产，不可全额计入 GDP，地产增值部分和交易费用计入 GDP。

6. 为什么政府给灾区百姓发的救济金不计入 GDP，而给公务员发的工资要计入 GDP？

解析：救济金属于转移支付。① 转移支付只是简单地把一些人或一些组织的收入转移给另一些人或另一些组织，在这个过程中没有创造价值，也没有相应的产品或服务的交换发生，没有发生实质性的购买行为。所以这些救济金不计入 GDP。② 救济金最终会变成消费或投资。若救济金（转移支付）计入 GDP，再把由此引起的消费或投资也计入 GDP，则会出现重复计算。

政府通过雇请公务员为社会提供服务，公务员提供了服务，创造了价值，而且发生了实际的市场交易活动，所以政府给公务员发的工资要计入 GDP。

7. 试说明区分名义 GDP 和实际 GDP 的原因。

解析：GDP 是一国（或地区）在一定时期内生产的全部最终产品和服务的市场价值的总和。因此，GDP 的变动受两个因素影响：一是产品和服务的市场价格的变动，二是所生产的商品和服务的实际产量的变动。为了弄清 GDP 变动究竟是由价格变动引起还是由产量变动引起，必须区分名义 GDP 和实际 GDP。名义 GDP 是按当年价格计算的国内生产总值；实际 GDP 是按不变价格计算的国内生产总值。当各年 GDP 都按某一年的价格及不变价格计算，就排除了价格变化对衡量总产出的干扰，从而使 GDP 真实地反映实际产出的变化。

8. 简述四部门经济中，国民收入的基本公式——储蓄-投资恒等式的推导过程。

解析：四部门经济由消费者（家庭）、企业（厂商）、政府和国外部门经济构成。

从支出（总需求）的角度：$Y=C+I+G+X-M$。

从收入（总供给）的角度：$Y=C+S+T+K_r$。

由供求相等得：$C+I+G+X-M=C+S+T+K_r$，化简后得：

$I=S+(T-G)+(M-X+K_r)=$公众储蓄+政府储蓄+国外储蓄

其中：C 表示消费，I 表示投资，S 表示储蓄，G 表示政府购买，T 表示税收，X 表示出口，M 表示进口，K_r表示对国外的转移支付。

9. "充分就业状态就是失业率为 0 的就业状态"，这种说法是否正确？为什么？

解析：此种说法不正确。充分就业就是劳动年龄人口中不存在非自愿失业，还有自愿失业；不存在周期性失业，还存在摩擦性失业和结构性失业等自然失业人口。充分就业时的失业率是自然失业率。

六、计算题

1. 假定一小国有下列国民收入统计资料（见表 9-1）：

表 9-1 某国的国民收入统计资料 单位：亿元

国内生产总值	10 000
总投资	900
净投资	400
消费	7 000
政府购买	1 000
政府预算盈余	500

试计算：（1）国民净产值。（2）净出口。（3）政府税收减去转移支付后的收入。（4）个人可支配收入。（5）个人储蓄。

解析：（1）国民净产值=国内生产总值-折旧，折旧=总投资-净投资。

即折旧为 900-400=500（亿元），因此国民净产值=10 000-500=9 500（亿元）。

（2）从 $GDP=C+I+G+NX$ 中可知，净出口 $NX=GDP-C-I-G$，G 为政府购买，因此，净出口 $NX=10\ 000-7\ 000-900-1\ 000=1\ 100$（亿元）。

（3）用 BS 代表政府预算盈余，T 代表税收，TR 代表转移支付，则有 $BS=$

$T-TR-G$，所以政府税收减去转移支付后的收入 $T-TR=BS+G=500+1\ 000=1\ 500$（亿元）。

（4）个人可支配收入本来是个人收入减去个人所得税后的余额，本题条件中没有说明间接税、公司利润、社会保险税等因素，因此，可由国民净产值直接得到个人可支配收入，即 $Y_d=NNP-T+TR=NNP-(BS+G)=9\ 500-1\ 500=8\ 000$（亿元）。

（5）个人储蓄 $S=Y_d-C=8\ 000-7\ 000=1\ 000$（亿元）。

2. 一个农民种小麦，他以 800 元的价格把小麦卖给海伦市面粉厂。海伦市面粉厂把小麦加工成面粉，一部分卖给家庭主妇，价格为 200 元；另一部分卖给海伦市好运来甜品店，售价 1 800 元。海伦市好运来甜品店把面粉做成面包，以 3 000 元的价格卖给了消费者。求：

（1）最终产品有哪些？用支出法计算 GDP 是多少？

（2）在这个经济中，三个生产者各自的增值是多少？用增值法计算 GDP 是多少？

解析：（1）最终产品有卖给家庭主妇的 200 元的面粉和卖给消费者的3 000 元的面包。最终产品支出法 $GDP=200+3\ 000=3\ 200$ 元。

（2）农民增值 $=800$ 元，海伦市面粉厂增值 $=200+1\ 800-800=1\ 200$ 元，海伦市好运来甜品店增值 $=3\ 000-1\ 800=1\ 200$ 元。增值法核算 GDP，$GDP=800+1\ 200+1\ 200=3\ 200$ 元。

3. 假定国内生产总值是 6 000，个人可支配收入是 4 800，政府预算赤字是 500，消费是 4 000，贸易赤字是 200（以上单位都是亿元）。

试计算：（1）私人储蓄。（2）投资。（3）政府支出。

解析：（1）用 S 代表储蓄，用 Y_d 代表个人可支配收入，则：

$$私人储蓄\ S_p=Y_d-C=4\ 800-4\ 000=800（亿元）$$

（2）用 I 代表投资，用 S_p、S_G 和 S_r 分别代表私人部门、政府部门和国外部门的储蓄，则 $S_G=T-G=BS$，在这里，T 代表政府税收收入，G 代表政府支出，BS 代表政府预算盈余，在本题中，$S_G=BS=-500$。S_r 表示外国部门的储蓄，即外国的出口减去进口，对本国来说，则是进口减去出口，在本题中为 200，因此投资为：

$$I=S_p+S_G+S_r=800+(-500)+200=500（亿元）$$

（3）从 $GDP=C+I+G+(X-M)$ 可知，政府支出

$G=GDP-C-I-G-(X-M)=6\ 000-4\ 000-500-(-200)=1\ 700$（亿元）

4. 考虑一个只生产牛奶和面包的经济，如表 9-2 所示。

表 9-2 一组商品的均衡价格与均衡数量

年份	牛奶的价格（元）	牛奶量（千克）	面包的价格（元）	面包量（千克）
2020	1	100	2	50
2021	2	200	3	100

（1）把 2020 年作为基年，计算 2021 年的名义 GDP 和实际 GDP。

（2）以 2020 年作为基期，计算 2020 年和 2021 年的 GDP 平减指数。

（3）计算从 2020 年到 2021 年实际 GDP 的增长率。

（4）计算用 GDP 平减指数衡量的从 2020 年到 2021 年的通货膨胀率。

解析：（1）2021 年的名义 $GDP=2\times200+3\times100=700$（元），

2021 年的实际 $GDP=1\times200+2\times100=400$（元）。

（2）以 2020 年为基年：

$$2020\text{ 年的 GDP 平减指数}=\frac{1\times100+2\times50}{1\times100+2\times50}\times100=100$$

$$2021\text{ 年的 GDP 平减指数}=\frac{700}{400}\times100=175$$

（3）2020 年的实际 GDP $=1\times100+2\times50=200$（元），2021 年的实际 GDP $=400$（元），则 2020 年到 2021 年实际 GDP 的增长率 $=\frac{400-200}{200}\times100\%=100\%$。

（4）用 GDP 平减指数衡量的 2020 年到 2021 年的通货膨胀率 $=\frac{(175-100)}{100}\times100\%=75\%$。

七、案例分析题

来自国家统计局 2023 年 1 月的资料显示，2022 年，面对风高浪急的国际环境和艰巨繁重的国内改革发展稳定任务，经济社会大局和谐稳定。全年国内生产总值 1 210 207 亿元，按不变价格计算，比上年增长 3.0%。全年居民消费价格（CPI）比上年上涨 2.0%。全年工业生产者出厂价格比上年上涨 4.1%。全年城镇新增就业 1 206 万人，超额完成 1 100 万人的全年预期目标任务。12 月份，全国城镇调查失业率为 5.5%，本地户籍劳动力调查失业率为 5.4%；全年全国居民人均可支配收入 36 883 元，扣除价格因素实际增长 2.9%，与经济增长基本同步。全年全国居民人均消费支出 24 538 元。

阅读材料，回答以下问题：（1）按不变价格计算国内生产总值属于什么 GDP，为什么这样计算？（2）价格指数主要包括几种？为什么统计公报中重点发布 CPI？（3）什么是失业率？城镇调查失业率与城市登记失业率有什么不同？

解析：（1）按不变价格计算国内生产总值属于实际 GDP，这样统计可以剔除价格水平变动对统计实际产出的影响。

（2）价格指数主要包括居民消费价格指数、生产者出厂价格指数、GDP 折算数等，统计公报中重点发布 CPI 是因为居民消费价格（CPI）直接影响家庭、个人消费支出，社会各界都比较关心。

（3）失业率指劳动力中没有工作而又在寻找工作的人所占的比例，即失业者占劳动力的百分比。城镇调查失业率与城镇登记失业率的区别主要体现在以下三个方面：一是数据来源不同，前者的失业人口数据来自劳动力调查，而后者的失业人口数据来自政府就业管理部门的行政记录。二是失业人口的指标定义不同，前者采用国际劳工组织的失业标准，后者是指 16 岁至退休年龄内，没有工作而想工作，并在就业服务机构进行了失业登记的人员。三是统计范围不同，前者按照常住人口统计（既包括城镇本地人，也包括外来的常住人口），后者是本地非农户籍的人员。

第十章　国民收入的决定：收入-支出模型

第一部分　内容框架结构与复习重点

一、内容框架结构

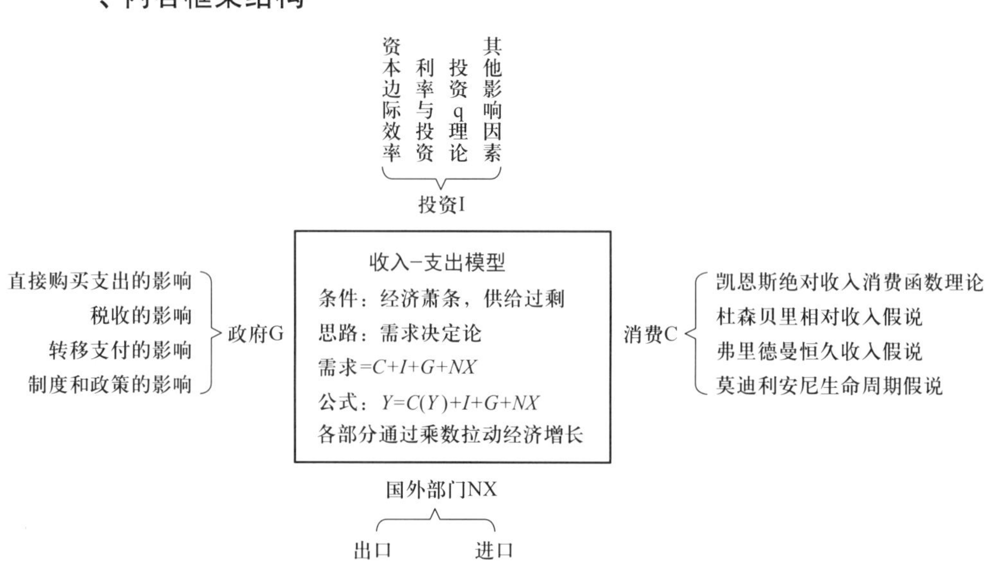

二、复习重点

1. 主要概念

凯恩斯主义的简单国民收入决定理论、消费函数、边际消费倾向、平均消费倾向、储蓄函数、边际储蓄倾向、平均储蓄倾向、资本边际效率、投资乘数、政府购买支出乘数、税收乘数、政府转移支付乘数、平衡预算乘数

2. 基本理论

凯恩斯消费函数和储蓄函数、简单的凯恩斯宏观经济模型、杜森贝里相对收入假说、弗里德曼恒久收入假说、莫迪利安尼生命周期假说、乘数作用机制及其实施条件

第二部分　章后思考题详解

一、扫码自测习题

（一）单选题

1. 在三部门经济中，实现均衡产出或均衡国民收入的条件是（　　）。

A. 实际消费加实际投资再加上政府购买

B. 实际消费加实际投资等于产出值

C. 计划储蓄等于计划投资

D. 实际储蓄等于实际投资

答案 C，解析：实现均衡国民收入的条件是计划的供给等于计划的需求，化简后是计划储蓄等于计划投资。实际投资包括非计划存货投资，有非计划存货投资就不是均衡国民收入。

2. 关于均衡国民收入决定的基本原理（即凯恩斯主义的均衡国民收入原理）是（　　）。

A. 总供给水平决定均衡国民收入水平

B. 总需求水平决定均衡国民收入水平

C. 消费水平决定均衡国民收入水平

D. 总供给水平和总收入水平同时决定均衡国民收入水平

答案 B，解析：凯恩斯主义的均衡国民收入原理假设总供给大于总需求，总需求水平决定均衡国民收入。所以 A、D 不对。总需求等于消费加投资、政府购买和国外需求，所以 C 不全面。

3. 当总需求比产出更大时，有未计划到的（　　）。

A. 存货积累　　B. 存货减少　　C. 储蓄　　D. 消费

答案 B，解析：总需求大于产出时，存货减少。

4. 当我们说投资和政府支出是自发性时，意味着它们是（　　）。

A. 外生变量　　B. 内生变量　　C. 自动稳定器　　D. 以上均不是

答案 A，解析：当说变量为自发性时，暗示此变量不是由模型内部决定，而是由外部因素决定。外生变量指由模型以外因素决定的变量。

（二）多选题

1. 投资的增加意味着（　　　）。

A. 企业生产能力的提高　　B. 居民的收入及消费水平的提高

C. 储蓄的增加　　D. 利率水平的提高

E. 国民收入的提高

答案 ABE，解析：投资的增加，代表企业生产能力的提高，供求双向带动国民收入的提高，进而促进居民的收入及消费水平的提高。所以 A、B、E 正确。储蓄与消费此消彼长，C 不对。利率水平提高，则投资减少，D 不对。

2. 关于平均消费倾向的表述，正确的是（　　　）。

A. 说明了家庭既定收入在消费和储蓄之间分配的状况

B. 平均消费倾向总是为正数

C. 收入很低时，平均消费倾向可能大于 1

D. 随着收入的增加，平均消费倾向的数值也不断增加

E. 平均消费倾向总是大于边际消费倾向

答案 ABC，解析：储蓄与消费此消彼长，A 对。收入和消费一般都大于零，故平均消费倾向总是为正数，B 对。收入很低时，消费大于收入，平均消费倾向可能大于 1，C 对。按照边际消费倾向递减规律，随着收入的增加，平均消费倾向的数值不断递减，D 错。若 $C=a+bY$，$APC=\frac{C}{Y}=\frac{a+bY}{Y}=\frac{a}{Y}+b$，$APC-b=\frac{a}{Y}>0$，即一般平均消费倾向大于边际消费倾向，但是若个人偶然加大边际消费倾向，也会出现边际消费倾向大于平均消费倾向的现象，如 $APC=0.8$，偶尔可能出现边际消费倾向等于 0.9 的现象。

3. 下列各项中，可能对乘数发挥作用产生影响的是（　　　）。

A. 经济体中过剩生产能力的大小

B. 投资与储蓄决定的相对独立程度

C. 自发消费的大小

D. 货币供给是否适应支出的需要

E. 经济体中部分资源“瓶颈约束”程度的大小

答案 ABDE，解析：乘数在经济中发生作用的前提条件：① 社会中存在闲置资源，即社会中过剩生产能力的大小。② 投资和储蓄决定的相互独立性。

③ 货币供给量增加要能适应支出增加的需要。④ 增加的收入不能用于购买进口货物，否则 GDP 增加会受到限制。所以 A、B、D、E 正确。自发消费的大小，不影响乘数大小，所以 C 错。

4. 以凯恩斯经济理论为基础的短期经济波动理论涉及的市场包括（　　）。

A. 投资品市场　　B. 货币市场

C. 劳动市场　　D. 产品市场

E. 国际市场

答案 BCDE，解析：凯恩斯主义的全部理论涉及四个市场：产品市场、货币市场、劳动市场和国际市场。

（三）判断题

1. 自发性支出的增加对均衡产出水平没有影响。（　　）

答案×，解析：自发性支出的增加通过相应乘数，拉动均衡产出水平增加。

2. 边际消费倾向的增加会减少 GDP。（　　）

答案×，解析：边际消费倾向的增加会增大乘数，促进 GDP 增加。

3. 增加收入税会增加 GDP。（　　）

答案×，解析：增加收入税会减少家庭收入、企业利润，减少家庭消费、企业投资，减少总需求，减少 GDP。

4. 可支配收入的增加会增加边际消费倾向。（　　）

答案×，解析：凯恩斯认为，存在一条基本心理规律：随着收入的增加，消费也会增加，但消费的增加不及收入增加得多。边际消费倾向指增加 1 单位收入用于增加消费部分的比率，存在递减现象。所以可支配收入增加一般会减少边际消费倾向。

二、思考题

1. 现代宏观经济学关于总需求水平决定的收入是均衡国民收入的观点，是否可以理解为是唯一正确的看法？为什么？

解析：这种看法是关于均衡国民收入决定的一种较为偏激的思想。在一般情况下，均衡国民收入取决于供、求两个方面，总供给与总需求相等的国民收入为均衡国民收入，而不是单纯强调供给或需求的某一方面。

在供求不一致的情况下，遵循“短边原则”或者“木桶定律”，均衡国民收入由供给或者需求的短板决定。

本题提出需求决定论，是以有效需求不足、经济萧条或者说生产过剩条件为前提的。它认为，由于供给过剩，有效需求有多高，就会有多高的供给与之相适应，均衡国民收入就会达到多高，即所谓“凯恩斯定律”。

还有一种与之相反的看法，供给不足，是以需求较为充分为前提的。它认为，有多高的供给，就会有多高的需求与之相适应，也就有多高的均衡国民收入，即所谓“萨伊定律”。

所以，现代宏观经济学关于总需求水平决定的收入是均衡国民收入的观点，只有在有效需求不足时有一定道理。即使在有效需求不足时，也不能忽视供给，忽视科技创新，要把供给能力掌握在自己手中，防止敌对势力以某些商品供给相要挟。

2. 消费倾向可以概括影响消费的全部因素吗？为什么？

解析：不可以。短期内消费倾向对于消费的决策和消费水平有一定的作用，而影响消费的主要因素是收入。此外还包括家庭财产状况、商品现期价格水平、人们对未来价格和收入的预期、风俗习惯、消费者的偏好、社会可提供的消费信贷状况、利率水平、消费者的年龄构成以及社会制度、政府和企业的收入分配政策、政府税收、商品供给等。

一些经济学家提出了新的理论，完善了凯恩斯的消费理论。如持久收入假说、生命周期假说、相对收入假说分析了影响收入的其他因素。

3. 凯恩斯的投资理论（即本章所介绍的投资理论）与较早的投资理论（即新古典经济学的投资理论）有何不同？

解析：二者的不同在于，凯恩斯的投资理论比新古典经济学的投资理论更符合实际一些。

新古典经济学的投资理论认为，利率是决定投资的决定性因素。所以，利率越高，投资越少；利率越低，投资越多。

凯恩斯的投资理论则认为，资本家投资的目的是取得利润，单靠利率决定投资并不能保证获得利润。只有将投资成本与投资收益相比较，才能知道是否可以获利，是否值得投资。因此，凯恩斯引进了资本边际效率的概念，显示投资的预期利润率，并将其与利率相比较，来判断是否值得投资。此外，凯恩斯还创造了“流动性陷阱”的概念，来说明利率低到一定程度反而会使投资者更愿意持有货币，而不去投资。

4. 在三部门经济中，已知消费函数为 $C=100+0.9Y_d$，Y_d 为可支配收入，投资 $I=300$，政府购买支出 $G=160$，税收 $T=0.2Y$。

（1）试求均衡的国民收入水平。

（2）试求政府购买支出乘数。

（3）若政府购买支出增加到 300，新的均衡国民收入是多少？

解析：（1）$C=100+0.9Y_d=100+0.9\times(1-0.2)Y=100+0.72Y$

计划支出 $AE=C+I+G=100+0.72Y+300+160=560+0.72Y$，

根据均衡条件 $AE=Y$，可得均衡收入 $560+0.72Y=Y$，$Y^*=2\ 000$。

（2）$k_G=\dfrac{1}{1-\beta(1-t)}=\dfrac{1}{1-0.9(1-0.2)}=\dfrac{1}{0.28}=\dfrac{25}{7}$

（3）$\Delta Y=k_G\times\Delta G=\dfrac{25}{7}\times(300-160)=500$，所以有 $\overline{Y}=Y^*+\Delta Y=2\ 500$。

或

$$\begin{cases}AE=560+(300-160)+0.72Y\\AE=Y\end{cases}\Rightarrow\overline{Y}=2\ 500$$

5. 按照本章的有关内容，假设某经济中的消费函数为 $C=100+0.8Y$，投资 I 为 50。

（1）求均衡收入、消费和储蓄。

（2）如果当时实际产出为 800，企业非自愿存货积累为多少？

（3）若投资增至 100，试求增加的收入。

（4）若消费函数为 $C=100+0.9Y$，投资仍为 50，收入和储蓄各为多少？收入增加多少？

（5）消费函数变动后，乘数有何变化？

解析：（1）计划支出 $AE=C+I=150+0.8Y$，根据均衡条件 $AE=Y$，可得：$Y=150+0.8Y$

$$Y^*=750$$

$$C=100+0.8Y=100+0.8\times750=700$$

$$S=-100+0.2Y=-100+0.2\times750=50$$

（2）当实际产出为 800 时，$AE=150+0.8\times800=790$，则企业非自愿存货投资积累 = 实际产出 $-AE=800-790=10$。

（3）投资乘数 $k_I=\dfrac{1}{1-0.8}=5$，$\Delta Y=k_I\times\Delta I=5\times(100-50)=250$

因此，若投资增至 100，增加的收入为 250。

（4）$AE=C+I=150+0.9Y$，根据 $AE=Y$，可得：$Y^*=1\ 500$

$$S=-100+0.1Y=-100+0.1\times 1\ 500=50$$

$$\Delta Y=1\ 500-750=750$$

（5）$k_1=\dfrac{1}{1-0.9}=10$，即边际消费倾向由 0.8 上升到 0.9，使投资乘数从 5 上升到 10。

6. 平衡预算乘数为什么是 1，而不是 0？

解析：平衡预算乘数指政府收入和政府购买支出同时以相等的数量增加和减少时，国民收入变动对政府收支变动的比率。因为政府一方面以税收方式增加政府收入，减少公众收入；另一方面增加等额预算支出，乘数在需求减少和需求增加两个方面发挥作用。在这种情况下，政府购买乘数所增大的国民收入大于税收乘数发挥反向作用所减少的国民收入，最终国民收入仅仅增加最初的支出额。如果我们以 ΔY 代表政府购买支出和税收各增加同一数量时国民收入的变动量，即

政府购买变化对国民收入影响：

$$\Delta Y_1=k_G\Delta G=\frac{1}{1-\beta}\Delta G$$

等量税收变化对国民收入影响：

$$\Delta Y_2=k_T\Delta T=\frac{-\beta}{1-\beta}\Delta T$$

二者总影响：

$$\Delta Y=\Delta Y_1+\Delta Y_2=k_G\Delta G+k_T\Delta T=\frac{1}{1-\beta}\Delta G+\frac{-\beta}{1-\beta}\Delta T=\frac{\Delta G-\beta\Delta T}{1-\beta}$$

假定政府购买支出 ΔG 等于税收 ΔT，替换 ΔT 为 ΔG，则：

$$\Delta Y=\frac{\Delta G-\beta\Delta G}{1-\beta}=\frac{(1-\beta)\Delta G}{1-\beta}=\Delta G$$

或者替换 ΔG 为 ΔT，则：

$\Delta Y=\dfrac{\Delta T-\beta\Delta T}{1-\beta}=\dfrac{(1-\beta)\Delta T}{1-\beta}=\Delta T$，于是 $k_b=\dfrac{\Delta Y}{\Delta G}=\dfrac{\Delta Y}{\Delta T}=\dfrac{1-\beta}{1-\beta}=1$。

7. 请分析简单的消费函数的不足之处。

解析：① 回避了资本主义下根本经济制度所决定的收入分配的悬殊问题。

② 宏观消费函数实际上并不存在，因为实际的微观消费只能加总价值，无法加总使用价值，而忽略了使用价值的供求均衡问题也无法说明国民收入的均衡。③ 只注重了短期，没有谈长期。④ 没有谈到影响有效需求的其他因素。⑤ 消费函数只是一种观念上的数学模拟，现实中并不一定存在那样的连续函数。低收入者消费只与收入有关，是消费能力问题，不是消费心理问题；资本家消费与收入关系不大，边际消费倾向基本为零。

8. 请简要分析本章介绍的投资决定原理的合理性与不足。

解析：合理性在于强调投资决定于利率和资本边际效率，说明投资对于均衡国民收入的重要性。

其不足在于：① 投资既是需求，也是潜在的生产能力，在总供给大于总需求、经济萧条背景下，公共投资对于全面的生产过剩作用不大；② 提出投资取决于心理因素的资本边际效率有片面性；③ 其投资决定原理仅对于资本家的投资决策有一定解释力，对于其他投资则未必适用；④ 借助乘数说明投资的较大作用，但实际上乘数作用并不像想象的那样大。

9. 请分析投资乘数发挥作用的局限性。

解析：投资乘数发挥作用的条件就是其局限性：① 要以社会上存在充裕的供给能力为条件；② 乘数发挥作用还要求投资和储蓄的决定是互相独立的；③ 要看货币供给量的增加能否适应投资支出增加的需要；④ 乘数发挥作用的过程中，企业和个人增加的收入用于购买进口商品和劳务时，乘数会变小；⑤ 政府不能在乘数发挥作用期间同时向社会征税或借款，乘数也会变小。

10. 试用马克思主义的观点分析资本主义市场经济下消费不足的根本原因。

解析：马克思主义认为，资本主义市场经济下消费不足是因为资本主义私有制，资本主义生产资料私人占有制与生产社会化的矛盾导致以下结果：第一，个别企业生产的有组织性和整个社会生产的无政府状态的矛盾。第二，财富作为资本在资本家手中的积累，以及创造财富的无产阶级的贫困的积累。第三，造成生产无限扩大的趋势和劳动人民有支付能力的需求相对缩小的矛盾。

尽管广大工人和劳动大众的消费倾向比较高，但低收入限制了他们的消费能力和消费数量，而资本家的消费倾向在其巨大收入下变得很小，其消费远不能与其占有的巨大财富相比。此外，资本家投资的目的是不断地盈利，最大限度地获取利润，而不是扩大消费。这样一来，巨大的产出与不足的消费并存就是资本主义市场经济的常态。资本主义的消费不足，是资本主义私有制及财富两极分化造成的，生产过剩是相对于劳动人民有购买力的需求不足的过剩，是相对过剩，而不是真正的过剩。只要坚持社会主义基本经济制度，限制资本对劳动的剥削，调节过高收入，实现共同富裕，提高工农群众收入，就可以大大提高社会的消费能力。

第三部分 精编习题

一、单项选择题

1. 短期国民收入决定理论是从（　　）变动角度说明均衡国民收入如何决定和产生波动，以及如何向均衡状态调整。

A. 总供给　　B. 总需求　　C. 消费　　D. 产品市场

2. 在经济循环流程中，家庭通过向（　　）提供劳动得到收入，再以购买消费产品和服务以及向政府缴税的形式支出其收入，并通过（　　）进行储蓄。

A. 产品市场、货币市场　　B. 劳动力市场、股票市场

C. 生产要素市场、货币市场　　D. 产品市场、生产要素市场

3. 在经济循环流程中，（　　）通过出售产品与服务获得收入，再以购买生产要素和向政府纳税的形式支出其收入。

A. 企业　　B. 家庭　　C. 政府　　D. 个人

4. 在均衡产出水平上，（　　）和实际产出正好相等，非计划存货投资就等于零，或者说就不存在。

A. 计划投资　　B. 计划存货　　C. 实际支出　　D. 计划支出

5. 假设消费是 60 万亿元，投资是 50 万亿元，总供给是 100 万亿元，则在该经济中，（　　）。

A. 非计划投资大于 0

B. 计划投资等于计划储蓄

C. 非计划投资小于 0

D. 非计划储蓄等于计划投资及非计划投资

6. 根据收入-支出国民收入决定模型，引起国民收入减少的原因是（　　）。

A. 消费增加　　B. 储蓄减少

C. 政府购买增加　　D. 投资减少

7. 若消费函数是通过原点向右上方延伸的一条直线，平均消费倾向为（　　）。

A. 0　　B. 常数

C. 等于边际消费倾向　　D. 1

8. 若 $C=\alpha+\beta Y$，α 为自发消费，引致消费取决于（　　）。

A. 自发消费　　B. 收入和边际消费倾向

C. 边际储蓄倾向　　D. 收入

9. 某家庭在收入为 0 时，消费支出为 1 000 元，后来收入升至 4 000 元，消费支出亦升至 4 000 元，则该家庭的消费函数是（　　）。

A. $C=4\ 000+0.75Y$　　B. $C=1\ 000+0.75Y$

C. $C=1\ 000+Y$　　D. $C=1\ 000+0.25Y$

10. 边际消费倾向为（　　），线性消费函数的图形最平缓。

A. 0.6　　B. 0.1　　C. 0.9　　D. 0.5

11. 如果平均储蓄倾向为负，那么（　　）。

A. 平均消费倾向小于 1

B. 平均消费倾向大于 1

C. 平均消费倾向和边际储蓄倾向之和小于 1

D. 平均消费倾向等于 1

12. 如果边际消费倾向为 0.8，那么（　　）。

A. 边际储蓄倾向等于 0.2　　B. 边际储蓄倾向大于 0.2

C. 边际储蓄倾向等于 1　　D. 边际储蓄倾向等于 0.8

13. 根据凯恩斯的储蓄函数，引起储蓄减少的因素是（　　）。

A. 利率提高　　B. 收入下降和边际储蓄倾向减少

C. 边际储蓄倾向下降　　D. 收入增加和边际储蓄倾向提高

14. 社会消费函数是（　　）。

A. 单个消费者消费函数的直接加总　B. 只受价格水平的影响

C. 家庭消费者消费函数总和　　D. 只受宏观环境的影响

15. 相对收入假说是（　　）提出的。

A. 凯恩斯　　B. 杜森贝里　　C. 弗里德曼　　D. 莫迪利安尼

16. 根据（　　），如果社会上青少年和老人比例增大，则消费倾向会提高；如果社会上中年人比例增大，则消费倾向会下降。因此，总储蓄和总消费会部分地依赖人口的年龄分布，当有更多的人处于储蓄年龄时，净储蓄就会上升。

A. 凯恩斯的绝对收入消费函数理论　B. 杜森贝里的相对收入假说

C. 弗里德曼的恒久收入假说　D. 莫迪利安尼的生命周期假说

17. 如果一个消费者预期自己还能活 N 年，其中 $N=30$ 年的概率为 0.4；$N=50$ 的概率为 0.6；根据现行法律，她还能继续工作 40 年，每年收入为 Y。根据生命周期理论，她的消费函数为（　　）。

A. $C=\frac{W}{42}+\frac{20}{21}Y$　B. $C=0.025W+0.88Y$

C. $C=\frac{2W}{15}+0.85Y$　D. 以上都不是

18. 在两部门经济中，当投资增加 20 万元时，国民收入增加了 100 万元，那么此时的边际储蓄倾向为（　　）。

A. 100%　B. 0.2　C. 0.8　D. 10

19. 如果消费函数是 $C=600+0.8Y$，计划投资是 800，则均衡收入是（　　）。

A. 1 400　B. 9 000　C. 7 000　D. 1 000

20. 转移支付乘数最大的是（　　）。

A. 边际消费倾向为 0.6　B. 边际消费倾向为 0.4

C. 边际消费倾向为 0.75　D. 边际消费倾向为 0.2

21. 如果边际消费倾向是 0.9，政府购买支出乘数是（　　）。

A. 10　B. 9　C. 0.1　D. 4.5

22. 若 $MPC=0.8$，（　　）将导致国民收入变化最小。

A. 政府购买增加 100 亿元

B. 政府购买增加 100 亿元，同时税收增加 100 亿元

C. 税收减少 100 亿元

D. 政府转移支付增加 100 亿元

23. 如果税收为定量税，政府购买支出乘数为 4，税收乘数为（　　）。

A. −2　B. −8　C. −3　D. −5

24. 政府购买支出乘数（ ）。

A. 等于投资乘数　B. 等于税收乘数的相反数

C. 比投资乘数小　D. 等于政府转移支付乘数的相反数

25. 在一个三部门经济中，$Y-T-C+TR$ 代表（ ）。

A. 私人储蓄　B. 政府储蓄　C. 企业储蓄　D. 外国储蓄

26. 忽略其他条件，假设消费函数是 $C=2\ 000+0.9Y$，如果税收减少 200，国民收入会（ ）。

A. 减少 2 000　B. 减少 1 800　C. 增加 2 000　D. 增加 1 800

27. 忽略其他条件，如果政府税收增加 400，国民收入减少 1 600，那么如果转移支付增加 200，国民收入会（ ）。

A. 减少 800　B. 减少 400　C. 增加 400　D. 增加 800

28. 如果边际储蓄倾向是 0.2，税收增加 100，将会导致消费（ ）。

A. 减少 100　B. 减少 320　C. 增加 20　D. 增加 400

二、多项选择题

1. 短期国民收入决定理论是从总需求变动角度说明均衡国民收入如何决定和波动，主要涉及（ ）市场。

A. 产品市场　B. 货币市场　C. 劳动市场　D. 国际市场

2. 在两部门经济中，（ ）时，实现均衡国民收入。

A. 总供给等于总需求　B. 实际储蓄等于实际投资

C. 计划储蓄等于计划投资　D. 实际消费加实际投资等于产出值

3. 生命周期消费理论和恒久收入消费理论之间的区别有（ ）。

A. 前者偏重示范效应

B. 后者偏重个人如何预测自己可支配收入问题

C. 前者偏重对储蓄动机的分析

D. 后者偏重棘轮效应

4. 生命周期消费理论和恒久收入消费理论之间的联系有（ ）。

A. 消费者是眼光向着未来和长期的前向预期决策者

B. 消费不只是同现期可支配收入水平相联系，而且是以消费者一生的或恒久性的可支配收入水平作为其消费决策的依据

C. 一次性的可支配收入变化引起的消费支出变动一般较小，即其边际消费

倾向很低，甚至接近于0。但是，来自恒久可支配收入变动的边际消费倾向很大，甚至接近于1

D. 当政府想用减税或增税策影响消费时，消费会受到很大影响；只有恒久性的税收变动的政策，才不会有较明显的效果

5. 一般说来，在制度因素确定的条件下，影响投资的最主要的因素有（　　）。

A. 实际利率水平　　B. 预期收益率

C. 投资风险　　D. 消费者的可支配收入

6. 资本边际效率的数值取决于（　　）。

A. 利率　　B. 资本品供给价格

C. 边际消费倾向　　D. 预期收益

7. 影响国外需求的因素有（　　）。

A. 国外的国民收入水平　　B. 利率

C. 物美价廉的进口产品　　D. 外国人的消费倾向

8. 忽略其他条件，如果消费函数是 $C=800+0.9Y$，计划投资是600，则（　　）。

A. 投资乘数是5　　B. 投资乘数是10

C. 边际储蓄倾向是0.1　　D. 均衡收入是14 000

9. 下列表述正确的是（　　）。

A. $APC+APS=1$　　B. $APC+MPC=1$

C. $MPC+MPS=1$　　D. $APS+MPC=1$

10. 影响社会消费的因素主要包括（　　）。

A. 利率　　B. 价格水平　　C. 收入分配　　D. 社会保障制度

11. 若忽略其他条件，收入为2 000亿元时，储蓄为800亿元，收入增加到2 500亿元时，储蓄为900亿元，下列计算正确的是（　　）。

A. 边际消费倾向是0.8　　B. 政府购买支出乘数是5

C. 平衡预算乘数是1　　D. 投资乘数是4

12. 对投资乘数理解正确的是（　　）。

A. 投资乘数大于政府转移支付乘数

B. 投资乘数指投资变化与带来这种变化的收入的变化比率

C. 投资乘数发挥作用受资源利用状况、货币供给量、人们预期的影响

D. 居民边际储蓄倾向越高，投资乘数则越小

13. 税收乘数和转移支付乘数的关系是（　　）。

A. 税收乘数的绝对值比转移支付乘数大

B. 后者为负，而前者为正

C. 转移支付乘数绝对值=税收乘数的绝对值

D. 前者为负，而后者为正

14. 若税收增加600，收入会减少2 400，那么（　　）。

A. 边际消费倾向是0.8　　B. 税收乘数是-4

C. 平衡预算乘数是1　　D. 边际储蓄倾向是0.2

15. 已知国民收入总额是10亿美元，储蓄额是2亿美元，国际收支逆差是1亿美元，政府预算赤字是1亿美元，下列各项测度准确的是（　　）。

A. 消费额是7.5亿美元　　B. 投资额为4亿美元

C. 消费+政府支出=9亿美元　　D. 投资额为2亿美元

16. 已知国民收入总额是100万亿元，储蓄额是20万亿元，国际收支顺差是30万亿元，政府预算赤字是10万亿元，可以求得正确的数值是（　　）。

A. 投资是20万亿元　　B. 消费+政府支出=90万亿元

C. 投资是-20万亿元　　D. 消费额是70万亿元

三、判断题

1. 一般说来，一国所生产的全部产品和服务，就是该国的国民财富，同时也是外国人的部分国民收入。（　　）

2. 国民收入和国民财富的分配主要取决于一国的基本经济制度和生产方式。（　　）

3. 在一般情况下，均衡国民收入已经包括了经济中总收入和总支出相等，以及总收入等于总投资两方面的含义。（　　）

4. 消费是总需求中最主要的部分，因而也是总收入中最主要的部分。（　　）

5. 在均衡产出水平上，计划存货投资为零。（　　）

6. 凯恩斯认为，收入和消费之间存在着一条基本的心理规律，即当人们可支配收入水平较高时，他们的消费量也较大；反之，则情况相反。（　　）

7. 平均消费倾向可能大于1。（　　）

8. 一般边际消费倾向总是大于 0 小于 1。（ ）

9. 高收入劳动力的边际消费倾向要大于低收入劳动力。（ ）

10. 按照凯恩斯理论，如果消费函数是非线性的，那么边际消费倾向不变。（ ）

11. 若边际消费倾向递减，平均消费倾向总是大于边际消费倾向。（ ）

12. 消费曲线上任意一点的斜率，就是与这一点相对应的平均消费倾向，而消费曲线上任意一点与原点相连而成的射线的斜率，则是与这一点相对应的边际消费倾向。（ ）

13. 引致消费取决于收入和边际消费倾向，自发消费随着收入的变动而变动。（ ）

14. 如果边际储蓄倾向为 0.1，那么储蓄函数比消费函数陡峭。（ ）

15. 恒久收入假说由美国经济学家杜森贝里提出。（ ）

16. 在其他有关条件不变时，本国货币贬值或国外货币升值都会在一定程度上减少对本国出口的需求；反之，本国货币升值或国外货币贬值都会在一定程度上增加对本国出口的需求。（ ）

17. 如果边际储蓄倾向为 0.25，平衡预算上升 100，那么国民收入上升 25。（ ）

18. 如果边际消费倾向为 0.8，转移支付减少 100，那么国民收入下降 400。（ ）

19. 税收和政府转移支付是通过它们对私人消费和投资的影响间接影响总需求，进而影响国民收入。（ ）

20. 政府购买支出乘数的大小与居民边际消费倾向负相关。（ ）

21. 税收减少，则个人储蓄增加。（ ）

22. 边际储蓄倾向越大，投资变动对国内生产总值的影响就越大。（ ）

23. 降低税收 100 元与增加政府购买支出 100 元相比，前者对 GDP 的影响程度更大。（ ）

24. 增加政府转移支付 100 元和降低税收 100 元，两者对 GDP 的影响程度一样。（ ）

25. 平衡预算乘数的值等于 1。（ ）

26. 自主投资增加和个人收入增加对国民收入具有同样的影响。（ ）

27*. 一国在一定时期的潜在国民收入就是该国在该时期的实际国民

收入。(　　)

28*. 国内生产总值缺口指潜在国民收入和实际的均衡国民收入之间的差距；通货紧缩缺口指实际总支出与充分就业国民收入所要求的总支出之间的差额。(　　)

四、名词解释

1. 均衡产出或收入　2. 平均消费倾向　3. 边际消费倾向　4. 凯恩斯的消费倾向递减规律　5. 凯恩斯绝对收入消费函数　6. 平均储蓄倾向　7. 边际储蓄倾向　8. 投资　9. 资本边际效率　10. 名义利率　11. 实际利率　12. 托宾的投资 q 理论　13. 边际进口倾向　14. 投资乘数　15. 政府购买乘数　16. 税收乘数　17. 政府转移支付乘数　18. 平衡预算乘数　19*. 节俭（储蓄）的悖论　20*. 国内生产总值缺口　21*. 通货紧缩缺口　22*. 通货膨胀缺口　23*. 实际国民收入　24*. 有效需求　25*. 萨伊定律　26*. 凯恩斯定律

五、问答题

1. 边际消费倾向和平均消费倾向是否总是大于 0 而小于 1?

2. 请用收入-支出法说明均衡国民收入水平的决定。

3. 请说明凯恩斯消费函数和储蓄函数的关系。

4. 宏观经济学关心的是整个社会的消费函数，即总消费和总收入之间的关系。社会消费函数是家庭消费函数的总和。为什么社会消费函数并不等于家庭消费函数直接加总?

5. 简述杜森贝里相对收入假说的主要思想。

6. 简述恒久收入假说的主要思想。

7. 简述生命周期假说的主要思想。

8. 生命周期消费理论如何解释总储蓄将依赖于总人口中退休人员和年轻人的比例?

9. 投资是如何决定的? 怎么看待其决定因素的地位和作用?

10. 怎么理解资本边际效率和投资边际效率的区别?

11. 政府主要通过什么途径影响社会总需求?

12. 简要说明税收、政府购买支出和转移支付三者对总需求的影响方式有何区别。

13. 如果政府决定削减转移支付，同时增加等量的政府购买支出，均衡收入水平是增加、减少还是不变？试证明。

14*. 请推导四部门经济中国民收入的决定公式。

15*. 设 $C=\alpha+\beta Y$，ΔY、ΔT、β 和 t 分别表示收入变化量、税收变化量、可支配收入的边际消费倾向和边际税率，推导税收乘数。

16. 为什么缩小收入差距可以提高 GDP？

17*. 储蓄-投资恒等式为什么不意味着计划的储蓄总等于计划的投资？

六、计算题

1. 已知边际消费倾向 $\beta=0.8$，税率 $t=0.25$，均衡时有一个 300 亿元的预算赤字。

（1）增加多少投资才能恰好消除赤字？

（2）改变多少政府购买才能恰好消除赤字？

（3）* 改变多少政府转移支付才能恰好消除赤字？

（4）改变多少自发税收才能恰好消除赤字？

（5）同时等量增加政府购买和税收多少数额才能恰好消除赤字？

2. 设消费 $C=\alpha+\beta Y_d=100+0.8Y_d$，净税收 $T=50$，投资 $I=100$，政府购买 $G=60$，出口 $X=80$，进口 $M=20+0.05Y$（单位：亿元）。求：

（1）均衡的国民收入。（2）净出口。（3）政府购买支出乘数。（4）边际储蓄倾向。

3. 某国宏观经济模型为：$C=0.8Y_d+8$，$I=20$，$G=50$，$T=6+0.25Y$。求：

（1）均衡国民收入水平。（2）财政购买支出乘数。（3）财政状况。

4. 假定某经济社会的消费函数 $C=30+0.8Y_d$，净税收即总税收减去政府转移支付后的金额 $T_n=50$，投资 $I=70$，政府购买支出 $G=50$，净出口即出口减进口以后的余额 $NX=40-0.05Y$。求：

（1）均衡收入。（2）在均衡收入水平上的净出口余额。（3）投资乘数。（4）若充分就业国民收入是 700，需要增加多少投资能达到充分就业国民收入。

5*. 假设某人从 25 岁开始工作，年收入为 50 000 元，60 岁退休，预期寿命为 85 岁，现在他已经 45 岁，按照生命周期消费理论思路，试求：

（1）此人财富的边际消费倾向和劳动收入的边际消费倾向。

（2）假定此人现有财富 100 000 元，则他的年消费为多少？

6. 假设消费函数为 $C=500+0.9Y_p$，其中，Y_p是持久可支配收入。同时假设消费者的持久可支配收入是当年加上前一年的加权平均：$Y_p=0.7Y_D+0.3Y_{D-1}$，其中，Y_D是当年可支配收入。

（1）假设第一年和第二年的可支配收入都是 60 000 元，则第二年的消费为多少？

（2）假设第三年的可支配收入增至 70 000 元，并在将来一直保持这个收入，则第三年、第四年以及以后各年的消费为多少？

（3）短期边际消费倾向和长期边际消费倾向各为多少？

七、案例分析题

2022 年 12 月 15 日至 16 日，中央经济工作会议在北京举行。会议指出，2023 年经济工作千头万绪，要从战略全局出发，从改善社会心理预期、提振发展信心入手，纲举目张做好工作。着力扩大国内需求。要把恢复和扩大消费摆在优先位置。增强消费能力，改善消费条件，创新消费场景。多渠道增加城乡居民收入，支持住房改善、新能源汽车、养老服务等消费。要通过政府投资和政策激励有效带动全社会投资，加快实施“十四五”重大工程，加强区域间基础设施联通。政策性金融要加大对符合国家发展规划重大项目的融资支持。鼓励和吸引更多民间资本参与国家重大工程和补短板项目建设。要继续发挥出口对经济的支撑作用，积极扩大先进技术、重要设备、能源资源等产品进口。

阅读资料，回答以下问题：（1）国内需求与对国内产品的需求有什么区别？（2）文中提到了拉动需求的诸多因素，什么是拉动经济增长的“三驾马车”？（3）最后一句话“要继续发挥出口对经济的支撑作用，积极扩大先进技术、重要设备、能源资源等产品进口”对经济社会发展有何重要作用？

第四部分　精编习题详解

一、单项选择题

1. 答案 B，解析：短期国民收入决定理论认为总需求对短期经济增长起决定作用。

2. 答案 C，解析：家庭通过向生产要素市场提供劳动得到收入，再以购买消费产品和服务以及向政府缴税的形式支出其收入，并通过货币市场进行储蓄。

3. 答案 A，解析：在经济循环流程中，企业具有供给者和需求者双重身份，通过出售产品与服务获得收入，再以购买生产要素和向政府纳税的形式支出其收入。

4. 答案 D，解析：均衡国民收入决定理论中，均衡国民收入（产出）是指与计划需求相一致的产出。因此，在均衡产出水平上，计划支出和实际产出正好相等，非计划存货投资就等于零，或者说就不存在。计划存货<计划投资<计划支出。在国民收入核算中，实际支出和实际产出相等，实际国民收入（产出）就等于计划支出（或计划需求）加非计划存货投资。

5. 答案 C，解析：总供给 100 万亿元，总需求 $Y=C+I=60+50=110$ 万亿元>总供给 100 万亿元，非计划投资<0，供给要增加，经济要增长。

6. 答案 D，解析：根据收入-支出国民收入决定模型，国民收入与消费、投资、政府购买、净出口同方向变动。

7. 答案 B，解析：若消费函数是通过原点的一条直线，$APC=C/Y=$常数$=$直线的斜率。

8. 答案 B，解析：$C=\alpha+\beta Y$，α 为自发消费；βY 为引致消费，取决于收入和边际消费倾向。

9. 答案 B，解析：将（0,1 000）和（4 000,4 000）代入公式 $C=\alpha+\beta Y$，得 $C=1\ 000+0.75Y$，边际消费倾向为 0. 75。

10. 答案 B，解析：$C=\alpha+\beta Y$，线性消费函数的斜率为边际消费倾向，边际消费倾向越小，线性消费函数形状越平缓。

11. 答案 B，解析：$APC+APS=1$；$APS<0$，则 $APC>1$。

12. 答案 A，解析：$MPC+MPS=1$；$MPS=1-MPC=1-0.8=0.2$。

13. 答案 B，解析：凯恩斯提出绝对收入消费理论，该理论认为引起储蓄减少的因素是收入下降和边际储蓄倾向减少。

14. 答案 C，解析：社会消费函数是家庭消费者消费函数总和，但不是单个消费者的消费函数的简单加总。社会消费函数主要受收入的影响，影响社会消费的因素还有价格水平、税收、国家消费政策、收入分配政策等。

15. 答案 B，解析：绝对收入消费理论——凯恩斯；相对收入假说——杜森贝里；恒久收入假说——弗里德曼；生命周期假说——莫迪利安尼。

16. 答案 D，解析：莫迪利安尼的生命周期假说假定，人们会在更长时间范围内计划他们生活中的消费开支，比较平稳安定地生活，而不愿意起伏不定。

17. 答案 A，解析：生命周期理论强调消费者在其一生中平稳消费。这个消费者预期的生存时间 $N_L=0.4\times30+0.6\times50=42$（年）。而其工作年限为 $W_L=40$ 年。根据生命周期理论，消费函数为：$C=\frac{W+40Y}{42}=\frac{W}{42}+\frac{20}{21}Y$。因此，选项 A 正确。

18. 答案 B，解析：投资乘数$=\frac{1}{1-MPC}=\frac{1}{MPS}=\frac{100}{20}=5$，$MPS=0.2$。

19. 答案 C，解析：$Y=C+I=600+0.8Y+800$；解得 $Y=7\ 000$。

20. 答案 C，解析：转移支付乘数$=\frac{\beta}{1-\beta}$，分别为：$\frac{0.6}{1-0.6}=1.5$，$\frac{0.4}{1-0.4}=\frac{2}{3}$，$\frac{0.75}{1-0.75}=3$，$\frac{0.2}{1-0.2}=\frac{1}{4}$，则 C 最大。

21. 答案 A，解析：政府购买支出乘数$=\frac{1}{1-\beta}=\frac{1}{1-0.9}=10$。

22. 答案 B，解析：A 选项，政府购买支出乘数$=\frac{1}{1-\beta}=\frac{1}{1-0.8}=5$；B 选项，平衡预算乘数=1；C 选项，税收乘数$=\frac{-\beta}{1-\beta}=\frac{-0.8}{1-0.8}=-4$；D 选项，转移支付乘数$=\frac{\beta}{1-\beta}=\frac{0.8}{1-0.8}=4$。综上可见导致收入水平变化最小的是选项 B。

23. 答案 C，解析：政府购买支出乘数$=\frac{1}{1-\beta}=4$，$\beta=0.75$；税收乘数$=\frac{-\beta}{1-\beta}=\frac{-0.75}{1-0.75}=-3$。

24. 答案 A，解析：投资乘数$=\frac{1}{1-\beta}=$政府购买支出乘数。

25. 答案 A，解析：$Y-T+TR$ 是个人可支配收入，$Y-T-C+TR$ =私人储蓄 S。

26. 答案 B，解析：税收乘数$=h=\frac{\Delta Y}{\Delta T}=\frac{-\beta}{1-\beta}=\frac{-0.9}{1-0.9}=-9$，$\Delta Y=h\cdot\Delta T=-9\times(-200)=1\ 800$。

27. 答案 D，解析：政府税收乘数 $h=\dfrac{\Delta Y}{\Delta T}=\dfrac{-1\ 600}{400}=-4$，转移支付乘数=税收乘数的相反数=4，转移支付增加 200，国民收入变化=200×4=800。

28. 答案 B，解析：边际消费倾向=1-边际储蓄倾向=1-0.2=0.8，税收乘数$=h=\dfrac{\Delta Y}{\Delta T}=\dfrac{-\beta}{1-\beta}=\dfrac{-0.8}{1-0.8}=-4$，税收增加 100，国民收入变化=100×(-4)=-400，消费变化=-400×0.8=-320。

二、多项选择题

1. 答案 ABCD，解析：短期需求管理理论主要包括三个国民收入决定理论、四个市场。

2. 答案 AC。解析：在一个两部门经济中，均衡国民收入决定条件为总需求（$C+I$）等于总供给（$C+S$），此时 $C+I=C+S$，$I=S$，即计划投资等于计划储蓄。

3. 答案 BC，解析：生命周期消费理论认为，一般说来，年轻人家庭可支配收入偏低，这时消费可能会超过其可支配收入。随着他们进入壮年和中年，可支配收入日益增加，这时可支配收入会大于消费，不但可能偿还青年时代欠下的债务，更重要的是可以积蓄一些钱，以备将来退休之用。一旦人们年老退休，可支配收入就会显著下降，消费便又会超过可支配收入，形成所谓负储蓄状态。因此生命周期消费理论偏重对储蓄动机的分析，C 对。恒久收入消费理论认为，消费者的消费支出主要由其恒久可支配收入水平决定，恒久可支配收入大致可以根据人们所观察到的若干年可支配收入的数值通过加权平均数算出，B 对。相对收入假说消费理论研究示范效应和棘轮效应。

4. 答案 ABC，解析：D 错，改正如下：当政府想用减税或增税策影响消费时，只影响暂时收入，消费并不会受到很大影响；只有造成恒久性的税收变动的政策，才会有较明显的效果。

5. 答案 ABC，解析：D 错，消费者的可支配收入影响消费者的消费能力。

6. 答案 BD，解析：$R_0=\dfrac{R_1}{1+r}+\dfrac{R_2}{(1+r)^2}+\dfrac{R_3}{(1+r)^3}+\cdots+\dfrac{R_n}{(1+r)^n}+\dfrac{J}{(1+r)^n}$，预期收益既定时，供给价格越高，资本边际效率 r 越小；而供给价格既定时，预期收益越大，资本边际效率 r 越大，所以 B、D 正确。

7. 答案 ACD，解析：利率影响消费和投资，对进出口影响十分小，所以 B 错。

8. 答案 BCD，解析：投资乘数$=\frac{1}{1-\beta}=\frac{1}{1-0.9}=10$；$MPS=1-MPC=0.1$；$Y=C+I=800+0.9Y+600$，可得 $Y=14\ 000$。

9. 答案 AC，解析：$MPC=\Delta C/\Delta Y$；$MPS=\Delta S/\Delta Y$；$\Delta Y=\Delta S+\Delta C$；$MPC+MPS=1$；平均消费倾向 $APC=C/Y$；平均储蓄倾向 $APS=S/Y$；$Y=C+S$；$APC+APS=C/Y+S/Y=1$。

10. 答案 ABCD，解析：A、B、C、D 都会影响消费。

11. 答案 ABC，解析：$MPS=\frac{\Delta S}{\Delta Y}=\frac{100}{500}=0.2$；$MPC=1-0.2=0.8$，投资乘数$=$政府购买支出乘数$=\frac{1}{MPS}=\frac{1}{0.2}=5$。平衡预算乘数一般都是 1，所以 A、B、C 正确。

12. 答案 ACD，解析：投资乘数$=\frac{\Delta Y}{\Delta I}=\frac{1}{1-\beta}=\frac{1}{MPS}>$政府转移支付乘数$=\frac{\beta}{1-\beta}$，投资乘数发挥作用受边际消费倾向、边际储蓄倾向、资源利用状况、货币供给量、人们预期的影响。B 选项分子与分母颠倒了。

13. 答案 CD，解析：税收乘数$=\frac{-\beta}{1-\beta}$；转移支付乘数$=\frac{\beta}{1-\beta}$，选 C、D。

14. 答案 ABCD，解析：税收乘数$=\frac{-\beta}{1-\beta}=\frac{\Delta Y}{\Delta T}=\frac{-2\ 400}{600}=-4$；$\beta=MPC=0.8$；$MPS=1-MPC=0.2$；平衡预算乘数正常都等于 1。

15. 答案 CD，解析：$I=S+(T-G)+(M-X)=2-1+1=2$，所以 D 正确；$Y=C+I+G+X-M$，即 $10=C+2+G-1$，可得 $C+G=9$，所以 C 正确。

16. 答案 BC，解析：$I=S+(T-G)+(M-X)=20-10-30=-20$，所以 C 正确；$Y=C+I+G+X-M$，$100=C-20+G+30$，可得 $C+G=90$，所以 B 正确。

三、判断题

1. 答案×，解析：一般说来，一国所生产的全部产品和服务，就是该国的国民财富，同时也是该国的国民收入。部分产品和服务可能被外国人消费，对应外国人支出，并不是收入。

2. 答案√，解析：按照马克思主义经济学观点，体现基本经济制度的所有制决定分配制度，国民收入和国民财富的分配主要取决于一国的基本经济制度（所有制及生产关系体系）和生产方式。

3. 答案×，解析：在一般情况下，均衡国民收入已经包括了经济中总收入和总支出相等以及总储蓄等于总投资两方面的含义。如：家庭和企业两部门经济，总收入 $=C+S$，总支出 $=C+I$，由总收入 = 总支出，得 $C+S=C+I$，化简得 $S=I$。

4. 答案√，解析：一般情况下，消费是总需求中最主要的部分，也是总收入中的最主要部分。在我国，消费支出的总额占 GDP 的 2/3 左右。

5. 答案×，解析：在均衡产出水平上，“计划投资等于计划储蓄”，非计划存货投资必然为零。计划存货投资的数量取决于投资主体的意愿，一般大于零。

6. 答案√，解析：边际消费倾向递减，一般大于零，故消费与收入同方向变化。

7. 答案√，解析：当消费者的收入不敷消费所需，即负储蓄时，平均消费倾向大于 1；当消费者的收入水平超出消费需要，即有正储蓄时，平均消费倾向小于 1。

8. 答案√，解析：一般情况下，边际消费倾向总是大于 0 小于 1 的。

9. 答案×，解析：根据边际消费倾向递减规律，高收入劳动力的边际消费倾向要小于低收入劳动力的边际消费倾向。

10. 答案×，解析：按照凯恩斯理论，如果消费函数是非线性的，边际消费倾向递减。如果消费函数是线性的，那么边际消费倾向不变。

11. 答案√，解析：用消费函数来表述，其公式为：$C=\alpha+\beta Y_D$（$\alpha>0$，$0<\beta<1$）。该式说明，消费是可支配收入 Y_D 的函数，其中，α 为自发消费，β 为边际消费倾向。将该式两边同时除以可支配收入 Y_D，就可以得出平均消费倾向 $APC=\frac{C}{Y_D}=\frac{\alpha}{Y_D}+\beta$，该式表明，平均消费倾向 APC 大于边际消费倾向 β。

12. 答案×，解析：消费曲线上任意一点的斜率，就是与这一点相对应的边际消费倾向，而消费曲线上任意一点与原点相连而成的射线的斜率，则是与这一点相对应的平均消费倾向。

13. 答案×，解析：人们的全部消费实际上可以分为自发消费和引致消费两部分。自发消费是由人的基本需求决定的必需的消费，它不取决于收入。引致消费取决于收入和边际消费倾向。

14. 答案×，解析：如果边际储蓄倾向为 0.1，边际消费倾向为 0.9，消费函数的斜率比储蓄函数陡峭。

15. 答案×，解析：美国经济学家杜森贝里提出了相对收入假说，恒久收入假说是由美国经济学家弗里德曼提出的。

16. 答案×，解析：在其他有关条件不变时，本国货币贬值或国外货币升值都会在一定程度上增加对本国出口的需求；反之，本国货币升值或国外货币贬值都会在一定程度上减少对本国出口的需求。

17. 答案×，解析：平衡预算乘数是 1，所以平衡预算上升 100，那么国民收入上升 100。

18. 答案√，解析：如果边际消费倾向为 0.8，转移支付减少 100，那么国民收入下降 $\Delta Y=\Delta TR\cdot\frac{\beta}{1-\beta}=100\times\frac{0.8}{1-0.8}=400$。

19. 答案√，解析：税收和政府转移支付影响家庭可支配收入，影响企业收益，进而通过对私人消费和投资的影响间接影响总需求。

20. 答案×，解析：政府购买支出乘数的大小与居民边际消费倾向正相关。居民边际消费倾向越高，政府购买支出乘数就越大；居民边际储蓄倾向越高，政府购买支出乘数则越小。

21. 答案√，解析：税收减少会拉动国民收入的增加，所以最终会导致个人储蓄的增加。

22. 答案×，解析：投资乘数与边际储蓄倾向是反向变动关系，边际储蓄倾向越大，投资乘数就越小，投资变动对国内生产总值的影响就越小。

23. 答案×，解析：政府购买支出乘数 $=1/(1-\beta)$；税收乘数 $=-\beta/(1-\beta)$，很明显政府购买支出乘数要比税收乘数大。

24. 答案√，解析：政府转移支付乘数 $=\beta/(1-\beta)$；税收乘数 $=-\beta/(1-\beta)$。增加政府转移支付 100 元和降低税收 100 元，两者对 GDP 的影响程度一样。

25. 答案√，解析：平衡预算乘数指政府收入和政府购买支出同时以相等的数量增加和减少时，国民收入变动对政府支出变动的比率。政府支出乘数 $=1/(1-\beta)$；税收乘数 $=-\beta/(1-\beta)$，平衡预算乘数 $=1/(1-\beta)-\beta/(1-\beta)=(1-\beta)/$

$(1-\beta)=1$。

26. 答案×，解析：由个人收入增加引起的消费称为引致消费，收入按照边际消费倾向进行消费，这样引起消费变化的个人收入小于自主投资对国民收入的影响。只有自发消费才会和自主投资一样对国民收入产生影响。

27*. 答案×，解析：一国在一定时期的实际国民收入一般是均衡国民收入，它很多时候与潜在国民收入不一致，存在国民收入缺口。

28*. 答案√，解析：在简单国民收入决定模型中，国内生产总值缺口为国民收入差额，通货紧缩缺口为总支出差额。

四、名词解释

1. 均衡产出或收入：指总供给和总需求、总收入和总支出相一致时的产出。也就是经济社会的收入（产出）正好等于全体居民、企业、本国政府、国外计划达到的支出。

2. 平均消费倾向：指消费支出额占可支配收入额的比例，平均消费倾向的公式是：$APC=\frac{C}{Y}$。

3. 边际消费倾向：每增加的1单位可支配收入中用于增加消费的部分所占的比率，也就是增加的消费额与增加的可支配收入额之比。边际消费倾向用公式表示为：$MPC=\frac{\Delta C}{\Delta Y}$。

4. 凯恩斯的消费倾向递减规律：在一般情况下，当人们收入增加时，他们的消费也会增加，但消费的增加不会像收入增加得那样多。

5. 凯恩斯绝对收入消费函数：$C=\alpha+\beta Y_d$，α 为自发消费，β 为边际消费倾向，凯恩斯认为 β 随收入增加而递减，Y_d 为现期的可支配收入。

6. 平均储蓄倾向：指任意一个可支配收入水平上的储蓄在可支配收入中所占的比率，几何表示为储蓄曲线上任意一点与原点连线的斜率，其公式是：$APS=\frac{S}{Y}$。

7. 边际储蓄倾向：指储蓄增量对可支配收入增量的比率，几何表示为储蓄曲线上任意一点的斜率，其公式是：$MPS=\frac{\Delta S}{\Delta Y}$。

8. 投资：指资本的形成，即社会实际资本的增加，包括厂房、机器设备和存货的增加，新住宅的建设等，其中主要是厂房、机器设备的增加。

9. 资本边际效率：是一种贴现率，这种贴现率正好使一项资本品在使用期内各预期收益的现值之和等于这项资本的供给价格或者重置成本。$R_0=\frac{R_1}{1+r}+\frac{R_2}{(1+r)^2}+\frac{R_3}{(1+r)^3}+\cdots+\frac{R_n}{(1+r)^n}+\frac{J}{(1+r)^n}$。

10. 名义利率：不考虑通货膨胀因素所支付的利率。

11. 实际利率：实际利率大致等于名义利率减去通货膨胀率。

12. 托宾的投资 q 理论：美国经济学家托宾提出了股票价格会影响企业投资的理论。他认为，企业的市场价值与其重置成本之比，可作为衡量是否进行新投资的标准。他把该比率称为 q。企业的市场价值是企业股票的市场价格总额，它等于每股的价格乘以总股数之积。企业的重置成本是指新建这个企业所需要的成本。因此，$q=\frac{\text{企业的股票的市场价值}}{\text{新建企业的成本（或重置成本）}}$。当企业的市场价值小于新建造成本时，$q<1$，说明买旧的企业比新建更便宜，于是社会上就不会有这方面的新投资；相反，$q>1$ 时，说明新建造企业比买旧企业要便宜，因此会有新投资。这就是说，当 q 较高时，投资需求会较大。因此 q 理论说明股票价格上升时，投资会相应增加。

13. 边际进口倾向：国民收入每增加 1 单位中增加的进口所占的比例，等于进口增量与引起它的收入增量之比，等于$\frac{\Delta X}{\Delta Y}$。

14. 投资乘数：指国民收入的变动量与带来这种变化的初始投资支出的比率，等于$\frac{\Delta Y}{\Delta I}=\frac{1}{1-MPC}=\frac{1}{MPS}$。

15. 政府购买乘数：指国民收入变动对引起这种变动的政府购买支出变动的比率，等于$\frac{\Delta Y}{\Delta G}=\frac{1}{1-MPC}=\frac{1}{MPS}$。

16. 税收乘数：指国民收入变动对引起这种变动的税收变动的比率，等于$\frac{\Delta Y}{\Delta T}=-\frac{MPC}{1-MPC}=-\frac{MPC}{MPS}$。

17. 政府转移支付乘数：指国民收入变动对引起这种变动的政府转移支付变动的比率，等于$\frac{\Delta Y}{\Delta T_{tr}}=\frac{MPC}{1-MPC}=\frac{MPC}{MPS}$。

18. 平衡预算乘数：指政府收入和政府购买支出同时以相等的数量增加和减少时，国民收入变动对政府收支变动的比率。平衡预算乘数一般等于 1。

19*. 节俭（储蓄）的悖论：节制消费、增加储蓄会增加个人财富，对个人是件好事，但由于会减少国民收入从而引起萧条，所以对整个经济来说是坏事。

20*. 国内生产总值缺口：指潜在国民收入和实际的均衡国民收入之间的差额。

21*. 通货紧缩缺口：指实际的均衡国民收入小于潜在国民收入时，实际总支出与充分就业总支出之间的差额，是收入-支出模型纵轴上总支出曲线的垂直距离。

22*. 通货膨胀缺口：指实际的均衡国民收入大于潜在国民收入时，实际总支出与充分就业总支出之间的差额，是收入-支出模型纵轴上总支出曲线的垂直距离。

23*. 实际国民收入：就是和总支出水平相一致的均衡国民收入。

24*. 有效需求：实际的、有支付能力的对产品和服务的购买支出。

25*. 萨伊定律：法国古典经济学家萨伊在其于 1803 年出版的《政治经济学概论》一书中提出的著名论点，在供给不足，需求大于供给情况下，供给会自己创造需求。每个人都是在用自己的产品去购买别人的产品，所以卖者必然也是买者。萨伊定律以完全竞争市场为前提，认为依靠自然的经济秩序，所有的问题都会得到妥善的解决，经济总能处于充分就业的均衡状态。萨伊定律并不否认局部的供求失衡，它只是否定全面生产过剩的失衡。

26*. 凯恩斯定律：凯恩斯在其于 1936 年出版的《就业、利息和货币通论》一书中提出的思想。在经济萧条时，供给过剩，只要需求增加，经济社会可以在不变价格下提供相应的供给，“需求会创造出自己的供给，”这便是所谓的凯恩斯定律，凯恩斯定律说明，仅仅依靠经济自身的力量，经济往往处于低于充分就业的均衡，要实现充分就业，需要政府对经济进行干预。

五、问答题

1. 边际消费倾向和平均消费倾向是否总是大于 0 而小于 1？

解析：边际消费倾向指消费增量对可支配收入增量的比率，其公式是：

$MPC=\dfrac{\Delta C}{\Delta Y}$。边际消费倾向总大于 0 而小于 1，因为一般说来，消费者增加收入后，消费不会一点不增加，也不会把增加的收入全用于增加消费，一般情况是一部分用于增加消费，另一部分用于增加储蓄，即 $\Delta Y=\Delta C+\Delta S$，因此，$0<MPC=\dfrac{\Delta C}{\Delta Y}<1$。

平均消费倾向指任意一个可支配收入水平上的消费在可支配收入中所占的比率，其公式是：$APC=\dfrac{C}{Y}$。平均消费倾向就不一定总是大于 0 而小于 1。当人们收入很低甚至是 0 时，负储蓄，消费大于收入，平均消费倾向就会大于 1。在图 10-1 中，当收入低于 Y_0时，平均消费倾向 $APC>1$。当收入低于 Y_0时，消费曲线上任一点与原点的连线与横轴所成的夹角总大于 45°，因而这时平均消费倾向$\dfrac{C}{Y}>1$。人活着就要有消费，所以平均消费倾向一般大于 0，可能大于 1，也可能小于 1。

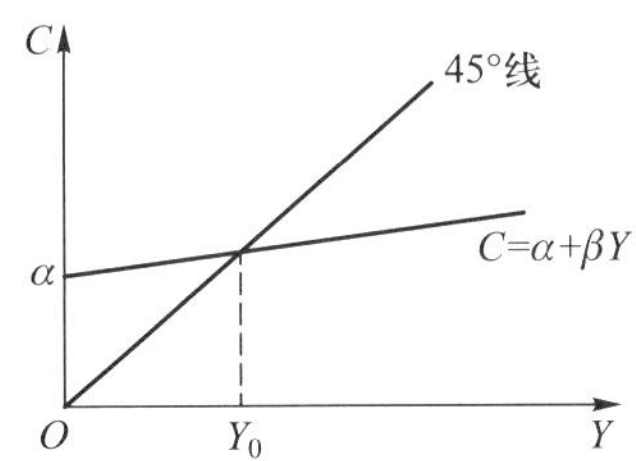

图 10-1　消费曲线与平均消费倾向

2. 请用收入-支出法说明均衡国民收入水平的决定。

解析：以两部门国民收入决定为例，如图 10-2 所示，用 Y 表示总收入，AE 表示总支出，如果 $Y=AE$，则 E 点为国民收入与总支出的均衡点。国民收入的决定可通过研究投入与支出的关系来进行：

（1）45°线表示总收入等于总支出。

（2）总支出曲线 $C+I$ 与 45°线的交点 E 表示经济处于均衡状态，E 为均衡点。Y_E为均衡国民收入；在 E 点的左边 $Y<AE$，市场出现供不应求，企业将增加产量和就业，使 Y 增加；在 E 点的右边 $Y>AE$，市场出现供过于求，企业将减少产量和就业，使 Y 减少。不论在 E 点的左边还是右边，经济都会根据市场的供求情况进行调整，使 Y 增加或减少，直至达到均衡国民收入。

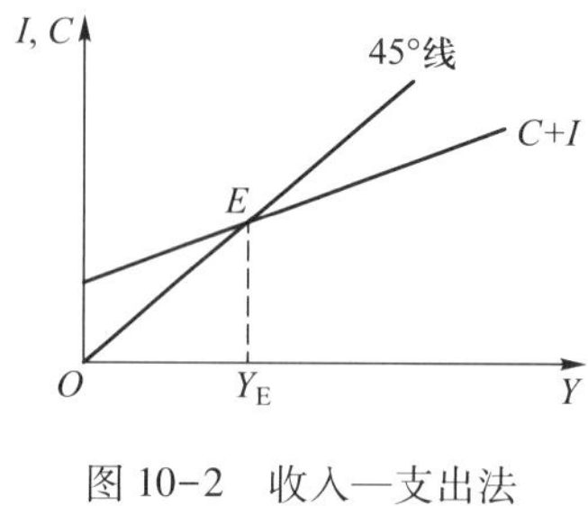

图 10-2 收入—支出法

3. 请说明凯恩斯消费函数和储蓄函数的关系。

解析：（1）可支配收入=储蓄+消费，消费函数 $C=\alpha+\beta Y$，储蓄函数 $S=Y-C=Y-(\alpha+\beta Y)=-\alpha+(1-\beta)Y$。消费函数和储蓄函数只要有一个被确定，另一个就会随之被确定。

（2）消费函数和储蓄函数具有互补性。这种关系如图 10-3 所示。在图 10-3 中，当可支配收入为 Y_0时，消费支出等于可支配收入，储蓄为 0。在 A 点的左边，消费曲线 C 位于 45°线之上，表明消费大于可支配收入，因此，储蓄曲线 S 位于横轴下方，储蓄为负；在 A 点右方，消费曲线 C 位于 45°线之下，因此，储蓄曲线 S 位于横轴上方，储蓄为正。

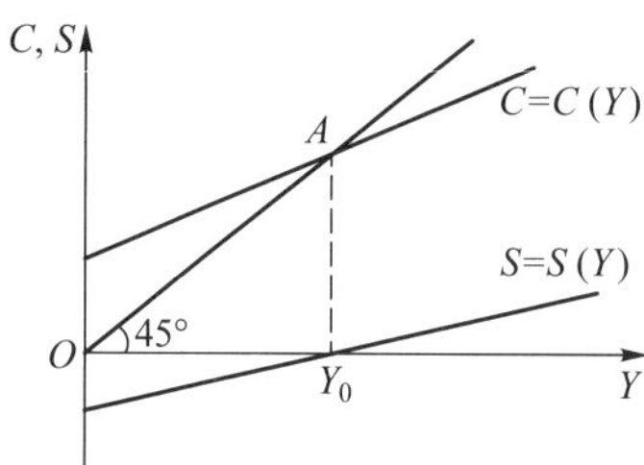

图 10-3 消费曲线和储蓄曲线的关系

（3）APC 和 MPC 都随收入增加而递减，但 APC>MPC；APS 和 MPS 都随收入增加而递增，但 APS<MPS。表现在图 10-3 中，在 Y_0的右边，储蓄曲线上任意一点与原点连成的射线的斜率总小于储蓄曲线上该点的斜率。

（4）$Y=C+S$，$\Delta Y=\Delta C+\Delta S$，

$$APC+APS=\frac{C}{Y}+\frac{S}{Y}=\frac{C+S}{Y}=\frac{Y}{Y}=1$$

$$MPC+MPS=\frac{\Delta C}{\Delta Y}+\frac{\Delta S}{\Delta Y}=\frac{\Delta C+\Delta S}{\Delta Y}=\frac{\Delta Y}{\Delta Y}=1$$

4. 宏观经济学关心的是整个社会的消费函数，即总消费和总收入之间的关

系。社会消费函数是家庭消费函数的总和。为什么社会消费函数并不等于家庭消费函数直接加总？

解析：根据家庭消费函数去求社会消费函数时，还要考虑以下一系列限制条件：

（1）国民收入的分配状况。不同收入阶层的边际消费倾向不同，富有者边际消费倾向较低，贫穷者边际消费倾向较高。所以，国民收入分配越均等，社会消费曲线就越向上移动。

（2）政府税收政策。如果政府实行累进个人所得税，将富有者原来可能用于储蓄的一部分收入征收过来，以政府支出的形式花费掉，社会中的消费数量就会增加，社会消费曲线就会向上移动。

（3）公司未分配利润在利润总额中所占比例。公司未分配利润是一种储蓄，如果将其分给股东，必定有一部分会被消费掉。因此，公司未分配利润在利润总额中所占比例小，则消费就多，储蓄就少，社会消费曲线就会向上移动。

（4）利率、价格水平、公众预期、社会福利体系、信贷政策等对社会消费函数都会产生影响。所以，社会消费曲线并不等于家庭消费曲线的直接、简单加总。不过，在考虑各种限制条件后，社会消费曲线的基本形状仍然会和家庭消费曲线有很大的相似之处。

5. 简述杜森贝里相对收入假说的主要思想。

解析：相对收入假说的消费理论，是由美国经济学家杜森贝里提出来的。他认为，消费者会根据自己过去的消费习惯以及周围人们消费水准的影响来决定自己的现期消费水平。所以，人们的现期消费是相对固定的。按照他的看法，消费在个人可支配收入中，在长时期内会维持一个相对固定的比率，但短期消费函数却有所不同。

杜森贝里认为，人们“由俭入奢易，由奢返俭难”。随着可支配收入增加，低水平收入者的消费会向高水平收入者的消费水平看齐，即“攀比效应”。这也是另一种形式的“示范效应”，即消费者的消费行为会受周围人们消费水准的影响。但可支配收入减少时，消费者会顾及他们在社会上的相对地位，还有“爱面子”的考虑，导致消费水平的降低比较有限，会表现出一种“棘轮效应”（即向上走容易，向下走难）。因此，短期消费函数不同于长期消费函数，当期消费取决于当期可支配收入及过去的消费支出水平。

6. 简述恒久收入假说的主要思想。

解析：恒久收入理论是美国经济学家弗里德曼根据费雪的消费理论提出来的。恒久收入消费理论认为，消费者的消费支出主要不是由他的现期可支配收入水平决定，而是由其恒久可支配收入水平决定。恒久收入是指消费者可以预计到的长期可支配收入，属于前向预期的消费理论。恒久可支配收入大致可以根据人们所观察到的若干年可支配收入的数值加权平均数算出。恒久可支配收入数值距现在的时间越近，其权数就越大；反之，则越小。

7. 简述生命周期假说的主要思想。

解析：生命周期假说的消费理论是由美国经济学家莫迪利安尼、安多和布隆贝格在20世纪50年代根据费雪的消费理论，进一步研究后首次提出的。

莫迪利安尼的生命周期消费理论假定，人们在特定时期的消费不仅与他们在该时期的可支配收入相联系，而且人们会在更长时间范围内计划他们生活中的消费开支，以达到在整个生命周期内消费的最佳配置。这就是说，人们总希望自己一生能比较平稳安定地生活。一般说来，年轻人家庭可支配收入偏低，这时消费可能会超过其可支配收入。随着他们进入壮年和中年，可支配收入日益增加，这时可支配收入会大于消费，不但可能偿还青年时代欠下的债务，更重要的是可以积蓄一些钱，以备将来退休之用。一旦人们年老退休，可支配收入就会显著下降，消费便又会超过可支配收入，形成所谓负储蓄状态。

实际情况表明，生命周期消费理论的基本结论是成立的。该理论可用下列公式来表示：$C=\alpha W_{\mathrm{R}}+\beta Y_{\mathrm{L}}$。式中，$W_{\mathrm{R}}$代表实际财富；$\alpha$ 代表财富的边际消费倾向，即每年消费掉的财富的比例；Y_{L}代表可支配的工作收入；β 代表可支配工作收入的边际消费倾向，即每年消费掉的可支配工作收入的比例。

8. 生命周期消费理论如何解释总储蓄将依赖于总人口中退休人员和年轻人的比例？

解析：生命周期消费理论认为储蓄与人口的结构有关，如果社会上青少年和老人比例增大，则消费倾向会提高；如果社会上中年人比例增大，则消费倾向会下降。因此，总储蓄和总消费会部分地依赖于人口的年龄分布，当有更多的人处于储蓄年龄时，净储蓄就会上升。

9. 投资是如何决定的？怎么看待其决定因素的地位和作用？

解析：(1) 经济学中所讲的投资，是指资本的形成，即社会实际资本的增加，包括厂房、机器设备和存货的增加，新住宅的建设等，其中主要是厂房、机器设备的增加。

（2）投资需求取决于企业在投资项目上的利弊权衡，因此，投资需求的决定原则是能否获取净利润。具体而言，就是投资的收益一定要大于其成本。其最低界限是投资收益等于投资成本。最主要的因素有：实际利率水平、预期收益率和投资风险等。

（3）决定因素的地位和作用：① 实际利率水平代表成本，实际利率是货币资本价格，投资是实际利率的减函数。实际利率大致等于名义利率减去通货膨胀率。实物资本、人力资本、社会资本、融资条件也是影响投资成本的因素。② 预期收益率用资本边际效率、投资边际效率表示。未来收益评估具有心理因素，缺乏准确性。影响这种预期收益的因素是多方面的，除资本边际效率外，主要还有以下几种因素：对投资项目产品的需求预期、产品成本、投资税抵免。③ 投资需求还与企业对投资风险的考虑密切相关。这是因为，投资是现在的事，收益是未来的事，未来的结果究竟如何，总有不确定性。投资总有风险，并且高的投资收益往往伴随着高的投资风险。如果收益不足以补偿风险可能带来的损失，企业就不愿意投资。这里的所谓风险，包括未来的市场走势、产品价格、生产成本、实际利率、政府宏观经济政策等，都具有不确定性。投资需求会随人们承担风险的意愿和能力变化而变动。

10. 怎么理解资本边际效率和投资边际效率的区别？

解析：（1）含义不同。资本边际效率（记作 *MEC*）是一种贴现率，这种贴现率正好使一项资本品在使用期内各预期收益的现值之和等于这项资本的供给价格或者重置成本。

$$R_0=\frac{R_1}{1+r}+\frac{R_2}{(1+r)^2}+\frac{R_3}{(1+r)^3}+\cdots+\frac{R_n}{(1+r)^n}+\frac{J}{(1+r)^n}$$

在投资逐渐增加的情况下，由于边际效率递减规律的作用，生产要素价格上升、产品价格下降导致的预期收益下降，实际的投资效率会更低一些，所以，*MEC* 曲线实际上就变成了 *MEI* 曲线，如图 10-4 所示。

（2）利率既定下，资本边际效率大于投资边际效率，资本边际效率曲线高于投资边际效率曲线。

11. 政府主要通过什么途径影响社会总需求？

解析：（1）政府需求可以分为两类：一类是政府消费需求，另一类是政府投资需求。政府消费需求是指政府维持其正常活动的需求，也是对社会生产的

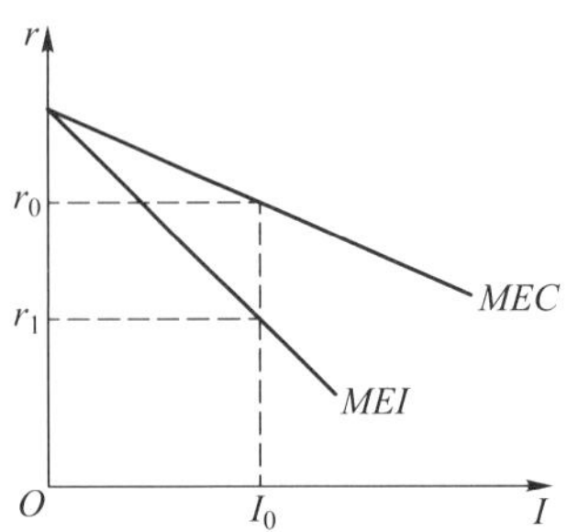

图 10-4　资本边际效率曲线和投资边际效率曲线

产品和服务的需求。政府投资需求是指政府为自身需要或公共设施建设等所产生的需求。

（2）政府对社会产品和服务的消费需求和投资需求的影响主要表现在以下方面。① 直接购买支出的影响。政府直接的消费需求和投资需求会通过政府采购来实现。② 税收的影响。税收变化的直接影响是企业和个人的可支配收入，从而影响社会的消费需求和投资需求；其间接影响企业和劳动者积极性，从而影响国民收入水平，再影响和调整消费和投资需求。③ 转移支付的影响。政府转移支付往往会转给个人或企业，从而形成他们的投资或消费需求。④ 制度和政策的影响。政府对需求的影响在很大程度上还取决于政府的制度和政策。比如，农产品补贴制度、鼓励消费和投资的税收制度、鼓励出口的政策。财政政策和货币政策将会在必要的时候鼓励和刺激社会需求的增加。

总而言之，政府在经济活动中已经成为一个相当重要的组成部分。它对于社会需求的增加具有积极的作用。20 世纪 30 年代以来，每当经济衰退出现时，政府都显示出了积极的作用和影响。

12. 简要说明税收、政府购买支出和转移支付三者对总需求的影响方式有何区别。

解析：（1）税收并不直接影响总需求，它是通过改变人们的可支配收入，从而影响消费再影响总需求。税收对总需求影响作用的大小要受边际消费倾向大小的影响，而且税收的变化对总需求的影响是反方向的。

（2）政府转移支付对总需求的影响是同方向的，与税收作用的方向相反。

（3）政府购买直接影响总需求，两者的变化方向是同向的。

（4）税收乘数为$-\frac{MPC}{1-MPC}$，与政府转移支付乘数$\frac{MPC}{1-MPC}$为相反数。政府购

买乘数$\frac{1}{1-MPC}$与政府转移支付乘数$\frac{MPC}{1-MPC}$都为正值。税收乘数与政府转移支付乘数绝对值小于政府购买乘数绝对值，也就是从理论上说，政府购买对经济的作用力更大。原因是政府购买直接形成社会总需求，税收与政府转移支付通过改变人们的可支配收入，进而按照边际消费倾向形成消费，再影响总需求。

13. 如果政府决定削减转移支付，同时增加等量的政府购买支出，均衡收入水平是增加、减少还是不变？试证明。

解析：均衡收入水平增加。证明如下：

如果政府决定削减转移支付，同时增加等量的政府购买支出，转移支付乘数小于政府购买乘数，乘数在需求减少和需求增加两个方面发挥作用，最终国民收入增加为政府购买支出额。

政府购买增加对国民收入的影响：

$$\Delta Y_1 = k_G \Delta G = \frac{1}{1-\beta}\Delta G$$

等量转移支付减少对国民收入的影响：

$$\Delta Y_2 = k_{tr} \Delta T_{tr} = \frac{\beta}{1-\beta}\Delta T_{tr}$$

二者总影响：

$$\Delta Y = \Delta Y_1 + \Delta Y_2 = k_G \Delta G + k_{tr} \Delta T_{tr} = \frac{1}{1-\beta}\Delta G + \frac{\beta}{1-\beta}\Delta T_{tr} = \frac{\Delta G + \beta \Delta T_{tr}}{1-\beta}$$

假定政府购买支出 ΔG，转移支付 ΔT_{tr}等于$-\Delta G$，替换后得：

$$\Delta Y = \frac{\Delta G - \beta \Delta G}{1-\beta} = \frac{(1-\beta)\Delta G}{1-\beta} = \Delta G$$

14*. 请推导四部门经济中国民收入的决定公式。

解析：四部门指私人、企业、政府和国外部门。

国外部门对本国经济影响用净出口表示，净出口为一国出口与进口之差，即：$NX=X-M$。其中，NX 为净出口；X 为出口，是本国国民收入的外生变量；M 为进口，是本国国民收入的函数。则进口函数可表示为：$M=M_0+mY$（$M_0>0$，$0<m<1$）。其中，M_0是与收入无关的进口额，称为自发进口；mY 是与收入相关的进口额，称为引致进口；参数 m 为边际进口倾向，表示收入中将转化为对国外产品的购买的份额。

在四部门经济中，总支出包括消费、投资、政府购买和净出口，从而可以得到下列简单的宏观经济模型：

$$C=\alpha+\beta Y_{\mathrm{d}},\ Y_{\mathrm{d}}=Y-T_{\mathrm{N}},\ T_{\mathrm{N}}=T-T_{\mathrm{tr}},\ T=T_0+tY$$

$$T_{\mathrm{tr}}=T_{\mathrm{tr0}},\ I=I_0,\ G=G_0,\ X=X_0,\ M=M_0+mY$$

$$Y=C+I+G+X-M=\alpha+\beta(Y-T_0-tY+T_{\mathrm{tr0}})+I_0+G_0+X_0-(M_0+mY)$$

联立方程可解得均衡国民收入的决定公式为：

$$Y_{\mathrm{e}}=\frac{1}{1-\beta(1-t)+m}(\alpha+I_0+G_0-\beta T_0+\beta T_{\mathrm{tr0}}+X_0-M_0)$$

此国民收入决定模型说明，国民收入与自发消费 α、边际消费倾向 β、政府转移支付 T_{tr}、投资 I、政府购买 G、出口 X 呈同方向变动，与定量税 T_0、比例税税率 t、自主进口 M_0、边际进口倾向 m 呈反方向变动。

15*. 设 $C=\alpha+\beta Y$，ΔY、ΔT、β 和 t 分别表示收入变化量、税收变化量、可支配收入的边际消费倾向和边际税率，推导税收乘数。

解析：税收乘数推导如下：税收增加 ΔT，人们收入减少为 ΔT；交税后可支配收入实际减少为 $(1-t)\Delta T$；实际消费减少为 $\beta(1-t)\Delta T$，下期产出减少为 $\beta(1-t)\Delta T$，对应收入 $\beta(1-t)\Delta T$，实际消费减少为 $\beta^2(1-t)^2\Delta T$……第 n 期产出减少为 $-\beta^n(1-t)^n\Delta T$。所以得：

$$\begin{aligned}\Delta Y&=-\beta(1-t)\Delta T-\beta^2(1-t)^2\Delta T-\beta^3(1-t)^3\Delta T-\cdots-\beta^n(1-t)^n\Delta T\\&=-[\beta(1-t)+\beta^2(1-t)^2+\beta^3(1-t)^3+\cdots+\beta^n(1-t)^n]\Delta T\\&=\frac{-\beta(1-t)}{1-\beta(1-t)}\Delta T\end{aligned}$$

因此，税收乘数 $k_{\mathrm{T}}=\dfrac{\Delta Y}{\Delta T}=\dfrac{-\beta(1-t)}{1-\beta(1-t)}$。

16. 为什么缩小收入差距可以提高 GDP？

解析：因为低收入者边际消费倾向、平均消费倾向都比较高，高收入者的消费倾向较低，储蓄倾向较高，因而将一部分国民收入从富者转给贫者，可提高整个社会的消费倾向，从而提高整个社会的总消费支出水平，于是总产出就会随之提高。

17*. 储蓄-投资恒等式为什么不意味着计划的储蓄总等于计划的投资？

解析：(1) 根据定义，以两部门经济为例，国内生产总值等于消费加投资，国民总收入等于消费加储蓄。国内生产总值等于国民总收入。这样，只要遵循定义，储蓄就恒等于投资，而不管经济是否充分就业。

（2）投资是指资本的形成，即社会实际资本的增加，包括厂房、机器设备和存货的增加，新住宅的建设等。存货存在计划存货与非计划存货。计划的投资等于计划的储蓄时，非计划存货为零。

（3）在分析宏观经济均衡时，要求的投资等于储蓄，是指计划的投资等于计划的储蓄，非计划存货为零。在进行国民经济核算时储蓄等于投资是指从国民收入的会计角度出发，是事后的储蓄等于事后的投资。若非意愿存货投资等于零，计划的投资等于计划的储蓄；否则，非意愿存货投资不等于零，从国民收入的会计角度出发，事后的储蓄等于事后的投资，实际投资等于实际储蓄，但是计划的投资不等于计划的储蓄。

六、计算题

1. 已知边际消费倾向 $\beta=0.8$，税率 $t=0.25$，均衡时有一个 300 亿元的预算赤字。

（1）增加多少投资才能恰好消除赤字?

（2）改变多少政府购买才能恰好消除赤字?

（3）* 改变多少政府转移支付才能恰好消除赤字?

（4）改变多少自发税收才能恰好消除赤字?

（5）同时等量增加政府购买和税收多少数额才能恰好消除赤字?

解析：（1）投资乘数 k_I = 政府购买乘数 $k_G=\dfrac{1}{1-\beta(1-t)}=\dfrac{1}{1-0.8\times0.75}=2.5$

解法（一）：若通过增加投资的办法消除赤字，则增加的投资 ΔI 须满足：

$\Delta T=t\Delta Y=tk_I\cdot\Delta I=0.25\times2.5\times\Delta I=300$（亿元）

解得 $\Delta I=480$（亿元），即须增加投资 480 亿元。

解法（二）：解除赤字需要：$0.25\Delta Y=300$，$\Delta Y=1\ 200$

由投资增加使 $\Delta Y=1\ 200$，$\Delta Y=k_I\cdot\Delta I$，即 $1\ 200=2.5\Delta I$，$\Delta I=480$（亿元）。

（2）若通过改变政府购买的办法消除赤字，则改变的政府购买 ΔG 须满足：

$$\Delta T-\Delta G=t\Delta Y-\Delta G=tk_G\Delta G-\Delta G=0.25\times2.5\times\Delta G-\Delta G=300\text{（亿元）}$$

$\Delta G=-800$（亿元），即须减少政府购买 800 亿元。

（3）*政府转移支付绝对值等于税收乘数绝对值，但符号相反，即 $k_t=-k_{tr}=\dfrac{-\beta(1-t)}{1-\beta(1-t)}=\dfrac{-0.8\times(1-0.25)}{1-0.8\times0.75}=-1.5$

若通过改变政府转移支付的办法消除赤字，则改变的政府转移支付 ΔT_{tr} 须满足：

$$\Delta T-\Delta T_{tr}=t\Delta Y-\Delta T_{tr}=tk_{tr}\Delta T_{tr}-\Delta T_{tr}=0.25\times1.5\times\Delta T_{tr}-\Delta T_{tr}=300\text{（亿元）}$$

$\Delta T_{tr}=-480$（亿元），即须减少政府转移支付 480 亿元。

（4）若通过改变自发税收的办法消除赤字，则改变的自发税收 ΔT_0 须满足：

$$\Delta T_0+t\Delta Y=\Delta T_0+tk_t\Delta T_0=\Delta T_0+0.25\times(-1.5)\times\Delta T_0=300\text{（亿元）}$$

$\Delta T_0=480$（亿元），即须增加自发税收 480 亿元。

（5）平衡预算乘数 $k_b=1$。

若通过平衡预算（$\Delta G=\Delta T$）消除赤字，则改变的预算规模 ΔB 须满足：

$$tY-\Delta G+\Delta T=t\cdot k_b\cdot\Delta B=0.25\times1\times\Delta B=300\text{（亿元）}$$

$\Delta B=1\ 200$（亿元），即须同时增加政府购买和税收 1 200 亿元才可消除 300 亿元的预算赤字。

2. 设消费 $C=\alpha+\beta Y_d=100+0.8Y_d$，净税收 $T=50$，投资 $I=100$，政府购买 $G=60$，出口 $X=80$，进口 $M=20+0.05Y$（单位：亿元）。求：

（1）均衡的国民收入。（2）净出口。（3）政府购买支出乘数；（4）边际储蓄倾向。

解析：（1）将已知条件代入均衡等式 $Y=C+I+G+X-M$，得：

$$Y=100+0.8(Y-50)+100+60+80-20-0.05Y$$

解得：均衡收入 $Y=1\ 120$（亿元）。

（2）净出口 $NX=X-M=80-20-0.05\times1\ 120=4$（亿元）。

（3）$k_G=\dfrac{1}{1-\beta+\gamma}=\dfrac{1}{1-0.8+0.05}=4$。

（4）边际储蓄倾向 $MPS=1-MPC=1-0.8=0.2$。

3. 某国宏观经济模型为：$C=0.8Y_d+8$，$I=20$，$G=50$，$T=6+0.25Y$。求：

（1）均衡国民收入水平。（2）财政购买支出乘数。（3）财政状况。

解析：（1）$Y=C+I+G=0.8\times(Y-6-0.25Y)+8+20+50$，解得：$Y=183$。

（2）政府购买乘数 $k_G=\dfrac{1}{1-\beta(1-t)}=\dfrac{1}{1-0.8\times(1-0.25)}=2.5$。

（3）此时的财政状况为：

财政支出 $G=50$

财政收入 $T=6+0.25Y=6+0.25\times183=51.75$

财政盈余 $T-G=51.75-50=1.75$

4. 假定某经济社会的消费函数 $C=30+0.8Y_d$，净税收即总税收减去政府转移支付后的金额 $T_n=50$，投资 $I=70$，政府购买支出 $G=50$，净出口即出口减进口以后的余额 $NX=40-0.05Y$。求：

（1）均衡收入。（2）在均衡收入水平上的净出口余额。（3）投资乘数。（4）若充分就业国民收入是 700，需要增加多少投资能达到充分就业国民收入？

解析：（1）可支配收入为 $Y_d=Y-T_n=Y-50$，从而消费为 $C=30+0.8(Y-50)=30+0.8Y-40=0.8Y-10$，故均衡收入为：

$$Y=C+I+G+NX=0.8Y-10+70+50+40-0.05Y=0.75Y+150$$

解得：$Y=\frac{150}{0.25}=600$，即均衡收入为 600。

（2）净出口余额为 $NX=40-0.05Y=40-0.05\times600=10$。

（3）投资乘数 $k_I=\frac{1}{1-0.8+0.05}=4$。

（4）由 $\frac{\Delta Y}{\Delta I}=k_I$ 得：$\frac{700-600}{\Delta I}=4$，$\Delta I=25$。

5*. 假设某人从 25 岁开始工作，年收入为 50 000 元，60 岁退休，预期寿命为 85 岁，现在他已经 45 岁，按照生命周期消费理论思路，试求：

（1）此人财富的边际消费倾向和劳动收入的边际消费倾向。

（2）假定此人现有财富 100 000 元，则他的年消费为多少？

解析：（1）生命周期消费理论假定，人们总希望自己一生能比较平稳安定地生活，从而他们会计划在整个生命周期内均匀地消费。

设 W 为此人 45 岁时的财富，T 为从现在到去世时的生活年份，R 为从现在到退休的工作年份。

$$C=\frac{W}{T}+\frac{R}{T}Y=\alpha W+\beta Y$$

则此人的财富边际消费倾向为：

$$\alpha=\frac{1}{T}=\frac{1}{85-45}=0.025$$

劳动收入的边际消费倾向为：

$$\beta=\frac{R}{T}=\frac{60-45}{85-45}=0.325$$

（2）假定此人现有财富 10 万元，按生命周期消费理论，其每年消费为：

$$\bar{C}=\frac{10+5(60-45)}{85-45}=2.125\text{（万元）}$$

6. 假设消费函数为 $C=500+0.9Y_p$，其中，Y_p是持久可支配收入。同时假设消费者的持久可支配收入是当年加上前一年的加权平均：$Y_p=0.7Y_D+0.3Y_{D-1}$，其中，Y_D是当年可支配收入。

（1）假设第一年和第二年的可支配收入都是 60 000 元，则第二年的消费为多少？

（2）假设第三年的可支配收入增至 70 000 元，并在将来一直保持这个收入，则第三年、第四年以及以后各年的消费为多少？

（3）短期边际消费倾向和长期边际消费倾向各为多少？

解析：（1）由于消费者第一年和第二年的可支配收入都是 6 000 元，第二年的持久可支配收入为：

$$Y_{p2}=0.7Y_D+0.3Y_{D-1}=0.7\times60\ 000+0.3\times60\ 000=60\ 000\text{（元）}$$

则第二年的消费为：

$$C_2=500+0.9Y_{p2}=500+0.9\times60\ 000=54\ 500\text{（元）}$$

（2）第三年的持久可支配收入为：

$$Y_{p3}=0.7\times70\ 000+0.3\times60\ 000=67\ 000\text{（元）}$$

第三年的消费为：

$$C_3=500+0.9Y_{p3}=500+0.9\times67\ 000=60\ 800\text{（元）}$$

第四年的持久可支配收入为：

$$Y_{p4}=0.7\times70\ 000+0.3\times70\ 000=70\ 000\text{（元）}$$

第四年的消费为：

$$C_4=500+0.9Y_{p4}=500+0.9\times70\ 000=63\ 500\text{（元）}$$

由于以后的可支配收入一直维持在 70 000 元，则第四年以后的持久可支配收入也一直保持在 70 000 元，因而消费也将一直保持在 63 500 元这一水平上。

（3）短期边际消费倾向表明的是消费和当年可支配收入之间的关系，将持久可支配收入公式代入消费函数，有：

$$C=500+0.9(0.7Y_D+0.3Y_{D-1})=500+0.63Y_D+0.27Y_{D-1}$$

短期边际消费倾向为：

$$\frac{\partial C}{\partial Y_{\mathrm{D}}}=0.63$$

长期边际消费倾向表明的是消费和长期可支配收入（持久可支配收入）之间的关系，可以直接由消费函数求得长期边际消费倾向为：$\frac{\partial C}{\partial Y_{\mathrm{P}}}=0.9$。

七、案例分析题

2022 年 12 月 15 日至 16 日，中央经济工作会议在北京举行。会议指出，2023 年经济工作千头万绪，要从战略全局出发，从改善社会心理预期、提振发展信心入手，纲举目张做好工作。着力扩大国内需求。要把恢复和扩大消费摆在优先位置。增强消费能力，改善消费条件，创新消费场景。多渠道增加城乡居民收入，支持住房改善、新能源汽车、养老服务等消费。要通过政府投资和政策激励有效带动全社会投资，加快实施"十四五"重大工程，加强区域间基础设施联通。政策性金融要加大对符合国家发展规划重大项目的融资支持。鼓励和吸引更多民间资本参与国家重大工程和补短板项目建设。要继续发挥出口对经济的支撑作用，积极扩大先进技术、重要设备、能源资源等产品进口。

阅读资料，回答以下问题：（1）国内需求与对国内产品的需求有什么区别？（2）文中提到了拉动需求的诸多因素，什么是拉动经济增长的"三驾马车"？（3）最后一句话"要继续发挥出口对经济的支撑作用，积极扩大先进技术、重要设备、能源资源等产品进口"对经济社会发展有何重要作用？

解析：（1）国内需求指国内家庭、企业、政府对国内外产品的购买。对国内产品的需求包括国内外家庭、企业、政府对本国产品的购买，一般等于 $C+I+G+NX$。

（2）拉动经济增长的"三驾马车"一般指消费、投资和出口。

（3）出口是国外对本国产品的需求，可以拉动国内企业产出、增加社会就业、税收，也可以使企业获得规模经济，可以换得外汇，进而增加国家对外购买力，提高国家经济实力和国际影响力；积极扩大先进技术、重要设备、能源资源等产品进口，可以提高企业技术水平、生产能力，提高本国生产的产品品种和数量，进而构建国内国外双循环的发展格局，促进对外开放高水平发展。

第十一章　国民收入的决定：*IS–LM* 模型

第一部分　内容框架结构与复习重点

一、内容框架结构

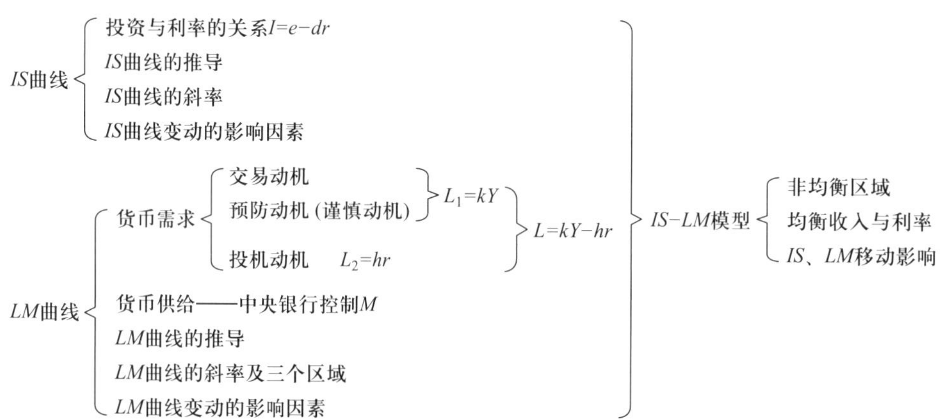

二、复习重点

1. 主要概念

IS 曲线、交易动机、谨慎动机、投机动机、流动性陷阱、*LM* 曲线、古典区域、凯恩斯区域、*IS–LM* 模型

2. 基本理论

IS、*LM* 曲线的移动；均衡收入与利率的决定；产品市场和货币市场的失衡与调整

第二部分　章后思考题详解

一、扫码自测习题

（一）单选题

1. *IS* 曲线是向（　　）倾斜的。

A. 右上方　　B. 右下方　　C. 垂直方向　　D. 水平方向

答案 B，解析：两部门经济中，*IS* 曲线方程为 $r=\frac{\alpha+e}{d}-\frac{1-\beta}{d}Y$，故 *IS* 曲线的斜率为$-\frac{1-\beta}{d}<0$，向右下方倾斜。

2. 如果货币市场均衡方程是 $r=\frac{k}{h}Y-\frac{M}{h}$，则导致 *LM* 曲线变得平坦是由于（　　）。

A. k 变小，h 变大　　B. k 变大，h 变小

C. k 和 h 同比例变大　　D. k 和 h 同比例变小

答案 A，解析：*LM* 曲线斜率的大小取决于以下两个因素：① 货币需求对收入的敏感系数 k。当货币投机需求函数一定时，若货币需求对收入的变动不敏感，即 k 值越小，则利率变动一定幅度时收入变动的幅度越大就可以保持货币市场均衡，从而 *LM* 曲线较平坦，斜率较小。反之，*LM* 曲线较陡峭，斜率较大。② 货币需求对利率的敏感系数 h。当货币交易需求函数一定时，货币需求对于利率的变动越敏感，即 h 值越大，则利率变动一定幅度时 L_2 变动的幅度越大，对应 hY 变化大，Y 变化大，即 r 对 Y 影响大，从而 *LM* 曲线越平坦，其斜率也就越小。反之，*LM* 曲线越陡峭。

3. 当投资支出与利率负相关时，产品市场上的均衡收入（　　）。

A. 与利率不相关　　B. 与利率正相关

C. 与利率负相关　　D. 与利率的关系不确定

答案 C，解析：投资支出与自发性总需求以及均衡国民收入同方向变化，因此当投资支出与利率负相关时，产品市场上的均衡收入与利率也负相关。

4. *LM* 曲线是向（　　）倾斜的。

A. 右上方　　B. 左上方　　C. 垂直方向　　D. 水平方向

答案 A，解析：*LM* 曲线方程 $Y=\frac{h}{k}r+\frac{M}{k}$，斜率为正值，*LM* 曲线向右上方倾斜。

（二）多选题

1. 在 *IS* 曲线与 *LM* 曲线的交点（　　）。

A. 消费等于储蓄

B. 产品的供给等于产品的需求

C. 产品市场与货币市场同时处于均衡状态

D. 实际货币供给等于实际货币需求

E. 实际支出等于意愿支出

答案 BCDE，解析：*IS* 曲线与 *LM* 曲线的交点代表产品市场和货币市场双均衡，所以 C 正确。B、E 是产品市场均衡；D 是货币市场均衡。A 不对，因为产品市场均衡是$I=S$。

2. *IS* 曲线的斜率取决于（　　）。

A. 投资需求对利率变动的反应程度

B. 投资需求对收入变动的反应程度

C. 货币需求对利率变动的反应程度

D. 货币需求对收入变动的敏感程度

E. 边际消费倾向

答案 AE，解析：*IS* 曲线方程为 $r=\frac{\alpha+e}{d}-\frac{1-\beta}{d}Y$，其斜率为$-\frac{1-\beta}{d}$。影响其斜率的因素有：利率对投资需求的影响系数 d 和边际消费倾向 β。

3. *LM* 曲线的斜率取决于（　　）。

A. 投资需求对利率变动的反应程度　B. 投资需求对收入变动的反应程度

C. 货币需求对收入变动的反应程度　D. 货币需求对利率变动的反应程度

答案 CD，解析：*LM* 曲线方程 $Y=\frac{h}{k}r+\frac{M}{k}$，斜率为$\frac{h}{k}$，*LM* 曲线斜率的大小取决于以下两个因素：① 货币需求对收入的敏感系数 k；② 货币需求对利率的敏感系数 h。

4. 在其他条件不变的情况下，引起 *LM* 曲线向右移动的原因可以是（　　）。

A. 货币供给量增加　B. 实际国民生产总值增加

C. 需求曲线右移　D. 货币交易需求曲线右移

E. 货币投机需求曲线右移

答案 ABCD，解析：*LM* 曲线移动与实际货币供给量$\frac{\overline{M}}{P}$变动有关，假设物价水平 P 固定，名义货币供给量 M 增加，*LM* 曲线向右下方移动，A 对。r 不变，实际国民生产总值增加，*LM* 曲线向右移动，B 对。需求曲线右移，说明利率不变情况下投资增加，国民收入增加，引起 *LM* 曲线向右移动，C 对。货币交易

需求曲线与 LM 曲线同向移动，货币投机需求曲线与 LM 曲线反向移动，所以 D 对，E 错。

（三）判断题

1. 货币供给和价格水平不变时，货币需求为收入和利率的函数，则收入增加时，货币需求增加，利率上升。（　　）

答案√，解析：货币供给和价格水平不变使得供给曲线不发生移动，当收入增加时，货币需求曲线向右移动，货币需求增加，利率上升。

2. 调整工资会影响 IS-LM 模型中的 IS 曲线。（　　）

答案×，解析：调整工资会影响 LM 曲线。当工资增加时，会对货币需求动机中的交易动机和谨慎动机有所影响，从而导致 LM 曲线移动。

3. 按照旧传统的理论，利率下降时，投资就会增加。（　　）

答案√，解析：古典利率理论认为，利率具有自动调节经济使其达到均衡的作用。储蓄大于投资时，利率下降，人们自动减少储蓄，增加投资；储蓄小于投资时，利率上升，人们自动减少投资，增加储蓄。根据凯恩斯投资函数 $I=e-dr$，可知利率下降，投资增加。

4. 在 IS-LM 模型中，不管任何时候，两条曲线总是能够相交于一点，达到均衡。（　　）

答案×，解析：存在特例，若 IS 曲线和 LM 曲线都水平或者都垂直，二者就不能相交，也不能通过交点得出均衡利率和均衡国民收入。

二、思考题

1. IS 曲线向右下方倾斜的依据是什么？

解析：IS 曲线是从投资和利率的关系（投资函数）、储蓄与收入的关系（储蓄函数）以及储蓄等于投资的关系（储蓄等于投资）中推导出来的。储蓄随收入发生同向变化，投资随利率而发生反向变化。所以，IS 曲线与投资函数曲线走向一致，投资函数曲线是向右下方倾斜的，所以，IS 曲线向右下方倾斜。从 IS 曲线公式也可以得出此结论，IS 曲线方程为 $r=\frac{\alpha+e}{d}-\frac{1-\beta}{d}Y$，其斜率为负，$IS$ 曲线向右下方倾斜。

2. 本章介绍的货币需求理论（即凯恩斯的货币需求理论）与传统的货币需求理论（即新古典经济学的货币需求理论）有什么不同？

解析：传统的货币需求理论认为，货币需求主要取决于交易性货币需求和持有财产的货币需求。本章的货币需求理论将货币需求分为三个方面：一是交易性货币需求，这与传统的货币需求理论是一致的；二是预防性或者说是谨慎性货币需求，是为了预防经济活动中不确定的意外需要而产生的货币需求，这里涉及的经济活动中的不确定性是本章货币需求理论的一个特点，传统的货币需求理论没有这个观点；三是投机性货币需求，这也是传统的货币需求理论没有考虑到的，而本章的货币需求理论恰恰认为这是非常重要的货币需求，反映了资本市场和金融市场的实际情况。

3. 凯恩斯提出的“流动性陷阱”（“凯恩斯陷阱”）概念意义何在？

解析：“流动性陷阱”是凯恩斯创造的一个概念，其含义是指在证券市场上人们的投资与利率之间的特殊关系，也就是利率对人们调节持有货币和有价证券的比例问题。当人们认为市场上的利率处于极低水平再也不会降低时（一般不会为零），市场上的有价证券价格就处于最高点，继续持有证券将只会增加损失，而不会增加收益。于是，人们就会抛出证券而全部持有货币，也不会再购买任何证券。这时，即便中央银行增加货币供给，人们也会通过适当的渠道将其持有在手中，而不会去进行投资。凯恩斯“流动性陷阱”概念的意义是指出，利率很低时，人们投机动机需求无限大，从而驳斥在经济萧条时期降低利率就会增加投资，从而摆脱萧条的传统经济观点。在“流动性陷阱”（“凯恩斯陷阱”）条件下，货币政策无效。

4. 请说明 LM 曲线为什么会向右上方倾斜。

解析：LM 曲线是从货币的交易需求和预防性需求与收入的关系、货币的投机需求与利率的关系，以及货币需求与货币供给的相等关系中推导出来的。根据 LM 曲线 $r=\frac{k}{h}Y-\frac{M}{h}$，LM 曲线斜率为正，货币市场实现均衡时，收入和利率同方向变化。

$M=L_1(Y)+L_2(r)$，货币供给 M 不变情况下，交易动机和谨慎动机的货币需求 $L_1(Y)$ 减少，投机动机的货币需求 $L_2(r)$ 要增加，二者呈反方向变化。又由于 L_1 与 Y 呈同方向变化，L_2 与 r 呈反方向变化，所以 Y 与 r 呈同方向变化。

5. IS-LM 模型是否表明它已经克服了产品市场和货币市场中一些经济变量间的循环决定问题？

解析：所谓产品市场和货币市场中一些经济变量间的循环决定问题，是指产品市场要决定收入，必须先决定利率，否则无法确定投资水平，但利率只能在货币市场决定。同样，在货币市场上，如果不先确定一个收入水平，利率又无法决定，而收入水平又只能在产品市场上决定。这样，两个市场和两个变量互相依赖，就产生了循环论证的现象。西方经济学者看到了这个问题，就设计了 *IS*-*LM* 模型。但实际上，该模型只是生硬地将动态问题变成了静态问题，不存在动态调整的随机均衡点。因此，循环论证问题并没有在 *IS*-*LM* 模型中得到解决。这也是该模型创造者多年后承认自己没有真正理解凯恩斯经济思想的一个重要表现。

6. 已知消费函数为 $C=130+0.6Y$，投资函数为 $I=750-2\ 000r$，设政府购买支出为 $G=750$，试计算：

（1）若投资函数变为 $I=750-3\ 000r$，推导投资函数变化前和变化后的 *IS* 曲线并比较斜率。

（2）增加政府购买支出时，比较投资函数在变化前后哪种情况的收入变化大。

（3）增加货币供给时，比较投资函数在变化前后哪种情况对收入的影响大。

解析：（1）由产品市场均衡条件 $Y=C+I+G=130+0.6Y+750-2\ 000r+750$，整理得投资函数变化前的 *IS* 曲线方程为：$r=0.815-0.000\ 2Y$。

投资函数变化后，由产品市场均衡条件 $Y=C+I+G=130+0.6Y+750-3\ 000r+750$，整理得变化后的 *IS* 曲线方程为：$r=0.543-0.000\ 133Y$。

比较变化前后的 *IS* 曲线表达式可知，投资函数变化后，*IS* 曲线的斜率变小，*IS* 曲线更加平缓。

（2）政府购买支出增加时，*IS* 曲线右移会导致利率 r 上升，由于投资函数变化后投资的利率敏感性增加，因此利率的上升将导致私人投资挤出得更多，从而财政政策效果更小，均衡收入较变化前将增加得较小。

（3）货币供给增加时，*LM* 曲线右移会导致利率 r 下降，由于投资函数变化后投资的利率敏感性增加，因此利率的下降将导致私人投资增加得更多，从而货币政策效果更大，均衡收入较变化前将增加得较大。

7. 假定经济满足 $Y=C+I+G$，且 $C=800+0.63Y$，$I=7\ 500-20\ 000r$，货币需求 $L=0.162\ 5Y-10\ 000r$，名义货币供给量为 6 000，价格水平为 1。问：当政府购买支出从 7 500 增加到 8 500 时，政府购买支出的增加挤占了多少私人投资？

解析：（1）若 $G=7\ 500$，由产品市场均衡条件 $Y=C+I+G$，整理得 *IS* 曲线方程为：

$$IS_1：0.37Y+20\ 000r=15\ 800$$

由货币市场均衡条件 $L=M$ 得 LM 曲线方程为：$0.162\ 5Y-10\ 000r=6\ 000$

求解 IS-LM 模型$\begin{cases}0.37Y+20\ 000r=15\ 800\\0.162\ 5Y-10\ 000r=6\ 000\end{cases}$

可得：$r=0.05$，$Y=40\ 000$，$I_1=6\ 500$

（2）若 $G=8\ 500$，由 $Y=C+I+G$ 整理得新的 IS 曲线方程 IS_2：$0.37Y+20\ 000r=16\ 800$

LM 曲线方程仍为：$0.162\ 5Y-10\ 000r=6\ 000$

求解 IS-LM 模型可得：$r=0.073\ 4$，$Y=41\ 438.85$，$I_2=6\ 032$

所以挤占的私人投资为：$I_2-I_1=6\ 032-6\ 500=-468$

8. 为什么价格水平的上升会提高利率？

解析：货币供给不变的情况下，价格水平上升等于降低了实际货币供给量（增加了货币需求量），同样数量名义货币的价值就会下降，不足以购买和以前相同数量的商品和服务。如果社会对货币的原先实际需求不变，必然造成实际货币市场上的需求大于供给，导致（或要求）利率上升。

9. 依靠 IS-LM 模型就可以说明全部宏观经济政策吗？

解析：IS-LM 模型在理论上只是说明总需求方面的模型，它以总供给的完全理想化为前提，总供给方面的宏观经济政策并不能包含在内。即便总需求政策也无法涵盖影响总需求的其他方面的政策。IS 曲线与 LM 曲线在理论上并不能全方位展现政策的作用过程和经济发展全景。

10. 如何理解 IS-LM 模型的错误和局限性？

解析：（1）将代表经济流量的 IS 曲线和代表经济存量的 LM 曲线放到一起说明货币市场和产品市场均衡的必然性实际上是不妥当的，因为代表流量的 IS 曲线是在一定时期内的，而代表存量的 LM 曲线只是不同时点上货币供求的均衡点的集合。因此，表示时点的量与表示时期的量无法在每个时点上都一致（相等），充其量两条曲线只能有一个交点。而这个交点的值，却只是一个偶然的相等，并不具备经济运行中自动调节或自行调节到相等的充分条件。

（2）该模型强调了经济的需求方面，却将供给方面完全排除在外。

（3）该模型强调了利率对于总需求的重要作用，却忽略了价格对于总需求和总供给的重要作用。

（4）该模型基本上仍然是以静态分析来说明经济运行情况，没有涉及动态的问题。

（5）该模型不能全面、准确地反映消费需求的重要作用、资本边际效率对投资不确定性的影响等。

（6）该模型在说明经济均衡问题上，仅仅注重总需求价值与总供给价值的相等，而丢掉了供求在实物种类与数量上的相等。

第三部分　精 编 习 题

一、单项选择题

1. 引起 *IS* 曲线向左移动的因素有（　　）。

A. 投资需求的增加　　B. 投资需求的减少

C. 政府采购增加　　D. 储蓄意愿减少

2. 当价格水平和货币供给量不变时，交易需求和预防需求的增加，将导致货币的投机需求（　　）。

A. 增加　　B. 减少　　C. 不变　　D. 不确定

3. 流动性陷阱表示（　　）。

A. 货币政策在这一范围内无效

B. 货币投机需求是有限的

C. 货币供给是无限的

D. 用于交易目的的货币需求的增加将导致利率降低

4. 关于投资与利率的关系，以下判断正确的是（　　）。

A. 投资是利率的增函数　　B. 投资是利率的减函数

C. 投资与利率是非相关关系　　D. 以上判断都不正确

5. 政府支出增加使 *IS* 曲线（　　）。

A. 向左移动　　B. 向右移动

C. 保持不动　　D. 以上说法均有可能

6. 如果投资对利率变得很敏感，则（　　）。

A. *IS* 曲线会变得更陡峭　　B. *IS* 曲线会变得更平坦

C. *LM* 曲线会变得更陡峭　　D. *LM* 曲线会变得更平坦

7. 按照凯恩斯的货币理论，如果 r 上升，货币需求将（　　）。

A. 不变　　B. 下降　　C. 上升　　D. 均不对

8. 按照凯恩斯的观点，人们需要货币是出于（　　）。

A. 交易动机　　B. 谨慎动机　　C. 投机动机　　D. 以上都对

9. 货币交易需求可由（　　）函数关系表述。

A. $L_1=f(p)$　　B. $L_1=f(r)$　　C. $L_1=f(Y)$　　D. 均不对

10. *LM* 曲线是描述（　　）。

A. 产品市场均衡时，国民收入与利息率之间的关系

B. 货币市场均衡时，国民收入与利息率之间的关系

C. 货币市场均衡时，国民收入与价格之间的关系

D. 产品市场均衡时，国民收入与价格之间的关系

11. 一般地说，位于 *LM* 曲线左方的收入和利率的组合，都是（　　）。

A. 货币需求大于货币供给的非均衡组合

B. 货币需求小于货币供给的非均衡组合

C. 产品需求小于产品供给的非均衡组合

D. 产品需求大于产品供给的非均衡组合

12. 若 *LM* 方程为 $Y=580+200r$，当货币需求与供给均衡时，利率和收入为（　　）。

A. $r=10\%$，$Y=550$　　B. $r=10\%$，$Y=700$

C. $r=10\%$，$Y=600$　　D. $r=10\%$，$Y=800$

13. 如果货币市场均衡方程为 $r=\frac{k}{h}Y-\frac{M}{h}$，则引致 *LM* 曲线变得平坦是由于（　　）。

A. k 变小，h 变大　　B. k 和 h 同比例变大

C. k 变大，h 变小　　D. k 和 h 同比例变小

14. 引起 *LM* 曲线向右移动的原因是（　　）。

A. 实际国内生产总值增加

B. 名义货币供给与物价水平同比例增加

C. 名义货币供给不变，物价水平上升

D. 名义货币供给不变，物价水平下降

15. 在凯恩斯区域，*LM* 曲线（　　）。

A. 水平　　　　B. 垂直　　　　C. 向右上方倾斜 D. 不一定

16. 引起 *LM* 曲线变得陡峭的原因可能是（　　）。

A. 货币需求对收入变动的反应程度和货币需求对利率变动的反应程度同比例增强

B. 货币需求对收入变动的反应程度和货币需求对利率变动的反应程度同比例减弱

C. 货币需求对收入变动的反应程度增强，货币需求对利率变动的反应程度减弱

D. 货币需求对收入变动的反应程度减弱，货币需求对利率变动的反应程度增强

17. 利率和收入的组合点出现在 *IS* 曲线右上方，*LM* 曲线的左上方的区域中，则表示（　　）。

A. 投资小于储蓄且货币需求小于货币供给

B. 投资小于储蓄且货币供给小于货币需求

C. 投资大于储蓄且货币需求小于货币供给

D. 投资大于储蓄且货币需求大于货币供给

18. 如果利率和收入都能按供求情况自动得到调整，则利率和收入的组合点出现在 *IS* 曲线右上方、*LM* 曲线的左上方的区域中时，有可能（　　）。

A. 利率下降，收入增加　　　　B. 利率下降，收入不变

C. 利率下降，收入减少　　　　D. 以上三种情况都可能发生

19. 在常规的 *LM* 曲线不变的情况下，自发总需求增加会引起（　　）。

A. 国民收入增加，利率上升　　　　B. 国民收入增加，利率下降

C. 国民收入减少，利率上升　　　　D. 国民收入减少，利率下降

20. 在常规的 *IS* 曲线不变的情况下，货币供给量减少会引起（　　）。

A. 国民收入增加，利率下降　　　　B. 国民收入增加，利率上升

C. 国民收入减少，利率上升　　　　D. 国民收入减少，利率下降

21. 根据常规的 *IS*-*LM* 模型，（　　）。

A. 自发总需求增加，使国民收入减少，利率上升

B. 自发总需求增加，使国民收入增加，利率上升

C. 货币供给量增加，使国民收入增加，利率上升

D. 货币供给量增加，使国民收入减少，利率下降

22. 假定经济处于“流动性陷阱”，乘数为 5，政府支出增加了 80 亿元，那么（　　）。

A. 收入增加 400 亿元　　B. 收入增加小于 400 亿元

C. 收入增加超过 400 亿元　　D. 收入增加不确定

23. 令边际税率为 0.2，假定政府购买增加 100 亿美元，*IS* 曲线向右移动 200 亿美元，那么，边际消费倾向为（　　）。

A. 0.625　　B. 0.5　　C. 0.8　　D. 0.9

24. 下列选项中，哪种情况发生时，货币的预防性需求会增加？（　　）

A. 货币流通速度加快

B. 对未来不确定的预期增加

C. 人们对债券未来的价格更有信心

D. 利率被认为在合理的范围内波动

25. 假定 *IS* 曲线和 *LM* 曲线的交点所表示的均衡国民收入低于充分就业的国民收入，根据 *IS-LM* 模型，如果不让利率上升，政府应当（　　）。

A. 增加投资　　B. 在增加投资的同时增加货币供给

C. 减少货币供给量　　D. 减少投资的同时减少货币供给量

26. 比例税率提高会使 *IS* 曲线（　　）。

A. 斜率的绝对值变大　　B. 左移

C. 斜率的绝对值变小　　D. 右移

27. 定量税增加将（　　）。

A. 使 *IS* 曲线左移，并使利率和收入水平同时降低

B. 使 *IS* 曲线右移，并使利率和收入水平同时提高

C. 使 *IS* 曲线右移，提高收入水平但降低利率

D. 使 *LM* 曲线右移，提高收入水平但降低利率

28. 价格水平上升时，会（　　）。

A. 减少实际货币供给，*LM* 曲线右移

B. 减少实际货币供给，*LM* 曲线左移

C. 增加实际货币供给，*LM* 曲线右移

D. 增加实际货币供给，*LM* 曲线左移

29. 净出口 ΔNX 增加时，会导致（　　）。

A. *IS* 曲线右移 $k_e\Delta NX$ 量　　B. *IS* 曲线左移 $k_e\Delta NX$ 量

C. *IS* 曲线斜率变大　　D. *IS* 曲线斜率变小

30. 如果货币需求的利率弹性无穷大，则中央银行增加货币供给将使（　　）。

A. 利率下降　　B. 产出增加　　C. 投资增加　　D. 以上都不是

二、多项选择题

1. 以下对 *IS* 曲线的利率说法正确的是（　　）。

A. 边际消费倾向越大，*IS* 曲线越平坦

B. 边际消费倾向越大，*IS* 曲线越陡峭

C. 投资对利率越敏感，*IS* 曲线越平坦

D. 投资对利率越敏感，*IS* 曲线越陡峭

2. 其他条件不变时，引起 *IS* 曲线右移的因素有（　　）。

A. 私人部门投资增加　　B. 政府购买支出增加

C. 税收增加　　D. 税收降低

3. 人们对于货币的需求是出于（　　）。

A. 投机动机　　B. 交易动机　　C. 谨慎动机　　D. 流动性偏好

4. 关于 *LM* 曲线斜率以下正确的是（　　）。

A. 在古典区域 *LM* 曲线斜率无穷大

B. 在中间区域 *LM* 曲线斜率大于零

C. 在中间区域 *LM* 曲线斜率小于零

D. 在凯恩斯区域 *LM* 曲线斜率为零

5. 以下会引起 *LM* 右移的是（　　）。

A. 价格不变，自发消费增加

B. 价格不变，中央银行增加货币供给

C. 利率不变，企业投资增加

D. 货币供给不变，价格下降

6. 在 *LM* 曲线凯恩斯区域内（　　）。

A. 财政政策完全有效　　B. 财政政策完全无效

C. 货币政策完全有效　　D. 货币政策完全无效

7. 在 *LM* 曲线古典区域内（　　）。

A. 财政政策完全有效　　B. 财政政策完全无效

C. 货币政策完全有效　　D. 货币政策完全无效

8. 当经济处于 *IS* 曲线右上方和 *LM* 曲线左上方，则（　　）。

A. 产品市场供过于求　　　　B. 货币市场供过于求

C. 产品市场供不应求　　　　D. 货币市场供不应求

9. 在 *IS*-*LM* 模型中，以下说法正确的是（　　）。

A. 若采取扩张性的财政政策，国民收入上升，利率下降

B. 若采取扩张性的财政政策，国民收入上升，利率上升

C. 若采取扩张性的货币政策，国民收入上升，利率下降

D. 若采取扩张性的货币政策，国民收入上升，利率上升

10. *IS*-*LM* 模型存在的问题有：该模型（　　）。

A. 只强调了经济的需求方面，却将供给方面完全排除在外

B. 只强调了利率对总需求的重要作用，忽略了价格对总需求和总供给的重要作用

C. 基本上仍然是以静态分析来说明经济运行情况，没有涉及动态的问题

D. 不能全面、准确地反映消费需求的重要作用、资本边际效率对投资的不确定影响。

三、判断题

1. 按照凯恩斯的理论，当利息率特别高时，人们倾向于持有货币。（　　）

2. 当收入增加时，货币交易需求将减少。（　　）

3. 按照凯恩斯理论，利率由货币投机需求和货币总供给之间的关系决定。（　　）

4. 一般假定货币供给不变，收入的增加将导致利率的上升。（　　）

5. 货币交易需求上升，如果其他情况保持不变，利率将上升。（　　）

6. 货币市场均衡只有在货币需求等于货币供给时存在。（　　）

7. *IS* 曲线的斜率仅由投资函数的斜率决定。（　　）

8. 边际消费倾向的变化将改变 *IS* 曲线的斜率。（　　）

9. 实际国内生产总值增加引起实际货币需求曲线向左移动。（　　）

10. 如果边际消费倾向上升，*IS* 曲线将变得更平缓。（　　）

11. 减少货币供给将使 *LM* 曲线左移。（　　）

12. 在投资对利率反应程度一定的情况下，*IS* 曲线越平缓，乘数值

越小。(　　)

13. 根据 *IS*-*LM* 模型求得的均衡国民收入水平一定等于充分就业的国民收入水平。(　　)

14. 在名义货币供给量不变时，物价水平的上升使 *LM* 曲线向右方移动。(　　)

15. 当 *IS* 曲线为一条水平线时，扩张性货币政策不会引起利率上升，只会使实际的国内生产总值增加。(　　)

16. 产品市场决定收入，货币市场决定利率。(　　)

17. *IS* 曲线左边的点代表着产品短缺。(　　)

四、名词解释

1. 交易动机　2. 预防动机　3. 投机动机　4. 流动性陷阱　5. *IS* 曲线　6. *LM* 曲线　7. *LM* 曲线的凯恩斯区域　8. *LM* 曲线的古典区域　9. *IS*-*LM* 模型　10. 流动性偏好

五、问答题

1. 哪些因素影响 *IS* 曲线移动？会产生怎样的影响？

2. 为什么利率和收入的组合点位于 *IS* 曲线右上方时，反映产品市场上供过于求的情况？

3. 简述凯恩斯的货币需求理论。

4. 什么是 *LM* 曲线的三个区域？其经济政策含义是什么？

5. *LM* 曲线的位置主要取决于哪些因素？

6. 分析当经济处于流动性陷阱时，货币政策的效果如何？

7. 凯恩斯提出的哪些思想论证了有效需求不足产生的原因？

8. 用 *IS*-*LM* 模型分析政府实施什么政策可以增加国民收入而利率不变？

9. 减少政府支出为什么会降低利率？

10. 增加货币供给为什么会降低利率？

11. *IS* 曲线和 *LM* 曲线两条线相交所形成的均衡国民收入是否就是充分就业的国民收入？为什么？

六、计算题

1. 假设某经济体中，消费函数为 $C=85+0.75Y_d$，$I=100-500r$，$G=50$，$T=$

$20+0.2Y$，$TR=0$。（1）推导 *IS* 曲线方程；（2）求 *IS* 曲线的斜率；（3）当 $r=10$ 时，Y 是多少？如果充分就业收入 $Y_f=505$，则应增加多少政府购买才能实现充分就业？

2. 已知一国在封闭条件下的消费函数为 $C=305+0.8Y$，投资函数为 $I=395-200r$，货币的需求函数为 $L=0.4Y-100r$，实际货币供给 $M=150$。

（1）求 *IS* 曲线和 *LM* 曲线的方程；（2）计算均衡的国民收入和利率；（3）如果此时政府购买增加了 100，那么国民收入将会增加多少？

3. 在货币市场上，货币需求为 $L=0.25Y-10r$，实际货币供给为 $M/P=400$。在产品市场上，*IS* 曲线函数为 $Y=2\ 000-40r$。求：如果政府购买乘数 $k=2$，政府购买增加 200，求两个市场再度均衡时，收入和利率各自变化了多少？

七、案例分析题

2022 年中央经济工作会议指出，2023 年要坚持稳字当头、稳中求进，继续实施积极的财政政策和稳健的货币政策，加大宏观政策调控力度，加强各类政策协调配合，形成共促高质量发展合力。积极的财政政策要加力提效。保持必要的财政支出强度，优化组合赤字、专项债、贴息等工具，要加大中央对地方的转移支付力度，推动财力下沉，做好基层“三保”工作。稳健的货币政策要精准有力。要保持流动性合理充裕，保持广义货币供应量和社会融资规模增速同名义经济增速基本匹配，引导金融机构加大对小微企业、科技创新、绿色发展等领域支持力度。

阅读资料，回答以下问题：（1）积极的财政政策会引起国民收入和利率如何变动？（2）宏观经济中的“流动性”指什么？什么是“流动性陷阱”？（3）人们对货币的需求出于哪些动机？

第四部分　精编习题详解

一、单项选择题

1. 答案 B，解析：投资需求减少导致自发总需求减少，将引起 *IS* 曲线左移，B 对。投资需求和政府采购增加导致自发总需求增加，将引起 *IS* 曲线右移，A、C 错。储蓄意愿减少，储蓄曲线向右下方移动，*IS* 曲线向右移动，

D 错。

2. 答案 B，解析：当价格水平和货币供给量不变时，实际货币供给 M 保持不变。当交易动机和预防动机引起的货币需求 kY 增加时，投机动机的货币需求相应减少。

3. 答案 A，解析：“流动性陷阱”或“凯恩斯陷阱”一般出现在利率水平处于社会公认的最低点时。此时货币需求曲线趋于水平，货币政策失效，A 对。利率极低时，货币投机需求是无限的，B 错。货币供给是央行决定的，C 错。流动性陷阱表示利率极低导致用于投机动机的货币需求无限大，D 错。

4. 答案 B，解析：计划投资与利率的线性关系为：$I=e-dr$，因此投资是利率的减函数。

5. 答案 B，解析：增加政府购买支出、转移支付增加，国民收入增加，会使 IS 曲线向右移动。

6. 答案 B，解析：投资对利率比较敏感时，利率的较小变动就会引起投资的较大变动，进而引起收入的较大变动，反映在 IS 曲线上就是：利率的较小变动要求有收入的较大变动与之相配合，才能使产品市场均衡，因此 IS 曲线会变得更平坦，B 对，A 错。LM 曲线描述的是货币市场均衡时利率与产出水平各组合的集合，LM 曲线的斜率取决于货币的投机需求曲线和交易需求曲线的斜率，实际上也就是取决于 $r=\frac{k}{h}Y-\frac{M}{h}$ 式中 k 和 h 的值，C、D 错。

7. 答案 B，解析：货币需求函数可表述为：$L=L_1+L_2=kY-hr$，因此货币需求与 r 呈反向变动关系。

8. 答案 D，凯恩斯认为：人们持有货币或者说需要货币，是出于三类不同的动机，分别为交易动机、谨慎动机、投机动机。

9. 答案 C，解析：货币交易需求是指个人和企业为了进行正常的交易活动所需要持有的货币数量，主要取决于收入水平，收入越高，交易数量越大。

10. 答案 B，解析：LM 曲线是货币市场均衡时利率与产出水平各组合的集合，B 对，C 错。IS 曲线是产品市场均衡利率与产出水平各组合的集合，A、D 错。

11. 答案 B，解析：如图 11-1 所示，A 为 LM 曲线左边任意一点。在 A 点，与 A 对应的国民收入为 Y_A，利率为 r_A，当收入为 Y_A 时，r_A 高于货币市场

的均衡利率 r_E。这说明，A 点货币的投机需求小于货币市场均衡时对货币的投机需求，即 $L_{rA}<L_{rE}$，在 Y_A 既定的条件下，A 点的货币需求将小于均衡时的货币需求，即 $L_A<L_E$，又因 $L_E=M$，所以在 A 点有 $L<M$，存在超额货币供给，即货币需求小于货币供给，B 对。同理，在 *LM* 曲线右下方，存在超额货币需求，即货币需求大于货币供给，A 错。C、D 反映产品市场非均衡状态，由 *IS* 曲线周边点反映，*LM* 曲线无法反映。

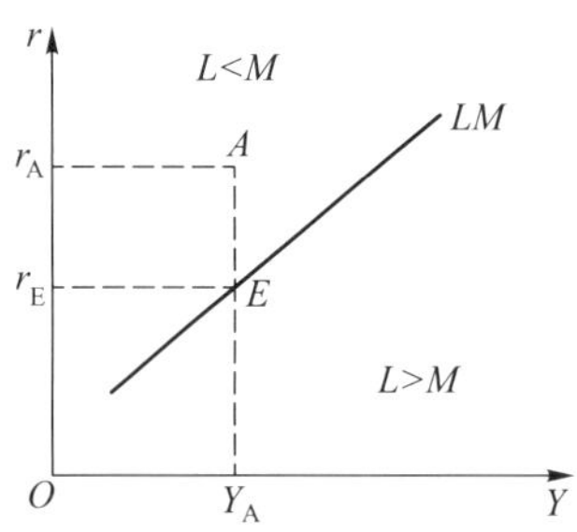

图 11-1　*LM* 曲线的非均衡区域分析

12. 答案 C，解析：当货币需求与货币供给均衡时，利率和收入的组合点满足 *LM* 方程，将 $r=10\%$ 代入 *LM* 方程中，得 $Y=600$，故 C 对。

13. 答案 A，解析：*LM* 曲线的斜率为 k/h，k 变小，h 变大时，斜率 k/h 变小，*LM* 曲线变得平坦，A 对。k 变大，h 变小，斜率 k/h 变大，*LM* 曲线变得陡峭，C 错。k 和 h 同比例放大或缩小不会影响 *LM* 曲线的斜率，B、D 错。

14. 答案 D，解析：名义货币供给不变，物价水平下降意味着实际货币供给增加，货币供给曲线 M/P 就会右移，导致 *LM* 曲线向右移动，D 对。名义货币供给和物价水平同比例增加不会影响实际的货币供给，*LM* 曲线不变，B 错。名义货币供给不变，物价水平上升意味着实际的货币供给减少，*LM* 曲线会向左移动，C 错。实际国内生产总值增加是 *LM* 曲线向右移动的结果，A 错。

15. 答案 A，解析：凯恩斯的“流动性陷阱”表明当利率降得很低时，货币的投机需求将变得无限大，此时货币的投机需求曲线就成为一条水平线，这使 *LM* 曲线也变成水平线，A 对。*LM* 曲线呈现垂直的区域被称为“古典区域”，B 错。*LM* 曲线呈现向右上方倾斜的区域被称为“中间区域”，C 错。

16. 答案 C，解析：*LM* 曲线表达式为：$r=\frac{k}{h}Y-\frac{M}{h}$，*LM* 曲线的斜率取决于货币的投机需求曲线与交易需求曲线的斜率，也就是取决于 k 和 h，当 k 增大或者 h 减小时，k/h 都会增大，即 *LM* 曲线斜率增大，*LM* 曲线变得陡峭，C 对。

k 和 h 同比例增大或减小都不会影响 *LM* 曲线的斜率，A、B 错误。k 减小或 h 增大时，k/h 都会减小，*LM* 曲线会变得平坦，D 错。

17. 答案 A，解析：*IS* 曲线右上方区域表示投资小于储蓄，产品市场供过于求；*LM* 曲线左上方区域表示货币需求小于货币供给，A 对。位于 *IS* 曲线右上方，*LM* 曲线右下方区域表示投资小于储蓄且货币供给小于货币需求，B 错。位于 *IS* 曲线左下方，*LM* 曲线左上方区域表示投资大于储蓄且货币需求小于货币供给，C 错。位于 *IS* 曲线左下方，*LM* 曲线右下方区域表示投资大于储蓄且货币需求大于货币供给，D 错。

18. 答案 D，解析：*IS* 曲线右上方，*LM* 曲线左上方区域 $I<S$，$L<M$，表示产品市场和货币市场均供过于求，为达到产品市场和货币市场同时均衡，利率会下降，但收入的变化不能确定。假设图 11-2 中 *A*、*B*、*C* 三点分别对应选项 A、B、C 的三种情况，均处于非均衡状态，如果利率和收入都能按供求情况自动得到调整，则它们都将向 *E* 点趋近，利率下降，但收入变化不确定，位于 *A*、*B*、*C* 处的收入将分别增加、不变、减少。

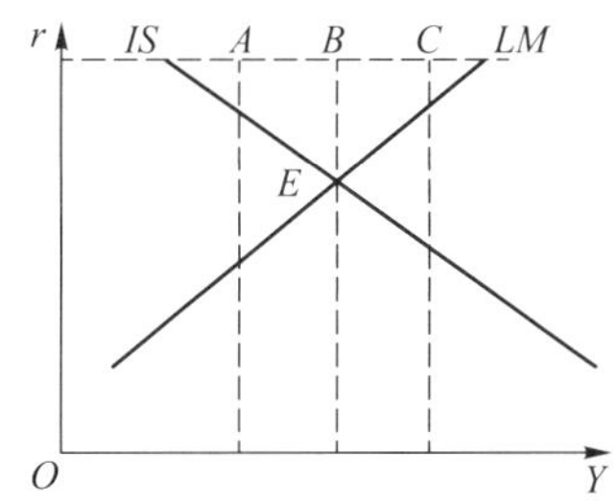

图 11-2　*IS-LM* 模型的非均衡区域分析

19. 答案 A，解析：自发总需求增加会导致 *IS* 曲线右移，*LM* 曲线不变的条件下，会导致国民收入增加，利率上升。

20. 答案 C，解析：货币供给量减少会使得 *LM* 曲线左移，*IS* 曲线不变的条件下，会导致国民收入减少，利率上升，C 对。

21. 答案 B，解析：自发总需求增加会导致 *IS* 曲线右移，*LM* 曲线不变的条件下，会使得国民收入增加，利率上升，B 对，A 错。货币供给量增加会导致 *LM* 曲线右移，*IS* 曲线不变的条件下，会使得国民收入增加，利率下降，C、D 错。

22. 答案 A，解析：政府支出增加 80 亿元，乘数为 5，则总需求增加 $80×5=400$ 亿元，当经济处于“流动性陷阱”时，*LM* 曲线呈水平，此时财政政策完全有效，即国民收入增加 400 亿元，A 对。

23. 答案 A，解析：当征收定量税时，政府购买乘数为$k_G=\frac{1}{1-(1-t)\beta}$，由题可知政府购买乘数为 $k_G=2$，代入式子得 $\beta=0.625$，A 对。

24. 答案 B，解析：预防动机（谨慎动机），指人们需要货币是为了预防经济生活中预料之外的支出，如个人和企业为应付事故、失业、疾病等意外事件而需要事先持有一定数量的货币，源于未来收入和支出的不确定性，B 对。货币流通速度加快，需要的货币需求量减少，A 错。人们对于债券未来的价格更有信心，对于货币的投机性需求将减少，C 错。利率被认为在合理的范围内波动将不会影响人们预防动机货币需求，D 错。

25. 答案 B，解析：当均衡国民收入低于充分就业的国民收入时，需要采取扩张性的政策，若增加投资，*IS* 曲线右移，国民收入增加，为使利率保持不变的水平，需要同时采取扩张性的货币政策，如增加货币供给，B 对。增加投资，*IS* 曲线右移，国民收入和利率都会增加，A 错。减少货币供给量，*LM* 曲线左移，国民收入减少，利率上升，C 错。减少投资的同时减少货币供给量，*IS* 曲线和 *LM* 曲线都将左移，国民收入减少，利率不确定，D 错。

26. 答案 A，解析：三部门 *IS* 曲线的斜率是$-\frac{1-\beta(1-t)}{d}$，当税率 t 变大时，*IS* 曲线的斜率绝对值变大，不会引起 *IS* 曲线左右移动。

27. 答案：A，解析：税收增加导致可支配收入降低，进而导致民众消费降低，*IS* 曲线左移，*LM* 曲线不变的条件下，利率和收入水平同时降低，A 对。

28. 答案 B，解析：实际货币供给 $m=M/P$，价格水平上升时，实际货币供给减少，紧缩的货币政策，导致 *LM* 曲线左移，B 对。

29. 答案 A，解析：净出口增加导致 *IS* 曲线右移，根据乘数效应，*IS* 曲线移动 $k_e\Delta NX$ 量，A 对，B 错。*IS* 曲线的斜率与净出口无关，C、D 错。

30. 答案 D，解析：货币需求的利率弹性无穷大表现为货币需求曲线呈水平，此时中央银行增加货币供给使货币供给曲线向右移动，但不改变利率水平，A 错，也不会增加投资水平，C 错。货币需求的利率弹性无穷大表现为 *LM* 曲线呈水平，此时货币政策无效，无论中央银行增加多少货币供给，也不会增加产出，B 错。

二、多项选择题

1. 答案 AC，解析：*IS* 曲线的表达式为：$r=\frac{\alpha+e}{d}-\frac{1-\beta}{d}Y$，当边际消费倾向越

大或投资对利率越敏感时，*IS* 曲线越平坦，A、C 对。

2. 答案 ABD，解析：私人部门投资增加、政府购买支出增加、税收降低都会导致自发总需求增加，引起 *IS* 曲线右移，A、B、D 对。税收增加会引起支配收入减少，自发总需求减少，*IS* 曲线左移，C 错。

3. 答案 ABC，解析：按照凯恩斯的货币需求理论，人们需要货币出于交易动机、谨慎动机、投机动机，A、B、C 对。

4. 答案 ABD，解析：当利率处于相当高的水平时，货币的投机需求量趋于零，人们所持货币量都只是交易需求量，这样 *LM* 就成为一段垂直线，斜率无穷大，这一区域被称为“古典区域”，A 对。“古典区域”和“凯恩斯区域”之间这段 *LM* 区域是中间区域，斜率为正值，B 对。当利率很低时，*LM* 曲线呈水平状态，斜率为零，该区域被称为“凯恩斯区域，D 对。

5. 答案 BD，解析：A、C 使 *IS* 曲线移动，所以 A、C 不对。价格不变时，中央银行增加货币供给或者货币供给不变时，降低价格都会导致实际货币供给增加，引起 *LM* 曲线右移，B、D 对。

6. 答案 AD，解析：*LM* 曲线在“凯恩斯区域”内呈水平状态，财政政策完全有效，货币政策完全无效。A、D 对。

7. 答案 BC，解析：*LM* 曲线在“古典区域”内呈垂直状态，财政政策完全无效，货币政策完全有效，B、C 对。

8. 答案 AB，解析：如图 11-3 所示，当经济处于 *IS* 曲线右上方和 *LM* 曲线左上方时，投资小于储蓄，产品市场供过于求，A 对。货币需求小于货币供给，货币市场供过于求，B 对。

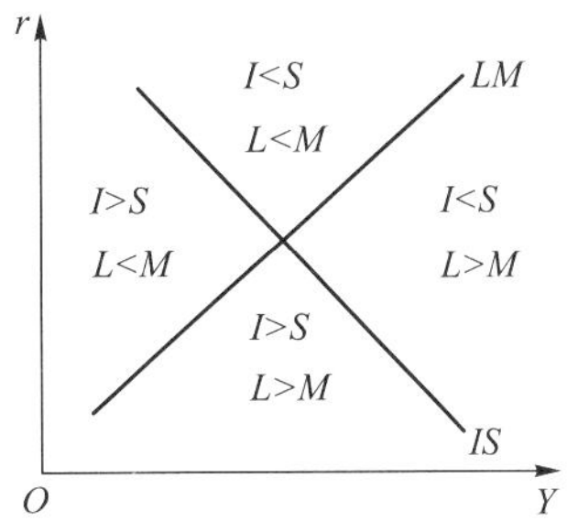

图 11-3　*IS-LM* 模型的非均衡区域分析

9. 答案 BC，解析：若采取扩张性的财政政策，*IS* 曲线右移，国民收入上升，利率上升，B 对；若采取扩张性的货币政策，*LM* 曲线右移，国民收入上升，利率下降，C 对。

10. 答案 ABCD，解析：*IS-LM* 模型主要存在这些问题，问题的解决推动了经济学的继续发展。

三、判断题

1. 答案×，解析：按照凯恩斯的理论，当利息率特别高时，有价债券价格低，人们倾向于将投机性货币用来购买有价债券，减少投机性货币持有。

2. 答案×，解析：货币交易需求量与收入同方向变动，$L_1=kY$，所以，当收入增加时，货币交易需求将增加。

3. 答案×，解析：按照凯恩斯理论，利率由货币总需求和货币总供给之间的关系决定，而货币总需求包括货币的交易需求、预防需求和投机需求三部分。

4. 答案√，解析：假定货币供给 M 不变，收入的增加，对货币需求增加，将导致利率的上升。

5. 答案√，解析：其他情况保持不变时，货币交易需求上升，根据 $M=L_1(Y)+L_2(r)$，如果货币供给保持不变，货币交易需求上升，货币投机需求下降，对应利率将上升。

6. 答案√，解析：当市场利率低于均衡利率时，市场上对货币的实际需求将增加，货币供给将下降，利率将上升，直到货币供求相等时才会停止变动。反之，当市场利率高于均衡利率时，货币需求下降，货币供给增加，利率下降，这种情况也一直要到均衡利率对应的货币供求相等时才会消失。因此，货币市场均衡只有在货币需求等于货币供给时存在。

7. 答案×，解析：根据 *IS* 曲线的函数方程式 $r=\frac{\alpha+e}{d}-\frac{1-\beta}{d}Y$，*IS* 曲线的斜率由投资函数的斜率 d 和边际消费倾向 β 决定。

8. 答案√，解析：*IS* 曲线方程 $r=\frac{\alpha+e}{d}-\frac{1-\beta}{d}Y$，因此，边际消费倾向的变化将改变 *IS* 曲线的斜率。

9. 答案×，解析：$L_1=kY$，实际国内生产总值增加会引起实际货币需求增加，货币需求曲线向右移动。

10. 答案√，解析：*IS* 曲线的斜率为$-\frac{1-\beta}{d}$，边际消费倾向上升，*IS* 曲线将变得更平缓。

11. 答案√，解析：减少货币供给属于紧缩性货币政策，导致 *LM* 曲线左移。

12. 答案×，解析：*IS* 曲线越平缓，*IS* 曲线斜率绝对值$-\frac{1-\beta}{d}$越小，在 d 值一定的情况下，$1-\beta$ 越小，乘数值$\frac{1}{1-\beta}$越大。

13. 答案×，解析：均衡国民收入水平发生在 *IS* 曲线与 *LM* 曲线的交点处，实现产品市场与货币市场的同时均衡，但这时的国民收入水平不一定等于充分就业的国民收入水平。

14. 答案×，解析：在名义货币供给量不变时，物价水平的上升使 *LM* 曲线向左方移动。

15. 答案√，解析：当 *IS* 曲线为一条水平线时，市场利率固定，采取扩张性货币政策使 *LM* 曲线右移，国内生产总值 Y 增加。

16. 答案×，解析：根据 *IS-LM* 模型，均衡的国民收入和利率水平是由产品市场和货币市场共同决定的。

17. 答案√，解析：*IS* 曲线左边的点表示 $I>S$，产品供不应求。

四、名词解释

1. 交易动机：指个人和企业需要货币是为了进行正常的交易活动。由于人们取得收入和消费支出在时间上不是同步的，因此个人和企业必须有足够的货币资金来支付日常开支。交易动机的货币需求量主要取决于收入水平，收入越高，交易数量越大。

2. 预防动机：又称谨慎动机，指人们需要货币是为了预防经济生活中预料之外的支出，如个人和企业为应付事故、失业、疾病等意外事件而需要事先持有一定数量的货币。

3. 投机动机：指人们为了在金融市场上抓住购买有价证券的有利机会而持有货币。

4. 流动性陷阱：当利率极低时，人们会认为这时利率已不大可能再下降，或者说有价证券市场价格已不大可能再上升而只会下跌，因此，会将所持有的有价证券全部换成货币。这时，人们有了货币也绝不肯再去购买有价证券，以免证券价格下跌时遭受损失。不管有多少货币，人们都愿意将其保持在手中的情况，被称为“流动性陷阱”或“凯恩斯陷阱”。一般情况下，“流动性陷阱”往往出现在利率水平处于社会公认的最低点时。

5. *IS* 曲线：就是代表产品和服务市场达到均衡状态时的一条曲线，它反映投资与储蓄相等时所有代表均衡利率水平和产出水平的组合点的集合。

6. *LM* 曲线：货币市场均衡利率与产出水平各组合的集合。

7. *LM* 曲线的凯恩斯区域：当利率很低时，即债券价格很高，购买债券风险很大，人们愿意长期持有货币，此时货币投机需求无限大，从而使 *LM* 曲线呈水平状态，由于这种分析是凯恩斯提出的，所以水平的 *LM* 区域称为凯恩斯区域。

8. *LM* 曲线的古典区域：不论利率怎样变动，货币的投机需求均为零，货币的投机需求对利率毫无敏感性，从而货币需求曲线的斜率趋向于无穷大，*LM* 曲线也呈垂直状态。由于古典学派认为货币需求无投机需求，因此垂直的 *LM* 区域称为古典区域。

9. *IS*- *LM* 模型：为解决循环推论问题，把商品市场和货币市场、*IS* 曲线和 *LM* 曲线结合起来，建立了一个商品市场和货币市场的一般均衡模型，即 *IS*-*LM*模型。

10. 流动性偏好：又称灵活偏好，由于货币具有使用上的灵活性，人们为了应付日常支出、意外支出、进行投机活动，宁愿牺牲利息收入而持有不生息的货币的心理倾向。

五、问答题

1. 哪些因素影响 *IS* 曲线移动？会产生怎样的影响？

解析：影响总需求的各种政策也会影响 *IS* 曲线发生变动。

（1）投资变化引起的 *IS* 曲线变动。在同样利率水平上，投资需求增加了，则 *IS* 曲线向右移动。若投资需求下降，则 *IS* 曲线向左移动。从货币政策来说，利率变动会影响投资函数变化，所以也会影响 *IS* 曲线的变动。

（2）储蓄变化引起的 *IS* 曲线变动。假如人们的储蓄意愿增加了，消费减少了，储蓄曲线就要向左移动。其国民收入减少量等于储蓄增量乘以乘数。

（3）消费变化引起的 *IS* 曲线变动。消费增加引起 *IS* 曲线右移。

（4）政府购买变动引起的 *IS* 曲线变动。增加政府购买性支出，等于增加投资支出，因此，会使 IS 曲线向右移动。IS 曲线移动的幅度取决于两个因素：政府购买增量和支出乘数的大小，即均衡收入增加量 $\Delta Y = k_G \Delta G$。相反，减少政府购买，则会使 IS 曲线向左移动。

（5）税收变动引起的 IS 曲线变动。政府增加一笔税收，则会使 IS 曲线向左移动。这是因为，一笔税收的增加，如果是增加了企业的负担，则会使投资需求相应减少，进而使 IS 曲线向左移动。同样，一笔税收的增加，如果是增加了居民个人的负担，则会使他们的可支配收入减少，使他们的消费支出相应减少，从而也会使 IS 曲线向左移动。相反，如果政府减税，则会使 IS 曲线右移，移动幅度为 $\Delta Y = -k_T \Delta T$。

（6）政府转移支付变化引起的 IS 曲线变动。政府转移支付实际上等于增加了人们的收入，增加政府转移支付将导致 IS 曲线右移。

增加政府支出、增加转移支付和减税，都属于增加总需求的扩张性财政政策；而减少政府支出、减少转移支付和增税，都属于降低总需求的紧缩性财政政策。因此，政府实行扩张性财政政策时，就表现为 IS 曲线向右移动；实行紧缩性财政政策时，就表现为 IS 曲线向左移动。

（7）国外需求引起的 IS 曲线变动。国外对本国产品和服务需求的增加可以增加总需求，其减少可以减少总需求，因此，它的增加或减少同国内总需求的增加或减少对 IS 曲线的作用是一样的。

2. 为什么利率和收入的组合点位于 IS 曲线右上方时，反映产品市场上供过于求的情况？

解析：如图 11-4 所示，A 为 IS 曲线右边任意一点。在 A 点，与 A 对应的国民收入为 Y_A，当收入为 Y_A 时，A 点的利率 r_A 高于产品市场均衡利率 r_E，即 $r_A > r_E$。这说明 A 点的投资小于市场均衡时的投资 I_E，即 $I_A < I_E$。又因为均衡条件为 $I_E = S$，所以在 A 点有 $I < S$。此时产品市场出现供过于求的情况。也可以这样理解：产品市场上供过于求是指储蓄大于投资的情况，在 IS 曲线右上方的任何收入和利率的组合点之所以都表明储蓄大于投资，是因为相对于一定收入而言，利率太高了，从而使该收入提供的储蓄超过了该利率所导致的投资，或者是相对于一定利率而言，收入太高了，从而该利率所导致的投资水平低于该收入所提供的储蓄。

3. 简述凯恩斯的货币需求理论。

解析：在凯恩斯奠基的货币需求理论中，特别强调人们需求货币的动机，

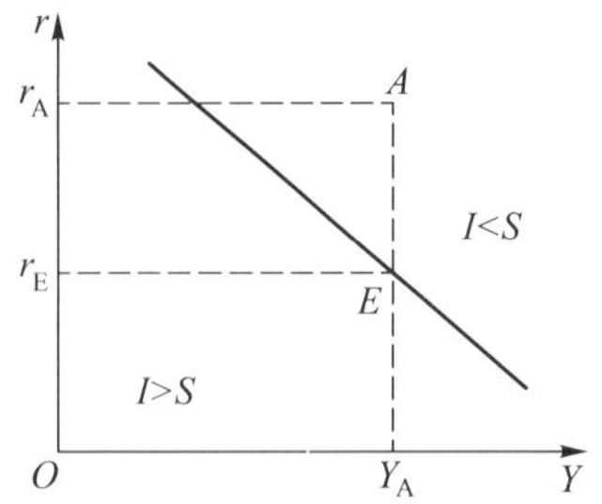

图 11-4　*IS* 曲线的非均衡区域

因为这种动机决定了人们为什么需要不生息的货币。

（1）凯恩斯认为，人们持有货币出于以下三类不同的动机。① 交易动机的货币需求。交易动机指个人和企业需要货币是为了进行正常的交易活动。交易动机源于收入和支出间缺乏同步性，货币量取决于收入水平、交易惯例、交易数量和商业制度，而交易动机的货币需求量主要取决于收入水平。② 预防动机的货币需求。预防动机（谨慎动机）指人们需要货币是为了预防经济生活中预料之外的支出，货币的预防动机则源于未来收入和支出的不确定性。个人对货币的预防性需求的数量主要取决于收入水平、个体对意外事件的看法。③ 投机动机的货币需求。投机动机指人们持有货币是为了在金融市场上抓住购买有价证券的有利机会。货币的投机动机货币需求取决于利率，一般二者反向变动。如果用 L_2 表示货币的投机需求，用 r 表示利率，则这一货币需求量和利率的关系可表示为：$L_2=L(r)$。当利率极低时，投机动机货币需求无限大，被称为"流动性陷阱"或"凯恩斯陷阱"。

（2）货币需求函数。对货币的总需求是人们对货币的交易需求、预防需求和投机需求的总和。货币的交易需求和预防需求取决于收入，而货币的投机需求则取决于利率，因此，对货币的总需求函数可表述为：$L=L_1+L_2=L(Y)+L(r)=kY-hr$。

（3）货币需求曲线如图 11-5 所示。图 11-5（a）中垂线 L_1 表示满足交易动机和预防动机的货币需求曲线，它与利率无关，因而垂直于横轴。曲线 L_2 表示满足投机动机的货币需求曲线，它向右下方倾斜，表示货币的投机需求量随利率下降而增加，最后为水平状，表示"流动性陷阱"。图 11-5（b）中的 L 线则包括 L_1 和 L_2 在内的全部货币需求，其纵轴表示利率，横轴表示货币需求量。这条货币需求曲线表示在一定收入水平上货币需求量和利率的关系。利率上升时，货币需求量则减少；利率下降时，货币需求量则增加。

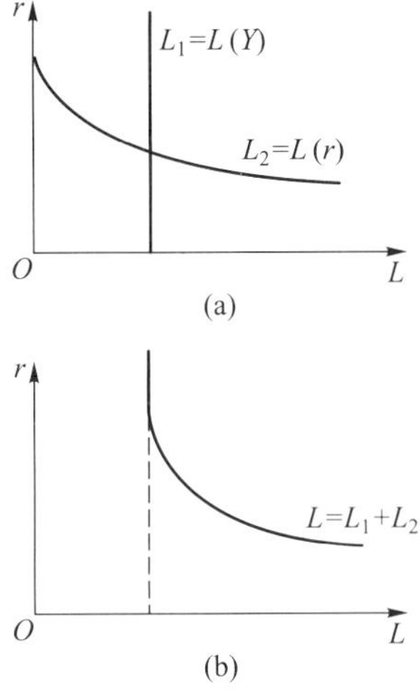

图 11-5　货币需求曲线

图 11-6 中，三条货币需求曲线分别代表收入水平为 Y_1、Y_2和 Y_3时的货币需求曲线。由图可见，货币需求量与收入的正向变动关系通过货币需求曲线向右和左的移动来表示，而货币需求量与利率的反向变动关系则通过每一条需求曲线都向右下方倾斜来表示。

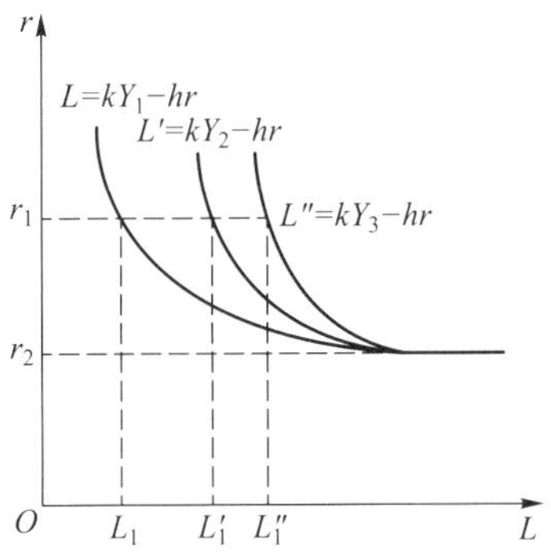

图 11-6　不同收入的货币需求曲线

4. 什么是 *LM* 曲线的三个区域？其经济政策含义是什么？

解析：*LM* 曲线呈水平状态的区域被称为“凯恩斯区域”，*LM* 曲线呈垂直状态的区域被称为“古典区域”。“古典区域”和“凯恩斯区域”之间的区域是中间区域。*LM* 曲线的斜率在“古典区域”为无穷大，在“凯恩斯区域”为零，在中间区域则为正值。从 *LM* 曲线的代数表达式 $r=\frac{k}{h}Y-\frac{M}{h}$中也能得到说明。LM 曲线的斜率是$\frac{k}{h}$，$h$ 是货币需求的利率弹性系数。当 $h=0$ 时，$\frac{k}{h}$为无穷大，因此，LM 曲线在“古典区域”是一条垂直线；当 h 为无穷大时，其斜率值$\frac{k}{h}$为零，因此，LM 曲线在“凯恩斯区域”是一条水平线；而当 h 介于零和无穷大之间的任何值时，由于 k 一般总是正值，因此$\frac{k}{h}$的值为正。

如图 11-7，当利率降到 r_1时，货币投机需求曲线的这一部分就变成了一条水平线。因而，LM 曲线上也相应有一段水平状态的区域。也就是说，如果利率降到这样低的水平，政府实行扩张性货币政策时，增加货币供给量，并不能进一步降低利率，从而也不能增加收入、推动经济复苏，因而，实行货币政策是无效的。相反，实行扩张性财政政策，使 IS 曲线向右移动，收入水平就会在利率不发生变化的情况下提高。因而，实行财政政策会有显著效果。凯恩斯认为，20 世纪 30 年代经济大萧条时期，西方国家的经济就属于这种情况。为此，LM 曲线呈水平形状这个区域就被称为“凯恩斯区域”或“萧条区域”。

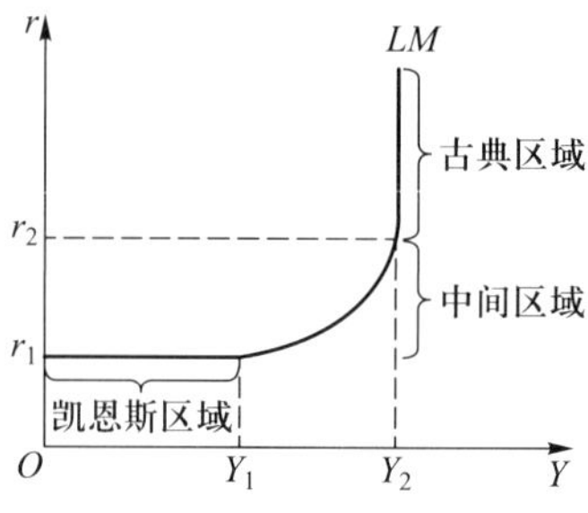

图 11-7 LM 曲线的三个区域

如果利率上升到相当高的水平时，货币的投机需求量将趋近于零。这时候，人们除了因交易需求还必须持有一部分货币外，再也不会为投机而持有货币。由于货币的投机需求等于零，因此，图 11-7 中的货币投机需求曲线表现为，从利率 r_2以上是一条与纵轴相平行的垂直线，不管利率再上升到 r_2以上多高，货币投机需求量都是零，人们的手持货币量都只是交易需求量。西方经济学家认为，这时候如果实行扩张性财政政策使 IS 曲线向右上方移动，只会提高利率而不会使收入增加。但如果实行使 LM 曲线右移的扩张性货币政策，则不但会使利率下降，还会提高收入水平。因此，这时候财政政策无效而货币政策有效。这符合古典学派以及基本上以古典学派经济理论为基础的现代货币主义者的观点。

在中间区域，*IS* 曲线和 *LM* 曲线的变动对国民经济都产生影响，因此，在中间区域内，财政政策和货币政策都有效，其对均衡收入量的影响程度取决于 *IS* 曲线和 *LM* 曲线相交时所处的 *LM* 曲线的位置：在接近于凯恩斯区域的地方，财政政策更为重要；在接近于古典区域的地方，货币政策更为有效。在一般情况下，政府往往将财政政策和货币政策搭配使用。

5. *LM* 曲线的位置主要取决于哪些因素？

解析：货币投机需求、货币交易需求和实际货币供给量的变化，都会使 *LM* 曲线发生相应的变动。此外，货币政策的变化也会通过改变货币供给量和利率引起 *LM* 曲线的变动。

（1）货币投机需求曲线移动，会使 *LM* 曲线发生方向相反的移动，即如果投机需求曲线右移（即投机需求增加），而其他情况不变，则会使 *LM* 曲线左移。原因是，同样利率水平上现在投机需求量增加了，而货币供给量不变，交易需求量必须减少，才能保证货币市场的均衡。这样，从货币市场均衡的角度出发，就必然要求社会的国民收入水平下降。

（2）货币交易需求变动也会使 *LM* 曲线发生相同方向的移动，即如果交易需求曲线右移（即交易需求增加），而其他情况不变，也会使 *LM* 曲线右移。原因是，原货币供给量对应于增加的交易需求而言，完成同样交易量所需要的货币量减少了，也就是说，原来一笔货币现在能够完成更多国民收入的交易了。

（3）实际货币供给量的变动引起的 *LM* 曲线变动。当名义货币供给量不变时，价格水平如果下降，就意味着实际货币供给增加，货币供给曲线就会右移，导致 *LM* 曲线向右移动。相反，如果价格水平上升，*LM* 曲线就向左移动。实际上，货币量的变动与货币政策有关，扩张性货币政策涉及增加名义货币供给量，紧缩性货币政策涉及减少名义货币供给量。当然，利率变动的政策也会导致实际货币供给量的变动，利率下降意味着实际货币供给量增加，利率上升意味着实际货币供给量减少。因而，货币政策也会影响 *LM* 曲线发生变动。

（4）上述 *LM* 曲线移动的三种情况都是在货币的投机需求曲线和交易需求曲线斜率不变时发生的，即在 h 和 k 的值都不变时发生的。如果 h 和 k 的值发生变化，则会使 *LM* 曲线发生转动而不是移动。如果 h 由小变大，即货币需求对利率的敏感度逐渐增强，则会使 *LM* 曲线逐渐变得平缓，即发生顺时针方向转动；反之，则发生逆时针方向转动。如果 k 由小变大，即货币需求对收入的敏感度逐渐增强，则会使 *LM* 曲线逐渐变得陡直，发生逆时针方向转动；反之，则会发生顺时针方向转动。

6. 分析当经济处于流动性陷阱时，货币政策的效果如何？

解析：(1)“流动性陷阱”的基本原理：当利率极低，人们会认为这时利率不大可能再下降，或者说有价证券市场价格不大可能再上升而只会跌落，因而会将所持有的有价证券全部换成货币。人们有了货币不肯再去买有价证券，以免证券价格下跌时遭受损失，人们不管有多少货币都愿意持在手中，这种情况称为“凯恩斯陷阱”或“流动性陷阱”。

(2) 发生流动性陷阱时扩张性货币政策的效应。在流动性陷阱情况下，货币投机需求无限，货币供给的增加不会使利率下降，从而也就不会增加投资引诱和有效需求，表现为流动偏好曲线或货币需求曲线的右端变成水平线。此时采取扩张性货币政策，不能降低利率，不能增加收入，货币政策无效。

7. 凯恩斯提出的哪些思想论证了有效需求不足产生的原因？

解析：(1) 凯恩斯提出了三大心理规律——边际消费倾向递减规律、资本边际效率递减规律和流动偏好规律，来论证有效需求不足的原因。

(2) 边际消费倾向递减规律指出人们的消费虽然随着收入的增加而增加，但消费的增量不如收入的增量快。这样人们的收入越是增加，消费支出占全部收入的比例就越小。由于这个规律的作用，增加的产量除去个人消费，还有剩余，于是就出现有效需求不足，生产紧缩和失业。

(3) 投资需求与资本边际效率呈同方向变动，投资需求与利率水平呈反方向变动。如果利率既定，资本边际效率递减规律使投资受到了严重限制，于是就会出现有效需求不足。

(4) 流动偏好又称灵活偏好，指人们为应付日常开支、意外支出和进行投机活动而愿意持有现金的一种心理偏好。该理论根源于交易动机、预防动机和投机动机。流动偏好规律使人们必须得到利息才肯放弃货币，因而使利率维持在较高的水平，这也会妨碍投资的增加。

(5) 三大规律造成投资和消费不足，导致社会有效需求不足，从而产生失业。要消除这一状态，政府必须通过宏观经济政策干预经济，实现充分就业。

8. 用 *IS*–*LM* 模型分析政府实施什么政策可以增加国民收入而利率不变？

解析：一般而言，如果仅采取扩张性财政政策，即 *LM* 曲线不变，向右移动 *IS* 曲线会导致利率上升和国民收入的增加；如果仅采取扩张性货币政策，即

IS 曲线不变，向右移动 *LM* 曲线可以降低利率和增加国民收入。考虑到上述特点，只要 *IS* 曲线和 *LM* 曲线进行同样幅度的右移，就可以实现收入增加和利率不变的效果，如图 11-8 所示。因此，可以采用扩张性财政政策和扩张性货币政策相结合的调控措施，一方面通过扩张性财政政策增加总需求，另一方面通过扩张性货币政策降低利率，减少挤出效应，使得经济得以迅速复苏、高涨。

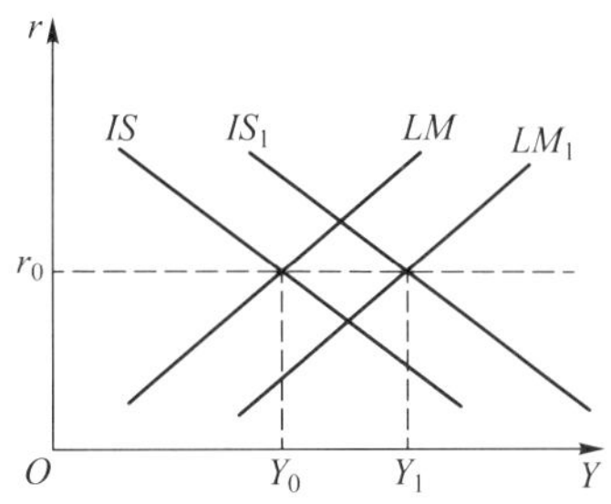

图 11-8 财政政策和货币政策效果的 *IS*- *LM* 模型分析

9. 减少政府支出为什么会降低利率？

解析：减少政府支出，即减少政府购买和减少转移支付。减少政府购买减少了对产品和服务购买，使经济增长下降；减少转移支付减少了家庭可支配收入和企业预期收入，使消费和投资下降，总需求下降，国民收入下降。国民收入下降，交易中货币需求减少，货币供给既定情况下，利率下降。如图 11-9 所示，减少政府支出使 *IS* 曲线左移，IS_0左移到 IS_2，利率降低。

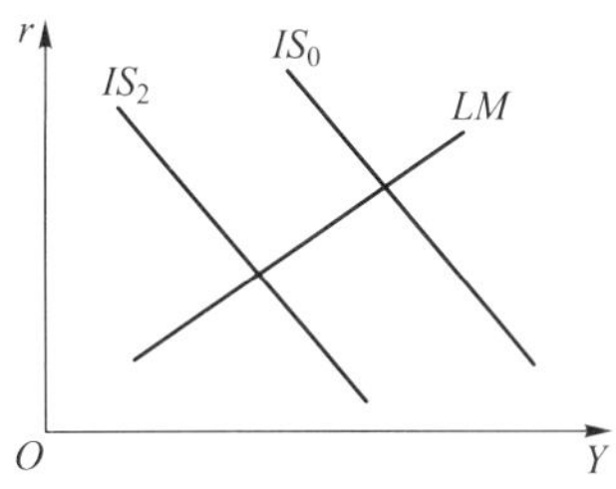

图 11-9 减少政府支出降低利率 *IS*- *LM* 模型分析

10. 增加货币供给为什么会降低利率？

解析：如图 11-10 所示，增加货币供给使 *LM* 曲线右移，由 LM_0右移到 LM_1，利率降低。增加货币供给，货币需求既定情况下，利率会下降。

11. *IS* 曲线和 *LM* 曲线两条线相交所形成的均衡国民收入是否就是充分就业的国民收入？为什么？

解析：*IS* 曲线和 *LM* 两条线相交所形成的均衡国民收入不一定就是充分就

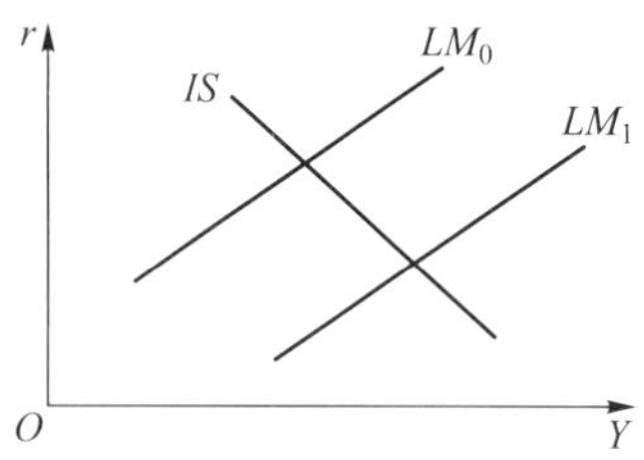

图 11-10　增加货币供给降低利率 IS- LM 模型分析

业的国民收入。这是因为 IS 和 LM 曲线都只是表示产品市场上供求相等和货币市场上供求相等的收入和利率的组合，因此，两条曲线的交点所形成的收入和利率也只表示两个市场同时达到均衡的收入和利率，它并没有说明这种收入一定是充分就业的收入。当整个社会的有效需求严重不足时，即使利率甚低，企业投资意愿也较差，也会使较低的收入和较低的利率相结合达到产品市场的均衡，这时 IS 和 LM 曲线交点上的均衡收入往往是小于充分就业的国民收入。

六、计算题

1. 假设某经济体中，消费函数为 $C=85+0.75Y_d$，$I=100-500r$，$G=50$，$T=20+0.2Y$，$T_{tr}=0$。（1）推导 IS 曲线方程；（2）求 IS 曲线的斜率；（3）当 $r=10\%$时，Y 是多少？如果充分就业收入 $Y_f=505$，则应增加多少政府购买才能实现充分就业？

解析：（1）由三部门产品市场均衡条件可得：

$$Y=C+I+G=85+0.75(Y-20-0.2Y)+100-500r+50=0.6Y-500r+220$$

整理得 IS 曲线方程为：$Y=550-1\ 250r$。

（2）由 IS 方程可得：$r=\dfrac{550-Y}{1\ 250}$，因此 IS 曲线的斜率为$-\dfrac{1}{1\ 250}$。

（3）当 $r=10\%$时，$Y=550-1\ 250\times10\%=425$。如果充分就业收入 $Y_f=505$，要实现充分就业，则需要增加收入 $\Delta Y=80$。政府购买乘数 $k_G=\dfrac{1}{1-\beta(1-t)}=\dfrac{1}{1-0.75\times(1-0.2)}=2.5$，因此 $\Delta G=\dfrac{\Delta Y}{k_G}=\dfrac{80}{2.5}=32$，即应该增加 32 单位政府采购才能实现充分就业。

2. 已知一国在封闭条件下的消费函数为 $C=305+0.8Y$，投资函数为 $I=395-200r$，货币的需求函数为 $L=0.4Y-100r$，实际货币供给 $M=150$。

（1）求 IS 曲线和 LM 曲线的方程；（2）计算均衡的国民收入和利率；（3）如果此时政府购买增加了 100，那么国民收入将会增加多少？

解析：（1）由产品市场均衡条件 $Y=C+I$ 可得：$Y=305+0.8Y+395-200r$，解得 IS 曲线方程为：$Y=3\ 500-1\ 000r$；由货币市场均衡条件 $M=L$ 可得：$150=0.4Y-100r$，解得 LM 曲线方程为：$Y=375+250r$。

（2）由方程组 $\begin{cases} Y=3\ 500-1\ 000r \\ Y=375+250r \end{cases}$ 计算可得 $r=2.5$，$Y=1\ 000$。

（3）由产品市场均衡条件 $Y=C+I+G$ 可得：$Y=305+0.8Y+395-200r+100$，解得此时 IS 曲线方程为：$Y=4\ 000-1\ 000r$，由方程组 $\begin{cases} Y=4\ 000-1\ 000r \\ Y=375+250r \end{cases}$ 得 $r=2.9$，$Y=1\ 100$。故国民收入增加：$1\ 100-1\ 000=100$。

3. 在货币市场上，货币需求为 $L=0.25Y-10r$，实际货币供给为 $M/P=400$。在产品市场上，IS 曲线函数为 $Y=2\ 000-40r$。求：如果政府购买乘数 $k=2$，政府购买增加 200，求两个市场再度均衡时，收入和利率各自变化了多少？

解析：由货币市场均衡条件可得：$400=0.25Y-10r$，整理可得 LM 方程为：$Y=1\ 600+40r$，联立 IS 和 LM 方程可得 $\begin{cases} Y=1\ 600+40r \\ Y=2\ 000-40r \end{cases}$，解得 $r=5$，$Y=1\ 800$。

当政府购买增加 200，支出乘数 $k=2$ 时，IS 曲线右移 $200\times2=400$，此时 IS 曲线方程为 $Y=2\ 400-40r$，联立新 IS 和 LM 方程可得 $\begin{cases} Y=1\ 600+40r \\ Y=2\ 400-40r \end{cases}$，解得：$r=10$，$Y=2\ 000$，收入提高了 $2\ 000-1\ 800=200$，利率提高了 $10-5=5$。

七、案例分析题

2022 年中央经济工作会议指出，2023 年要坚持稳字当头、稳中求进，继续实施积极的财政政策和稳健的货币政策，加大宏观政策调控力度，加强各类政策协调配合，形成共促高质量发展合力。积极的财政政策要加力提效。保持必要的财政支出强度，优化组合赤字、专项债、贴息等工具，要加大中央对地方的转移支付力度，推动财力下沉，做好基层“三保”工作。稳健的货币政策要精准有力。要保持流动性合理充裕，保持广义货币供应量和社会融资规模增速同名义经济增速基本匹配，引导金融机构加大对小微企业、科技创新、绿色发展等领域支持力度。

阅读资料，回答以下问题：（1）积极的财政政策会引起国民收入和利率如何变动？（2）宏观经济中的“流动性”指什么？什么是“流动性陷阱”？（3）人们对货币的需求出于哪些动机？

解析：（1）积极的财政政策使 *IS* 曲线向右上方移动，使均衡利率和国民收入都增加。因为政府支出增加会使国民收入增加，从而使流通中的货币需求增加，进而引起利率上升。

（2）“流动性”是指在经济体系中，货币的投放数量。当利率极高时，货币需求量几乎等于零，因为人们认为，这时利率已不大可能再上升，或者说有价证券价格已不大可能再下降，所以，他们会将所持有的货币全部换成有价证券。反之，当利率极低时，人们会认为这时利率已不大可能再下降，或者说有价证券市场价格已不大可能再上升而只会下跌，因此，会将所持有的有价证券全部换成货币。这时，人们有了货币也绝不肯再去购买有价证券，以免证券价格下跌时遭受损失。不管有多少货币人们都愿意将其保持在手中的情况，被称为“流动性陷阱”或“凯恩斯陷阱”。一般情况下，“流动性陷阱”往往出现在利率水平处于社会公认的最低点时。

（3）人们持有货币是出于交易动机、预防动机和投机动机。交易动机指个人和企业需要货币是为了进行正常的交易活动。预防动机指人们需要货币是为了预防经济生活中预料之外的支出。投机动机指人们持有货币是为了在金融市场上抓住购买有价证券的有利机会。

第十二章　国民收入的决定：*AD*–*AS* 模型

第一部分　内容框架结构与复习重点

一、内容框架结构

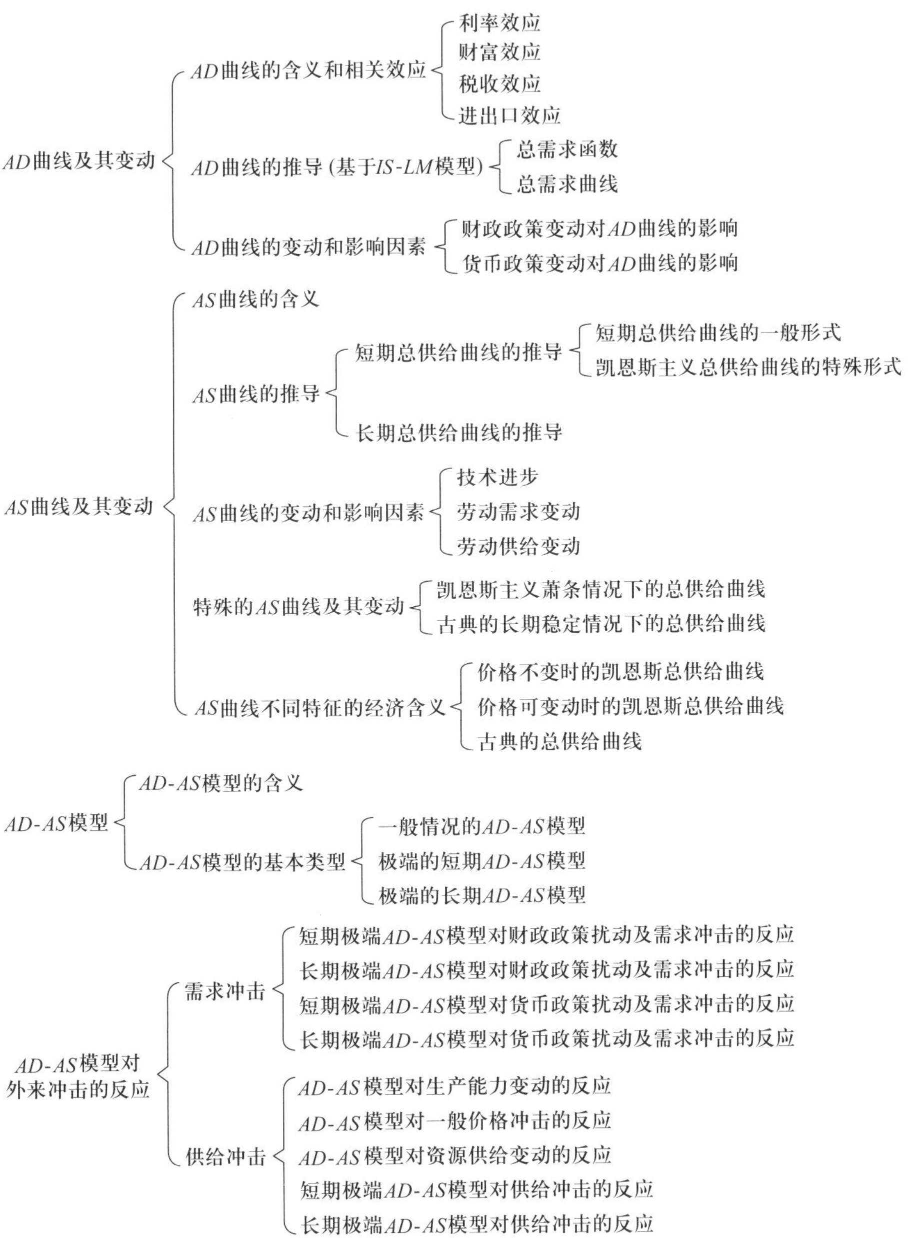

二、复习重点

1. 主要概念

总需求函数、总需求曲线、利率效应、实际余额效应（财富效应）、总供给曲线、货币工资刚性、货币幻觉、凯恩斯主义总供给曲线、短期常规总供给曲线、长期总供给曲线、潜在产量

2. 基本理论

掌握总需求曲线的代数推导和图形推导，影响总需求的主要因素和总需求曲线的移动。

掌握古典主义、凯恩斯主义、短期及长期总供给曲线的前提假设和推导过程，影响总供给的主要因素和总供给曲线的移动。

掌握各类 *AD-AS* 模型，运用 *AD-AS* 模型解释现实中的经济问题。

第二部分 章后思考题详解

一、扫码自测习题

（一）单选题

1. 物价水平上升时，会（ ）。

A. 增加实际货币供给，并使 *LM* 曲线右移

B. 增加实际货币供给，并使 *LM* 曲线左移

C. 减少实际货币供给，并使 *LM* 曲线右移

D. 减少实际货币供给，并使 *LM* 曲线左移

答案 D，解析：实际货币供给为 $m=\frac{\overline{M}}{P}$，当物价水平 P 上升时，实际货币供给量 m 会减少，从而导致 *LM* 曲线向左移动。

2. 其他条件不变的情况下，下列情况会引起总需求曲线向右移动的是（ ）。

A. 物价水平不变时，利率上升　　B. 货币供给量增加

C. 税收增加　　D. 物价水平下降

答案 B，解析：货币供给量增加，将导致 *LM* 曲线向右移动，从而导致总需求曲线向右移动。A 和 C 都使总需求曲线向左移动。D 引起点在总需求曲线

上移动。

3. 假定经济处于低于充分就业均衡水平，总需求增加就会引起（　　）。

A. 物价水平上升和实际国民生产总值增加

B. 物价水平上升和实际国民生产总值减少

C. 物价水平下降和实际国民生产总值增加

D. 物价水平下降和实际国民生产总值减少

答案 A，解析：在一般情形下，当经济低于充分就业时，总供给曲线向右上方倾斜。总需求增加将导致均衡国民收入增加，物价水平提高。刺激总需求的政策效果取决于总供给曲线陡峭的程度。

4. 当（　　）时，总需求曲线更加平缓。

A. 投资支出对利率较敏感　　B. 货币需求对利率较敏感

C. 支出乘数较小　　D. 货币供给较大

答案 A，解析：当物价下降，*LM* 曲线右移时，利率随之下降，投资的利率弹性越大，投资增加越多，国民收入增加越多，*AD* 曲线越平坦，所以 A 对。货币需求对利率较敏感，*LM* 曲线平缓，当物价下降，*LM* 曲线右移时，对国民收入影响小，总需求曲线更加陡峭，B 错。支出乘数较小，自发支出对国民收入影响小，总需求曲线更加陡峭，C 错。货币供给对总需求曲线斜率没有影响，D 错。

（二）多选题

1. 总供给的决定因素包括（　　）。

A. 利率的变化　　B. 汇率的变化

C. 生产率的变化　　D. 资本存量的变化

E. 劳动供给的变化

答案 CDE，解析：影响总供给的因素是指对生产能力产生影响的因素，包括技术（生产率）、资本存量、劳动供给、原材料成本、社会制度等。利率和汇率主要影响总需求。

2. 以下关于总供给曲线表述正确的是（　　）。

A. 总供给曲线表示总产量与一般价格水平之间的关系

B. 短期总供给曲线的斜率为正值

C. 长期总供给曲线趋近于垂直

D. 萧条区域的总供给曲线表现出两段式的特征

E. 萧条情况下的总供给曲线是一条水平线

答案 ABCDE，解析：总供给曲线是描述总产量与一般价格水平之间的关系的曲线。在以价格为纵坐标、总产量为横坐标的坐标系中，长期总供给曲线是一条位于充分就业产量水平的垂直线；凯恩斯总供给曲线是一条水平线，表明在经济萧条期，非充分就业状态下，厂商在现有价格水平上，愿意供给社会所需的任何数量的商品。古典的和凯恩斯的总供给曲线分别代表着关于劳动市场的两种极端的说法。西方经济学家把垂直和水平线段组成的曲线称为反 L 形的总供给曲线，它的意义是：在到达充分就业之前，经济社会大致能以不变的价格水平提供任何数量的国民收入，而在到达充分就业之后，不论价格水平被提高到何种程度，该社会的国民收入也不会增长，总供给曲线呈现出两段式特征。在现实中，工资和价格的调整经常介于两者之间，在这种情况下，总供给曲线是向右上方延伸的，可以称为短期总供给曲线。

3. 总需求的决定因素包括（　　）。

A. 国内资源价格的变化　　B. 消费者预期的变化

C. 政府支出的变化　　D. 利率的变化

E. 税率的变化

答案 BCDE，解析：总需求的影响因素有：利率、货币供给量、政府购买、税收、价格水平、预期等。资源价格的变化影响总供给。

4. 当均衡价格发生变动时，可能是由于（　　）。

A. 货币供给的变动　　B. 市场需求的变动

C. 政府转移支付的变动　　D. 外部供给冲击

E. 充分就业水平的影响

答案 ABCD，解析：选项 A、B、C 都会引起总需求曲线变动，选项 D 会引起总供给曲线变动，从而可能影响均衡价格水平。充分就业水平影响长期垂直的总供给曲线位置，这时决定均衡价格的是总需求。

（三）判断题

1. 总供求相等就意味着达到了潜在收入水平。（　　）

答案×，解析：总供求相等时，经济达到了均衡产出，但是不一定处在潜在收入水平。

2. 从短期经济波动理论来看，*AD-AS* 模型中总需求方面起主导作用。（　　）

答案√，解析：在短期经济波动中，经济的波动主要来自总需求。政府可通过货币政策和财政政策来调节总需求曲线的移动，以达到调节经济的目的。

3. 当经济中使用扩张性货币政策时，一定会达到增加国民收入的效果。(　　)

答案×，解析：采取货币政策刺激总需求的效果，与总供给曲线的陡峭程度有关。当总供给曲线处于垂直状态，扩张性货币政策不会增加总产出，国民收入也就不会增加。

4. *IS*-*LM* 模型说明的总需求对国民收入的作用，与 *AD*-*AS* 模型中总需求对国民收入的作用相同。(　　)

答案×，解析：二者并不相同。*IS*-*LM* 模型中，假定价格不变，总需求主要表现为 *IS* 曲线变动，通过 *IS* 曲线变动影响国民收入，*LM* 曲线通过利率变动间接影响总需求，国民收入由产品市场和货币市场同时均衡时的总需求水平决定。*AD*-*AS* 模型中，除了研究 *IS*-*LM* 模型中的经济因素，还研究价格水平对总需求、总供给的影响，总需求曲线和总供给曲线共同决定均衡国民收入。

二、思考题

1. 什么是总需求曲线的利率效应？

解析：当价格水平上升时，在货币供给量不变的情况下，一方面意味着实际货币供给量相应减少，另一方面意味着人们需要更多的名义货币来保证商品交易。货币需求大于货币供给的情况必然导致货币市场的利率上升。而利率上升又会导致投资相应下降，进而导致国民收入水平下降。宏观经济学将一般价格水平变动引起的利率同方向变动，进而引起投资和产出水平反方向变动的情况叫作利率效应。

2. 什么是总需求曲线的实际余额效应（财富效应）？

解析：当价格水平变动时，持有货币的实际购买力以及其他以货币计价的资产的实际价值发生或高或低的变动，人们就会变得相对富有或贫穷，消费水平也会相应变得增加或减少，这种效应就叫作实际余额效应（财富效应）。

3. 在 *AD*-*AS* 模型中以价格变动代表供给冲击具有合理性吗？

解析：在 *AD*-*AS* 模型中以价格变动代表供给冲击只具有一定的合理性。因为：如果供给短缺冲击表现在对短缺原材料或中间产品的价格上升上面，那么，结果就表现为总供给曲线向左上方移动情况下相应总产出的减少；如果供给短缺冲击表现在实际原材料和中间产品的数量减少（即使价格再高也得不到），那么，就会表现为总供给曲线向左平移情况下对应的总产出减少。在总需求既定的情况下供给冲击都表现为价格变动，所以在 *AD-AS* 模型中以价格变动代表供给冲击只具有一定的合理性。

4. 价格水平变动都会从哪些方面影响总需求量？

解析：价格水平变动会从四个方面反向影响总需求量。

（1）利率效应。当价格水平上升时，会引起实际货币供给量减少，从而导致利率上升，利率上升使得投资下降，进而引起总需求量减少。

（2）实际余额效应，也称财富效应。当价格水平上升时，会引起人们所拥有的货币等资产的实际价值下降，从而人们会变得相对贫穷，财富相对减少，此时人们的消费水平就会相应减少，进而引起总需求量减少。

（3）税负效应。当物价水平上升时，往往人们会要求名义收入增加以保持实际收入不变，在这种情形下，由于有累进税率制度的存在，名义收入的提高会使人们进入更高的纳税档次，从而人们的税负增加，可支配收入下降，消费水平会相应减少，企业所得税、增值税、个人所得税增加，利润率下降，投资相应减少，进而引起总需求量减少。

（4）* 进出口效应。当价格水平下降，本国同类商品相对于外国商品便宜，出口增加，进口减少，导致对本国产品需求量增加。

四个效应导致总需求与价格水平呈反方向变动，总供给曲线向右下方倾斜。

5. 在实际经济活动中，引起总需求曲线和总供给曲线移动的因素主要是什么？

解析：（1）在物价水平固定不变时，导致 *IS-LM* 模型中收入变动的因素，都会引起总需求曲线移动。① 财政政策。扩张性财政政策，包括减少税收、增加转移支付和增加政府购买支出，会引起总需求曲线右移；紧缩性财政政策，包括增加税收、减少转移支付和减少政府购买支出，会引起总需求曲线左移。此外，其他自发支出的增加，如自发消费、自发投资、自发净出口的增加，也会导致总需求曲线右移；反之，其他自发支出的减少，会导致总需求曲线左移。② 货币政策。扩张性货币政策，货币供应量增加，如央行在公开市场买入政府债券、降低再贴现率、降低法定准备金率或直接增发基础货币等，会导致总需求曲线右移；紧缩性货币政策，货币供应量减少，如央行在公开市场卖出政府债券、提高再贴现率、提高法定准备金率等，会导致总需求曲线左移。

财政政策和货币政策影响总需求，实施效果也可以由总需求曲线反映出来，所以把财政政策和货币政策称为需求管理政策。

（2）引起总供给曲线移动的因素主要有：① 原材料价格、工资的变化。原材料价格或工资上涨，会导致生产成本增加，总供给减少，总供给曲线向左上方移动；反之，总供给曲线向右下方移动。② 管理水平、技术水平或制度的变化。整个社会生产的技术水平、管理水平提高，或者制度环境改善，都会提高产出效率，从而引起总供给增加，总供给曲线向右下方移动；反之，总供给曲线向左上方移动。③ 资源的变化。如果生产的可用资源增加，尤其是在已经达到充分就业的条件下，劳动力人口增加或资本量增加，也会引起总供给增加，总供给曲线向右下方移动；反之，总供给曲线向左移动。④ 税收的变化。按照供给管理学派的观点，减税可以降低生产成本、刺激生产、增加供给，从而总供给曲线向右下方移动。

6. 某经济中，消费函数为 $C=600+0.8Y$，投资函数为 $I=400-50r$，政府购买为 200；货币需求函数为 $L=250+0.5Y-125r$，名义货币供给量为 1 250，价格水平为 1。

（1）试求 IS 方程和 LM 方程。

（2）试求均衡收入和均衡利率。

（3）假设充分就业收入为 5 000，若政府欲采用扩张性货币政策实现充分就业，需要增加多少货币供给？

（4）当价格水平可以变动时，推导出总需求函数。

（5）假定总供给函数为 $Y=2\ 375+125P$，根据（4）求出的总需求函数，求均衡价格水平和均衡收入。

解析：（1）由产品市场均衡条件 $Y=C+I+G$，求得 IS 方程：$Y=6\ 000-250r$；由货币市场均衡条件 $L=M$，求得 LM 方程：$Y=2\ 000+250r$。

（2）联立 IS 方程与 LM 方程 $\begin{cases}Y=6\ 000-250r\\Y=2\ 000+250r\end{cases}$，求得均衡收入 $Y^*=4\ 000$，均衡利率 $r^*=8$。

（3）方法一，IS 方程：$Y=6\ 000-250r$，LM 方程：$M=250+0.5Y-125r$。

联立 IS 方程与 LM 方程$\begin{cases} Y=6\ 000-250r \\ 2M=500+Y-250r \end{cases}$，删除 r 得：$Y=2\ 750+M$

当 $Y=5\ 000$，$M=2\ 250$，$\Delta M=2\ 250-1\ 250=1\ 000$

方法二：货币政策乘数$\frac{\mathrm{d}Y}{\mathrm{d}M}=\frac{1}{(1-0.8)\times\frac{125}{50}+0.5}=1$，货币政策乘数也可以由方法一中 $Y=2750+M$ 求得。若充分就业 $\Delta Y=5\ 000-4\ 000=1\ 000$，由于 $P=1$，则 $\Delta M=1\ 000$。

（4）联立产品市场均衡条件：$Y=6\ 000-250r$ 及货币市场均衡条件：$250+0.5Y-125r=1\ 250/P$，可得总需求函数：$Y=2\ 750+1\ 250/P$。

（5）总需求函数与总供给函数联立，求得均衡价格$P^*=5$，均衡收入$Y^*=3\ 000$。

7. 假定某经济存在以下关系：消费 $C=800+0.8Y_d$，税收 $T=0.25Y$，投资 $I=200-50r$，政府购买 $G=200$，货币需求 $M_d/P=0.4Y-100r$，货币供给 $M_s=900$（名义货币量），总供给函数为 $Y=2\ 350+400P$。

（1）试求总需求函数。

（2）总供给与总需求均衡时，收入水平为 Y、价格水平为 P，假定经济充分就业的收入水平为 2 850，试问该经济是否实现了充分就业？此时政府应采取什么样的政策，以实现充分就业的目标？

解析：（1）$C=800+0.8(Y-0.25Y)=800+0.6Y$

计划支出 $AE=C+I+G=800+0.6Y+200-50r+200=1\ 200+0.6Y-50r$

根据产品市场均衡条件 $AE=Y$，得到 IS 方程：$Y=3\ 000-125r$。

根据货币市场均衡条件 $L=M$，即$\frac{M_d}{P}=\frac{M_s}{P}$得到 LM 方程为：$Y=\frac{2\ 250}{P}+250r$。

联立 IS 方程和 LM 方程并消去利率 r，即得到 AD 函数为：$Y=2\ 000+\frac{750}{P}$。

（2）将 AD 函数与 AS 函数 $Y=2\ 350+400P$ 联立，可得 $P=1$，$Y=2\ 750$。

此时均衡国民收入小于充分就业的国民收入水平 2 850，所以经济未实现充分就业。此时政府应采取扩张性财政政策或扩张性货币政策刺激总需求，使经济实现充分就业。

根据总供给函数，若实现充分就业，即 $Y=2\ 850$，则物价水平 P 应为：

$\frac{2\ 850-2\ 350}{400}=1.25$。

假设政府购买支出为 G，货币供应量为 M，则产品市场的均衡条件为：

$Y=C+I+G=1\ 000+0.6Y-50r+G$，整理得：$Y=2\ 500-125r+2.5G$。

货币市场的均衡条件为：$0.4Y-100r=\frac{M_d}{P}=\frac{M_s}{P}=\frac{M}{P}$，整理得：$Y=\frac{2.5M}{P}+250r$

将两方程联立求得，AD 函数为：$Y=\frac{5\ 000}{3}+\frac{5}{3}G+\frac{2.5}{3}\frac{M}{P}$。因此：

① 假设 M 不变，政府仅采取增加政府支出的扩张性财政政策来实现充分就业：

若要实现 $Y=2\ 850$，$P=1.25$，则：

$$G=\frac{3}{5}\times\left(2\ 850-\frac{5\ 000}{3}-\frac{2.5}{3}\times\frac{900}{1.25}\right)=350,$$

$$\Delta G=350-200=150$$

即将政府购买增加 150，便可实现充分就业。

② 假设 G 不变，政府仅采取增加货币供应量的扩张性货币政策来实现充分就业：

若要实现 $Y=2850$，$P=1.25$，则：

$$M=\frac{3}{2.5}\times1.25\times\left(2\ 850-\frac{5\ 000}{3}-\frac{5}{3}\times200\right)=1\ 275,\ \Delta M=1\ 275-900=375$$

即将货币供给增加 375，便可实现充分就业。

8. 请说明简单凯恩斯模型、*IS*-*LM* 模型、*AD*-*AS* 模型之间的内在联系。

解析：在不考虑国际经济作用的情况下：

（1）三个模型简介：① 简单凯恩斯模型假设价格不变、利息率不变，只研究产品市场均衡，它直接反映了凯恩斯主义有效需求的经济思想。在凯恩斯主义理论看来，假设资源闲置，总供给可以随总需求增减，强调总需求对国民收入决定作用。② *IS*-*LM* 模型保持价格不变的假设，重点引入货币市场，从而说明了利息率变动对宏观经济的影响，分析了产品市场和货币市场的同时均衡问题。在短期内，*IS*-*LM* 模型反映了总需求理论的核心问题，但只是强调了总需求对于均衡国民收入的决定性作用，而无法说明总供给和价格水平的作用。③ *AD*-*AS* 模型引入劳动市场从而分析总供给对宏观经济的影响，同时放弃了价格不变假设。*AD*-*AS* 模型同时强调了总供给和总需求两方面力量对均衡国民收入决定的作用，而且还反映了经济中总体供求对整体价格水平的影响，以及价格水平对总供求（或二者之一）的影响。这是前两个模型无法直接表现的。

（2）三个模型逐步推进，由简单到复杂，放松假设越来越接近事实。简单凯恩斯模型研究产品市场；*IS–LM* 模型增加货币市场，研究产品市场与货币市场；*AD–AS* 模型又引入劳动市场，研究产品市场、货币市场和劳动力市场。

9. 请解释总供给曲线三个区域的含义，并用 *AD–AS* 模型解释西方国家 20 世纪 70 年代的滞胀和美国 20 世纪 90 年代的新经济。

解析：（1）总供给指整个经济社会在每一价格水平下提供的产品和劳务的总量，描述总产出量（国民收入）与价格水平之间的函数关系。总供给曲线可以被表示为三个区域，包括凯恩斯区域（萧条区域）、中间区域、古典区域。如图 12–1 所示。

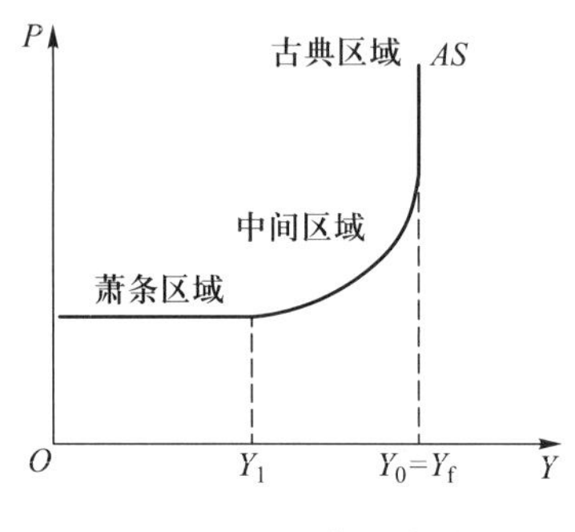

图 12–1 总供给曲线

① 凯恩斯区域（萧条区域：水平段），表示由于存在失业、经济社会存在闲置资源，总产量水平低，产量增加不会形成资源供给不足，不会造成一般物价水平上升，同时，价格下降又有刚性，导致工资和物价不下降。② 中间区域（正斜率段）。向右上方倾斜的总供给曲线为常规情况下的总供给曲线，表示总产出和一般物价水平同方向变化。这时资源接近充分运用，资源供给出现了“瓶颈”，随着产量的增加将带来要素价格的上升、一般物价水平的上升，总供给曲线将呈现出斜率为正的特征。随产量的连续增加闲置的资源将越来越少，从而产量增加变得越来越困难，成本以及一般物价水平上升的速度将会加快，这使得总供给曲线越来越陡峭。③ 古典区域（垂直段）。垂直的古典总供给曲线，表示当资源不再有闲置处于充分利用状态时，无论价格水平如何提高，总产出都不会增加，Y_0为充分就业产量，即潜在产量。

（2）20 世纪 70 年代的滞胀现象是由于经济受到总供给减少的负面冲击

（石油危机引起的石油价格大幅上涨）而导致总供给曲线向左移动，但总需求不发生变化，在总供求模型上就显示出了经济衰退（产出减少，失业增加）和通货膨胀并存的滞胀现象。

在图 12-2 中，AD 曲线不变，AS_S短期总供给曲线向左移动到 AS_S'，总需求曲线和新的短期总供给曲线的交点 E'决定的产量或收入为 y'，价格水平为 P'，造成经济停滞和通货膨胀结合在一起的状态。

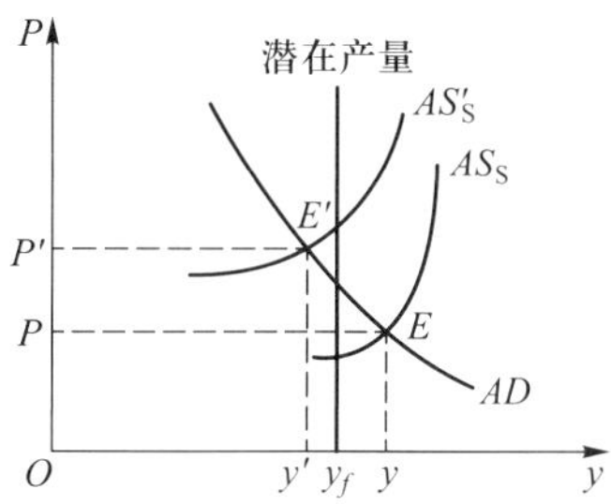

图 12-2　用 AD-AS 模型解释滞胀

20 世纪 90 年代的新经济是由于经济受到总供给增加的正面影响（计算机网络的快速发展）而导致总供给、总需求同时增加，总供给增长大于总需求增长的状况，造成高增长、低失业、低通胀并存的新经济现象。如图 12-3 所示。

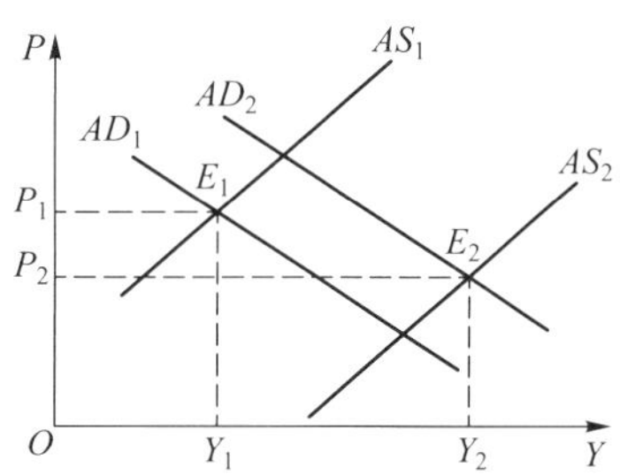

图 12-3　用 AD-AS 模型解释高增长低通胀现象

10. 请结合我国的经济实践以 AD-AS 模型谈谈重点以财政政策促进经济恢复或增长的局限性和副作用。

解析：财政政策主要包括政府购买、转移支付的财政支出政策，以税收、公债为主的财政收入政策，增加支出和减少税收的扩张性财政政策可以增加总需求，促进经济增长。

以财政政策促进经济恢复或增长，同时也存在明显的局限性和副作用。比如，为应对 2008 年国际金融危机影响，我国政府增加 4 万亿元政府支出。这些支出在短期内在一定程度上起到了维持经济稳定增长的效果，但也存在副作用。① 阻碍了生产过剩、供求结构、产品结构自我调整进程。一方面是原本过剩的钢铁、水泥、建材等行业的更大扩张，另一方面却推动了房地产价格飙升。这两方面都占用了更多的资金资源，排挤了应该发展的经济中短缺的产品行业的发展，使得经济中总供给内部结构与总需求内部结构相互不匹配，造成了后来的更大发展瓶颈和结构调整任务，“三去一降一补”的供给侧结构性改革因此推出。② 政府支出受收入约束，今天支出要以未来收入偿还。扩张性财政政策造成了地方政府债务负担沉重。③ 财政扩张带动货币超发引起通货膨胀。④ 政策时滞问题、过去政策不适合当前情况的时间不一致问题，影响了财政政策的效果。⑤ 政府投资挤占了私人投资和市场份额。

第三部分 精编习题

一、单项选择题

1. 总需求函数描述的是（　　）和需求总量之间的关系。

A. 利率　　B. 价格水平　　C. 汇率　　D. 税率

2. 下面说法中，可能正确解释了总需求曲线向右下方倾斜的原因的是（　　）。

A. 物价水平下降增加了实际余额，导致 *LM* 下移，收入水平提高

B. 物价水平下降迫使中央银行增加货币供给量，导致 *LM* 下移，收入水平提高

C. 物价水平下降诱使政府减税，导致 *LM* 下移，收入水平提高

D. 以上都正确

3. 总需求将随着价格水平的下降而增加，其中一个原因是因为利率下降导致投资增加，这叫作（　　）。

A. 利率效应　　B. 财富效应　　C. 资产效应　　D. 税收效应

4. 总需求曲线向右上方移动的原因是（　　）。

A. 政府支出的减少　　B. 货币供给量的增加

C. 私人投资的减少　　D. 紧缩性的货币政策

5. 下列选项中会使总需求曲线向左移动的是（　　）。

A. 政府支出增加　　B. 净出口减少

C. 劳动力参与减少　　D. 采用先进生产技术

6. 随着物价水平的上升，实际货币量（　　）。

A. 增加，从而总需求增加　　B. 增加，从而总需求减少

C. 减少，从而总需求增加　　D. 减少，从而总需求减少

7. 因价格水平下降而导致的总需求增加表现为（　　）。

A. 点沿着某一条固定的总需求曲线向下移动

B. 总供给下降

C. 总需求曲线向右移动

D. 总需求曲线向左移动

8. 微观需求和宏观需求之间的相同点有（　　）。

A. 自变量都是价格水平　　B. 自变量都是相对价格

C. 需求与价格呈同方向变化　　D. 需求与价格呈反方向变化

9. 净出口增加对总支出和总需求曲线的影响是（　　）。

A. 总支出曲线上移，总需求曲线右移

B. 总支出曲线上移，总需求曲线左移

C. 总支出曲线下移，总需求曲线右移

D. 总支出曲线下移，总需求曲线左移

10. 当（　　）的时候，总需求曲线更平坦。

A. 投资支出对利率的变化较敏感

B. 边际消费倾向较小

C. 货币需求对利率的变化较敏感

D. 货币需求对收入的变化不敏感

11. 下列有关总需求曲线的说法正确的是（　　）。

A. 在充分就业时为垂直的直线

B. 如果经济中存在较高的失业，则为水平的直线

C. 由于利率效应、财富效应和进出口效应的作用而具有负斜率

D. 由于生产成本随着实际总产出的增加而递减，所以具有负斜率

12. 在经济极度萧条时，总供给曲线的供给价格弹性（　　）。

A. 大于零　　B. 小于零　　C. 等于零　　D. 无穷大

13. 凯恩斯主义总供给曲线中，总需求增加引起的变化可能是（　　）。

A. 国民收入增加，价格水平上升　B. 国民收入增加，价格水平不变
C. 国民收入增加，价格水平下降　D. 国民收入不变，价格水平上升

14. 总供给曲线变为一条垂直线的条件是（　　）。
A. 每个企业都生产其能力产量　B. 每个企业的产量达到其物质限制
C. 经济中实现了充分就业　D. 闲置资源

15. 在长期总供给曲线（古典总供给曲线）区域，决定价格的力量是（　　）。
A. 供给　B. 需求　C. 成本　D. 技术

16. 假设经济已经实现充分就业，减税将（　　）。
A. 提高价格水平和实际产出　B. 提高价格水平但不影响实际产出
C. 提高实际产出但不影响价格水平　D. 对价格水平和产出均无影响

17. 假如经济运动正处于潜在国民生产总值水平，若政府支出增加，该政策的长期效果是（　　）。
A. 价格上升，产出上升　B. 价格上升，产出不变
C. 价格上升，产出下降　D. 价格下降，产出上升

18. 技术进步会引起（　　）。
A. 短期总供给曲线和长期总供给曲线都向右方移动
B. 短期总供给曲线和长期总供给曲线都向左方移动
C. 短期总供给曲线向右方移动，长期总供给曲线不变
D. 长期总供给曲线向右方移动，短期总供给曲线不变

19. 工资下降将引起（　　）。
A. 短期总供给曲线和长期总供给曲线都向下方移动
B. 短期总供给曲线和长期总供给曲线都向上方移动
C. 短期总供给曲线向下方移动，长期总供给曲线不变
D. 短期总供给曲线向上方移动，长期总供给曲线不变

20. 假定当价格水平为 1 时，社会需要 1 000 亿元货币从事交易，则当价格水平为 0.5 时，为了维持同样规模的交易量，社会需要的从事交易的货币量为（　　）。
A. 500 亿元　B. 1 200 亿元　C. 2 000 亿元　D. 1 800 亿元

21. 短期（常规）总供给曲线向右下方移动表示（　　）。
A. 价格水平上升，总供给增加　B. 价格水平下降，总供给增加

C. 价格水平不变，总供给增加　　D. 价格水平不变，总供给减少

22. 常规总供给曲线上某点沿着本曲线向右上方移动表示（　　）。

A. 价格水平上升，总供给增加　　B. 价格水平下降，总供给增加

C. 价格水平不变，总供给增加　　D. 价格水平不变，总供给减少

23. 总供给曲线向左上方移动的原因是（　　）。

A. 总需求减少　　B. 投入生产要素的价格普遍上升

C. 总需求增加　　D. 投入生产要素的价格普遍下降

24. 其他条件不变，生产可能性曲线向外移动意味着（　　）。

A. 总供给曲线右移　　B. 总供给曲线左移

C. 总需求曲线左移　　D. 价格水平提高

25. 下列经济现象可以使总供给曲线向右移动的是（　　）。

A. 政府支出增加　　B. 净出口减少

C. 投入劳动力减少　　D. 采用先进生产技术

26. 在（　　）情况下，价格水平必然上升。

A. 总供给和总需求都增加　　B. 总供给和总需求都减少

C. 总供给减少，而总需求增加　　D. 总供给增加，而总需求减少

27. 在总需求不变时，短期总供给的增加会引起的变化是（　　）。

A. 国民收入增加，价格水平下降　　B. 国民收入增加，价格水平不变

C. 国民收入减少，价格水平上升　　D. 国民收入减少，价格水平下降

28. 总供给曲线对经济的调节过程是至关重要的，因为（　　）。

A. 它连接了货币需求与劳动力市场

B. 它连接了利率与商品市场

C. 它连接了商品市场与劳动力市场

D. 它连接了宏观经济需求与价格水平

29. 总需求曲线向右变动以适应石油输出国组织的石油减产，则产生的结果是（　　）。

A. 国内石油价格下降　　B. 汽车价格上升

C. 价格水平较高　　D. 产出应当增加，价格水平下降

30. 若中央银行提高利率，则 *AD*-*AS* 模型的变动情况应是（　　）。

A. *AS* 曲线向左移动　　B. *AS* 曲线向右移动

C. *AD* 曲线向左移动　　D. *AD* 曲线向右移动

31. 下列变动一定会引起物价水平上升和实际国民收入下降的情况是（　　）。

A. AD 曲线给定，短期 AS 曲线向左移动

B. 长期 AS 曲线给定，AD 曲线向左移动

C. 长期 AS 曲线右移

D. AD 曲线和短期 AS 曲线同时移动

32. 在其他条件不变时，货币供给量的增加会使（　　）。

A. LM 曲线向左上方移动　　B. IS 曲线向左上方移动

C. AS 曲线向右上方移动　　D. AD 曲线向右上方移动

33. 根据 AD-AS 模型，扩张性货币政策使价格水平（　　）。

A. 提高　　B. 下降　　C. 不变　　D. 不确定

34. 短期总需求大于总供给，可能产生的结果是（　　）。

A. 减少总供给　　B. 增加总需求

C. 降低物价　　D. 提高物价

35. 总需求不变，如果常规的总供给曲线向左移动，会导致（　　）。

A. 价格上升，但就业保持不变　　B. 价格上升，就业减少

C. 价格下降，就业增加　　D. 价格上升，就业增加

36. 如果政府转移支付增加，同时生产技术水平提高，则（　　）。

A. 均衡产出会增加　　B. 均衡价格必然下降

C. 均衡产出会减少　　D. 均衡价格必然上升

二、多项选择题

1. 下列选项中属于总需求的是（　　）。

A. 政府支出　　B. 净出口　　C. 税收　　D. 投资

2. 总需求曲线向右下方倾斜是由于价格水平上升时，（　　）。

A. 投资会减少　B. 消费会减少　C. 净出口会减少　D. 税收增加

3. 下列有关总需求曲线的说法错误的是（　　）。

A. 在充分就业时为垂直的直线

B. 如果经济中存在较高的失业，则为水平的直线

C. 由于利率效应、财富效应和进出口效应的作用而具有负斜率

D. 总需求曲线一般具有正斜率

4. 如果个人所得税降低，则（　　）。

A. 会使总需求曲线向右移　　　　B. 会使消费支出增加

C. 总需求减少　　　　D. 总需求曲线向左移

5. 总需求曲线向右上方移动的原因是（　　）。

A. 政府支出增加　　　　B. 货币供给量的增加

C. 私人投资的减少　　　　D. 税收增加

6. 关于总需求曲线，下列表述正确的有（　　）。

A. 总需求曲线是反映总需求与利率之间关系的曲线

B. 总需求曲线上的点表明产品市场与货币市场同时达到均衡

C. 总需求曲线是表明总需求与价格水平之间关系的曲线

D. 在以价格为纵坐标、收入为横坐标的坐标系中，总需求曲线是向右下方倾斜的

7. 在经济萧条时期，可以提高总需求水平的财政政策包括（　　）。

A. 增加政府支出　　　　B. 减税

C. 减少政府支出　　　　D. 增税

8. 总供给曲线向左移动可能是由（　　）引起的。

A. 企业税增加　　　　B. 价格水平上升

C. 名义工资率提高　　　　D. 进口的经济资源价格下降

9. 总供给曲线向右下方移动的原因是（　　）。

A. 社会生产能力提高　　　　B. 社会投资减少

C. 社会投资增加　　　　D. 利率水平上升

10. 在总供给曲线的水平部分，（　　）。

A. 假定经济资源价格不变

B. 不提高价格水平，也可以增加产出

C. 假定经济中存在闲置的经济资源

D. 被称为凯恩斯主义总供给曲线

11. 长期总供给曲线呈垂直状，表示（　　）。

A. 经济中的资源已经得到充分利用

B. 价格决定总产量

C. 经济中产量水平处于潜在产量水平上

D. 价格对总供给没有影响

12. 西方经济学假定宏观生产函数具有（　　）性质。

A. 总产量是就业量的函数

B. 产量随就业量的增加而增加

C. 在其他条件不变的情况下，随着总就业量的增加，总产量按递增的比率增加

D. 在其他条件不变的情况下，随着总就业量的增加，总产量按递减的比率增加

13. 符合凯恩斯主义总供给模型的假设条件为（　　）。

A. 工人不存在货币幻觉　　B. 工人存在货币幻觉

C. 工资有完全的伸缩性　　D. 工资没有伸缩性

14. 关于总供给曲线，描述正确的是（　　）。

A. 在以价格为纵坐标、收入为横坐标的坐标系中水平的直线被称为长期总供给曲线

B. 在以价格为纵坐标、收入为横坐标的坐标系中水平的直线被称为凯恩斯主义总供给曲线

C. 在以价格为纵坐标、收入为横坐标的坐标系中垂直的线被称为长期总供给曲线

D. 在以价格为纵坐标、收入为横坐标的坐标系中向右上方倾斜的线被称为常规总供给曲线

15. 用总需求—总供给模型可以直接决定（　　）。

A. 国民收入　　B. 货币需求　　C. 价格水平　　D. 利率

16. 根据 *IS–LM* 模型，引起总需求曲线移动的原因是（　　）。

A. 自发支出不变，名义货币供给不变，物价水平上升

B. 自发支出不变，名义货币供给不变，物价水平下降

C. 名义货币供给与物价水平不变，自发支出增加

D. 名义货币供给增加与物价水平不变

17. 总供给曲线是根据（　　）推导而得到的。

A. *IS–LM* 模型　　B. 劳动需求函数

C. 劳动供给函数　　D. 总量生产函数

三、判断题

1. 价格水平变动引起利率同方向变动，进而使投资和产出水平也同方向变动的情况称为利率效应。（　　）

2. 价格水平下降，引起总支出（国民收入）增加，总需求曲线向右上方

倾斜。(　　)

3. 影响总需求的外生变量使点在总需求曲线上移动。(　　)

4. 实际余额效应是影响总供给曲线的因素之一。(　　)

5. 从 *IS-LM* 模型中推导总需求曲线时，价格水平变化是通过引起 *LM* 曲线和 *IS* 曲线共同变化而推导出的国民收入与价格之间的关系。(　　)

6. 投资需求的利率弹性越大，*AD* 曲线就越陡峭。(　　)

7. 货币需求的利率弹性越大，*AD* 曲线就越陡峭。(　　)

8. 扩张性的财政政策和扩张性的货币政策都会使总需求曲线向左移动。(　　)

9. 财政政策通过对 *LM* 曲线位置的影响而影响 *AD* 曲线，货币政策通过对 *IS* 曲线位置的影响而影响 *AD* 曲线。(　　)

10. 凯恩斯总供给曲线是一条位于经济的潜在产量或充分就业水平上的垂直线。(　　)

11. 一般名义货币供给量的增加将引起总需求曲线向右移动。(　　)

12. 在总供给和总需求曲线的移动中，当总供给曲线不变时，总需求曲线向左移动低于充分就业水平时，价格下降的比例要大于就业量下降的比例。(　　)

13. 长期总供给曲线即潜在产量线。(　　)

14. 短期总供给曲线即古典理论的总供给曲线，是一条垂直线。(　　)

15. 在常规总供给曲线上，总需求的变动会引起国民收入与价格水平反方向变动。(　　)

16. 总供给曲线的水平部分被认为生产能力得到了充分使用。(　　)

17. 古典总供给曲线假设工资具有刚性的特点，因此古典总供给曲线是一条水平的直线。(　　)

18. 当劳动的边际产品一定时，劳动需求是实际工资的减函数。(　　)

19. 总供给曲线的形状取决于当实际产出增加时总需求的变化。(　　)

20. 其他条件不变，生产力的提高会使总供给曲线右移。(　　)

21. 提高个人所得税会使总供给曲线向左移动。(　　)

22. 生产成本上升会使总供给曲线向左移动。(　　)

23. 总需求曲线同时反映了货币市场和产品市场的均衡状态。(　　)

24. 若扩张总需求的产出效应最大，则表明总供给曲线是凯恩斯主

义的。( )

25. 根据 *AD-AS* 模型，滞胀状态通常是由于总需求下降引起。( )

四、名词解释

1. 总需求 2. 总需求函数 3. 总需求曲线 4. 总供给 5. 总供给函数（曲线） 6. 货币工资刚性 7. 货币幻觉 8. 凯恩斯主义总供给曲线 9. 短期（常规）总供给曲线 10. 古典（长期）总供给曲线 11. 潜在产量 12. *AD-AS* 模型

五、问答题

1. 根据 *IS* 曲线方程和 *LM* 曲线方程推导总需求函数，并说明总需求曲线的变动趋势。

2. 总供给曲线是如何推导出来的？为什么呈现出不同的形态？

3. 如何理解总供给曲线通常有一个正斜率？

4. 说明 *IS* 曲线的斜率、*LM* 曲线的斜率与总需求曲线斜率之间的关系。

5. 分析微观经济学的供求模型和宏观经济学的 *AD-AS* 模型之间的关系。

6. 分析 *AD-AS* 模型的积极意义。

7. 运用 *AD-AS* 模型分析，货币政策对增加均衡国民收入效果较好的条件是什么？

8. 运用 *AD-AS* 模型解释经济中的萧条、衰退现象。

六、计算题

1. 假定消费 $C=1\ 000+0.75\ Y_d$，投资 $I=250-20r$，税收 $T=tY=0.2Y$，政府购买 $G=150$，名义货币供给 $M=600$，货币需求 $L=0.5Y-100r$，求总需求函数。

2. 已知总供给曲线 *AS* 为：$Y=250$，总需求曲线 *AD* 为：$Y=300-25P$，如果总需求上升 10%，其他条件不变，求新的供求均衡点的价格水平和收入水平。

3. 设经济的总供给函数为 $Y=2\ 350+400P$，总需求函数为 $Y=2\ 000+\dfrac{750}{P}$，求均衡时的收入和价格水平。

4. 假定经济的短期生产函数为 $Y=14N-0.04\ N^2$，劳动力的供给函数是 $N_S=70+\dfrac{5W}{P}$。

求：（1）劳动力的需求函数；

（2）在 $P=1$，$P=1.25$ 的水平下，求劳动力市场的均衡就业量；

（3）求经济的短期产出水平。

5. 设某一两部门的经济由下述关系描述：消费函数为 $C=100+0.8Y$，投资函数为 $I=150-6r$，货币需求函数为 $L=0.2Y-4r$，设 P 为价格水平，货币供给为 $M=150$（单位：亿美元）。试求：

（1）IS 方程和 LM 方程。

（2）总需求函数。

（3）若 $P=1$，均衡的收入和利率各为多少？

（4）若该经济中的总供给函数为 $AS=800+150P$，求均衡的收入和价格水平。

6. 经济的充分就业水平为 700 亿美元，在 $P=2$ 时，总需求等于总供给。IS 方程为 $Y=1\ 000-30r$，这里，$C=30+0.8Y_d$，$I=150-6r$，$T=100$，$G=100$；LM 方程为 $Y=500+20r$，$M_S=200$，$P=2$，货币需求为 $L=0.2Y-4r$。试问：

（1）当政府支出增加 15 亿美元、总需求扩大、价格水平上升到 2.22 时，IS 和 LM 曲线如何变化？

（2）求解在 $P=2$ 和 $P=2.22$ 水平下的利率、消费和投资水平。

（3）政府支出的增加对产出有何影响？

7. 假定经济由四个部门构成：$Y=C+I+G+NX$，其中：$C=300+0.8Y_d$，$I=200-1\ 500r$，$G=200$，税率 $t=0.2$，$NX=100-0.04Y-500r$，实际货币需求 $L=0.5Y-2\ 000r$，名义货币供给 $M=550$。试求：

（1）总需求函数；

（2）价格水平 $P=1$ 时的利率和国民收入，并证明家庭、政府部门和国际部门的储蓄总和等于企业投资。

七、案例分析题

材料：2021 年 9 月 15 日，国务院新闻办公室举行新闻发布会。国家统计局新闻发言人表示，8 月份工业生产者出厂价格同比上涨 9.5%。从结构上来看，主要是由于生产资料价格涨幅扩大的带动，8 月份生产资料价格同比上涨了 12.7%，其中煤炭、化工和钢铁涨幅突出。价格上涨既与需求扩大有关系，也和生产供给偏紧有一定的联系，同时还与前期一些上游价格的推动作用有关。

问题：请运用 $AD-AS$ 模型，分析国际大宗商品及国内部分上游行业产品价格上涨对经济的影响。

第四部分　精编习题详解

一、单项选择题

1. 答案 B，解析：总需求函数表明了对总产量的需求和一般价格水平之间的对应关系。

2. 答案 A，解析：从 *IS-LM* 模型与总需求曲线的推导来看，名义货币量不变的前提下，物价水平下降增加了实际货币余额，导致 *LM* 下移，利率下降，投资增加，收入水平提高。

3. 答案 A，解析：在宏观经济学中，一般将价格水平变动引起利率同方向变动，进而使投资和产出水平反方向变动的情况，叫作利率效应。

4. 答案 B，解析：物价水平保持不变时，货币供给量的增加使利率下降，投资需求增加，国民收入增加，表现为 *AD* 曲线向右上方移动。

5. 答案 B，解析：当净出口减少时，总需求减少，总需求曲线向左移动。A 使 *AD* 曲线右移，C、D 影响 *AD* 曲线。

6. 答案 D，解析：实际货币量与名义货币量成正比，与物价水平成反比。物价水平上升，实际货币量下降，从而总需求量减少。

7. 答案 A，解析：价格水平是内生变量，所以价格水平下降而导致的总需求增加，是点在总需求曲线上运动。

8. 答案 D，解析：微观需求自变量是价格，人们关心更多的是相对价格，宏观需求自变量是价格水平；微观需求和宏观需求都与价格（水平）呈反方向变化。

9. 答案 A，解析：总需求=消费需求+投资需求+政府需求+国外需求。净出口增加即国外需求增加，总需求增加，总需求曲线右移。总需求增加，产出增加，总支出曲线上移。

10. 答案 A，解析：*AD* 曲线的斜率反映的是物价水平 P 与总需求量 Y 之间的关系，当 P 变动引起 Y 较大变动时，*AD* 曲线是平坦的，反之，则陡峭。由 *IS-LM* 推导 *AD* 曲线的图形可知，当 *IS* 曲线平坦时，投资支出对利率的变化较敏感，利率有较小变动，投资就有较大的变动；另外，边际消费倾向较大，投资乘数进而总需求就有较大的变动，体现在 AD 曲线上就比较平坦。当 LM 曲线陡峭时（即货币需求对利率的变化不敏感，货币需求对收入的变化敏感），物价 P 下降引起 LM 向右移动时，利率下降幅度大，从而投资和总需求变动大，体现在 AD 曲线上就比较平坦。故而 A 选项正确，B、C、D 选项错误。

11. 答案 C，解析：价格水平上升，利率效应会使投资减少；价格水平上升，实际余额效应会使消费减少；价格水平上升，进出口效应会使净出口减少。综上可知，总需求曲线具有负斜率。A、B、D 都是针对总供给曲线做的判断。

12. 答案 D，解析：在经济极度萧条时，总供给曲线是水平直线，其供给价格弹性无穷大。

13. 答案 B，解析：凯恩斯主义总供给曲线表示在闲置资源的情况下，经济能以不变的价格提供任意产量，总供给曲线是水平直线，总需求增加只引起国民收入增加，价格水平不变。

14. 答案 C，解析：当经济实现了充分就业，总供给量稳定在潜在产出水平，表现为一条垂直线。

15. 答案 B，解析：长期总供给曲线是一条垂直线，此时的产量为潜在产量，决定价格的力量是总需求。总需求曲线移动会使价格水平变化，但均衡产量不会发生变化。

16. 答案 B，解析：充分就业状态下，总供给曲线垂直，此时减税等扩张总需求的政策只能使价格提高，产出不能增加。

17. 答案 B，解析：经济运动正处于潜在国民生产总值水平，总供给曲线垂直，政府支出增加使总需求曲线右移，但只能提高价格水平，不能改变产出水平。

18. 答案 A，解析：从短期来看，技术进步提高了利润，会刺激企业扩大生产，短期总供给曲线向右移动；从长期来看，技术进步提高了潜在生产能力，推动长期总供给曲线向右移动。

19. 答案 C，解析：工资等成本的下降会刺激短期产量的提高，短期总供给曲线向右下方移动，但成本及价格的变动并不影响长期的潜在产出，所以长期总供给曲线不变。

20. 答案 A，解析：实际货币需求 $M/P=1\,000/1=X/0.5$，可得 $X=500$。

21. 答案 C，解析：价格不变，价格以外的因素使 AS 增加，会导致短期总供给曲线向右移动，C 对，D 错，A、B 是点沿着 AS 曲线移动。

22. 答案 A，解析：常规总供给曲线是一条向右上方倾斜的曲线，表示物价水平与总供给的正相关关系。

23. 答案 B，解析：投入生产要素的价格普遍上升会使得相同物价水平时，市场提供的生产要素变得更少，进而总产出更少，总供给曲线向左上方移动。

24. 答案 A，解析：生产可能性曲线向外移动说明潜在国民收入的提高，AS 曲线右移。

25. 答案 D，解析：A、B 选项影响总需求，C 选项使总供给曲线向左移，D 选项可以提高产量，使总供给曲线向右移。

26. 答案 C，解析：总供给减少，AS 曲线左移，总需求增加，AD 曲线右移，二者共同作用下，价格上升。A、B 选项需要考虑总供给和总需求效应的相对大小，才能确定价格最终变化情况。D 选项的结果是价格水平下降。

27. 答案 A，解析：短期总供给的增加，短期总供给曲线右移，使国民收入增加，价格水平下降。

28. 答案 C，解析：总供给曲线是通过价格水平变动对就业量的影响，以及就业量对产量的影响，在价格与产量之间建立起对应关系，它连接了商品市场与劳动力市场。

29. 答案 C，解析：石油减产油价上升导致总供给曲线左移，产出下降。为适应该冲击，提高总需求，其结果是价格进一步上升。

30. 答案 C，解析：中央银行提高利率，则投资需求下降，AD 曲线向左移动。

31. 答案 A，解析：AD 曲线给定，短期 AS 曲线向左移动，引起物价上升和国民收入减少；长期 AS 曲线给定，AD 曲线向左移动，引起物价反向变动，国民收入不变；长期 AS 曲线右移，引起物价下降，国民收入增加；AD 曲线和短期 AS 曲线同时移动，物价和国民收入的变动情况有多种可能。

32. 答案 D，解析：货币供给量的增加会使 LM 曲线向右下方移动，AD 曲线向右上方移动。

33. 答案 D，解析：扩张性货币政策会使 AD 曲线右移，AS 曲线的形态决定了价格水平的变动方向。当 AS 曲线处于水平状态，AD 曲线右移，P 不变，Y 增加；当 AS 曲线向右上方倾斜，AD 曲线右移，P 提高，Y 增加；当 AS 曲线处于垂直状态，*AD* 曲线右移，*P* 提高，*Y* 不变。

34. 答案 D，解析：短期 *AS* 曲线是一条向右上方倾斜的曲线，总需求大于总供给，物价水平会提高。

35. 答案 B，解析：总需求不变，如果常规的总供给曲线向左移动，会导致 *P* 上升，*Y* 减少，就业减少。

36. 答案 A，解析：政府转移支付增加会使总需求增加，*AD* 曲线向右移动；生产技术水平提高，总供给增加，*AS* 曲线向右移动。二者共同作用的结果是产出增加，价格的变动不确定，取决于总需求和总供给增加的相对幅度。

二、多项选择题

1. 答案 ABD，解析：总需求=投资需求+消费需求+政府需求+净出口。

2. 答案 ABC，解析：价格水平上升，利率效应会使投资减少；价格水平上升，实际余额效应会使消费减少；价格水平上升，进出口效应会使净出口减少；价格水平上升，名义收入可能提高，使税收增加，国民收入减少也可能使税收降低，所以社会税收总额如何变动不确定，但个体纳税实际税率上升。综上可知，总需求曲线具有负斜率。

3. 答案 ABD，解析：价格水平上升，利率效应会使投资减少；价格水平上升，实际余额效应（财富效应）会使消费减少；价格水平上升，进出口效应会使净出口减少。综上可知，总需求曲线具有负斜率，选项 C 表述正确。A、B 都是描述总供给曲线。选项 D 的说法错误。

4. 答案 AB，解析：降低个人所得税会增加消费支出，进而增加总需求，总需求曲线右移。

5. 答案 AB，解析：A、B 选项使需求增加，需求增加会使总需求曲线右移；C、D 选项使总需求减少。

6. 答案 BCD，解析：总需求曲线是反映总需求与物价水平之间关系的曲线，一般向右下方倾斜，C、D 对，A 选项错误。可以由 *IS*–*LM* 模型均衡点推导总需求曲线，所以 B 对。

7. 答案 AB，解析：扩张性的财政政策可以扩大总需求，A、B 选项属于扩张性财政政策，C、D 选项属于紧缩性财政政策。

8. 答案 AC，解析：企业所得税和名义工资提高都会提高生产成本。成本的提高会使总供给减少，总供给曲线向左移。D 使总供给曲线向右移动。B 价格水平的变动会使得点在 *AS* 曲线上移动，不属于 *AS* 曲线整体移动。

9. 答案 AC，解析：总供给增加会导致总供给曲线向右下方移动，A 选项社会生产能力提高，总供给会增加；C 选项社会投资增加，会导致总供给增加；B、D 选项利率水平上升，社会投资会减少，总供给会减少。

10. 答案 ABCD，解析：凯恩斯主义总供给曲线呈水平状，A、B、C 是凯恩斯主义总供给曲线的假设条件。

11. 答案 ACD，解析：A、C、D 属于长期总供给曲线所描述的情形。价格对产出没有影响，B 错。

12. 答案 ABD，解析：宏观生产函数是指整个国民经济的生产函数，它表示总投入和总产出之间的关系。在其他条件不变的情况下，随着总就业量的增加，总产量按递减的比率增加。

13. 答案 BD，解析：凯恩斯主义总供给模型的假设条件有货币幻觉和工资刚性。

14. 答案 BCD，解析：水平的直线被称为凯恩斯主义总供给曲线；向右上方倾斜的线被称为常规总供给曲线；垂直的线被称为长期总供给曲线。

15. 答案 AC，解析：*AD* 和 *AS* 曲线都是价格水平与总产出之间的函数。联立两式可以得出价格水平 P 和总产出水平 Y。

16. 答案 CD，解析：总需求曲线移动是由物价之外的其他变量变动引起。

17. 答案 BCD，解析：*AS* 曲线是根据劳动需求函数、劳动供给函数和总量生产函数推导出来的；*AD* 曲线是根据 *IS*-*LM* 模型推导出来的。

三、判断题

1. 答案×，解析：价格水平变动引起利率同方向变动，进而使投资和产出水平反方向变动的情况称为利率效应。

2. 答案×，解析：价格水平下降使实际货币供给增加，导致利率下降，刺激投资增加，总需求提高，国民收入增加，因此价格与总需求是反向变动关系，总需求曲线向右下方倾斜。

3. 答案×，解析：内生变量会使点在总需求曲线上移动；外生变量会使整条总需求曲线移动。

4. 答案×，解析：实际余额效应使价格水平影响实际收入，进而影响消费、影响总需求。

5. 答案×，解析：从 *IS-LM* 模型中推导总需求曲线时，价格水平变化是通过实际货币供给量变化，引起 *LM* 曲线变化而推导出国民收入与价格之间的关系。

6. 答案×，解析：投资的利率弹性越大，*IS* 曲线越平坦，从而 *AD* 曲线就越平坦。

7. 答案√，解析：货币需求的利率弹性越大，*LM* 越平坦，从而 *P* 影响货币供给，使 *LM* 曲线移动，对 *Y* 的影响比较小，*AD* 曲线越陡峭。

8. 答案×，解析：扩张性的财政政策和扩张性的货币政策都会使总需求曲线向右移动。

9. 答案×，解析：财政政策通过对 *IS* 曲线位置的影响而影响 *AD* 曲线，货币政策通过对 *LM* 曲线位置的影响而影响 *AD* 曲线。

10. 答案×，解析：古典总供给曲线是一条位于经济的潜在产量或充分就业水平上的垂直线。

11. 答案√，解析：一般名义货币供给量的增加将引起 *LM* 曲线向右移动，从而引起 *AD* 曲线向右移动。

12. 答案×，解析：在总供给和总需求曲线的移动中，当总供给曲线不变时，总需求曲线向左移动低于充分就业水平时，供给曲线比较平缓，价格下降的比例要小于就业量下降的比例。

13. 答案√，解析：长期总供给曲线是位于充分就业水平上的垂直线，即潜在产量线。

14. 答案×，解析：短期总供给曲线一般指具有正斜率的总供给曲线，也叫常规总供给曲线；古典理论的总供给曲线一般被称为长期总供给曲线。

15. 答案×，解析：常规总供给曲线是正斜率的，总需求的变动会引起国民收入与价格水平同方向变动。

16. 答案×，解析：总供给曲线的水平部分被称为非充分就业部分，即生产能力没有得到充分使用。

17. 答案×，解析：古典总供给曲线假设工资具有灵活性的特点，因此古典总供给曲线是一条垂直线。凯恩斯总供给曲线假设工资具有刚性的特点，因此凯恩斯总供给曲线是一条水平的直线。

18. 答案√，解析：劳动的需求原则是劳动的收益等于边际成本。当劳动的边际产品一定时，实际工资下降，劳动需求增加。

19. 答案×，解析：总供给曲线的形状取决于价格水平与产品和劳务产出的关系。

20. 答案√，解析：生产力的提高会使产品和劳务产出增加，总供给曲线向右移动。

21. 答案×，解析：提高个人所得税会使总需求减少，总需求曲线向左移。

22. 答案√，解析：生产成本上升，会使总供给减少，因此总供给曲线向左移动。

23. 答案√，解析：总需求曲线是由 *IS-LM* 模型推导而来，反映了货币市场和产品市场同时均衡时，物价水平与总需求量之间的关系。

24. 答案√，解析：凯恩斯主义总供给曲线是水平的，扩张总需求的产出效应最大。

25. 答案×，解析：当总需求曲线不变，总供给减少时，均衡点向左上方移动，价格上升，产出下降，出现滞胀。

四、名词解释

1. 总需求：指整个经济社会在每一个价格水平下对产品和劳务的需求总量，它由消费需求、投资需求、政府需求和国外需求构成。

2. 总需求函数：表明对总产量的需求和一般价格水平之间的对应关系。它表示在产品市场和货币市场同时达到均衡时的某个特定价格水平与产出水平的组合。

3. 总需求曲线：在以价格水平为纵坐标、产出水平为横坐标的坐标系中，总需求函数的几何图形就是总需求曲线或 *AD* 曲线。总需求曲线描述了与每一价格水平相对应的均衡的总支出。

4. 总供给：是经济社会的总产出（或收入总量），它描述了经济社会的资源用于生产时可能达到的产量。一般而言，总供给主要是由总量的劳动、生产性资本存量和技术水平决定的。

5. 总供给函数（曲线）：指总产量与一般价格水平之间的关系。在以价格水平为纵坐标、总产量为横坐标的坐标系中，总供给函数的几何图形就是总供给曲线或 *AS* 曲线。

6. 货币工资刚性：指人们会抵制货币工资的下降，但欢迎货币工资的上升。因此，货币工资只能上升，不能下降。

7. 货币幻觉：由于只关注货币的票面数值而不注意货币的实际购买力，人们通常会抵抗价格水平不变情况下的货币工资下降，但却不抵抗货币工资不变情况下价格水平的提高。

8. 凯恩斯主义总供给曲线：在经济严重萧条状态时，存在着大量闲置不用的劳动力和资本设备，所以当整个社会的产出量或国民收入增长时，价格水平和货币工资会大致保持不变。也就是说，一直到充分就业时为止，总供给曲线是一条水平线。

9. 短期（常规）总供给曲线：即正斜率总供给曲线。此时，经济中既存在数量调节，也存在着价格调节。

10. 古典（长期）总供给曲线：在长期中，人们会得到关于市场价格变化的充分信息，价格和货币工资都具有充分的伸缩性。因此，经济的就业水平就会处在充分就业状态，经济的产量水平也将位于潜在产量水平或充分就业水平，不受价格变动的影响。因此，在长期中，总供给曲线就是一条位于经济潜在产量水平上的垂直线。

11. 潜在产量：充分就业时的产量又称潜在产量，即在现有资本和技术水平条件下，经济社会的潜在就业量所能生产的产量。

12. *AD-AS* 模型：如图 12-4 所示，*AD* 为向右下方倾斜的总需求曲线，*FGMN* 为水平段、向右上方倾斜和垂直段构成的总供给曲线。*MN* 被称为古典（长期）总供给曲线，垂直于潜在产量，总需求曲线变动时，只能引起价格水平变动，而不能引起实际产量变动。在总供给曲线的水平阶段 *FG*（*FG* 为凯恩斯总供给曲线），总需求曲线移动会引起产量同向变动，不会引起价格水平的变动。在总供给曲线的向右上方倾斜阶段 *GM*（*GM* 为短期总供给曲线），这时总需求曲线移动时，会引起国民收入和价格水平同向变动。*AD-AS* 模型可以解释由财政政策和货币政策组成的需求管理政策和旨在移动总供给曲线的供给管理政策的效果。

五、问答题

1. 根据 *IS* 曲线方程和 *LM* 曲线方程推导总需求函数，并说明总需求曲线的变动趋势。

解析：在两部门经济中，由 *IS-LM* 分析可知，根据产品市场均衡条件，*IS*

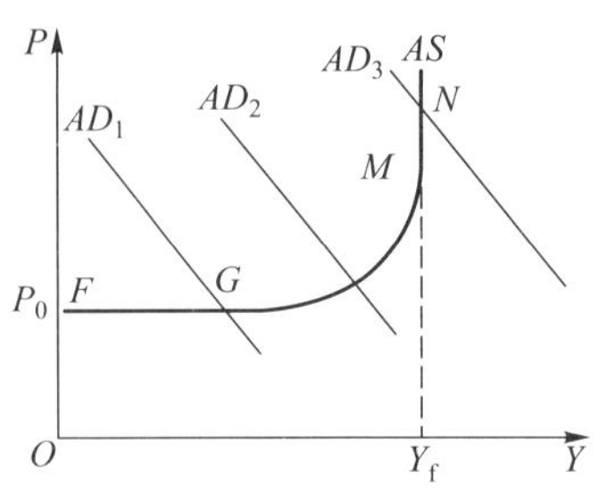

图 12-4 AD-AS 模型

曲线方程为：$S(Y)=I(r)$。根据货币市场均衡条件，LM 曲线方程为：$\frac{M}{P}=L_1(Y)+L_2(r)$。把这两个方程联立求解，删除变量 r，得 $Y=f(P)$ 经济模型，该式表示不同价格水平（P）与不同的总需求量（Y）之间的函数关系，因此就是总需求函数。

例如，当 $S=-\alpha+(1-\beta)Y$，$I=e-dr$，$\frac{M}{P}=kY-hr$ 时，总需求函数表达式为：

$$Y=\frac{(\alpha+e)h}{h(1-\beta)+dk}+\frac{dM}{[h(1-\beta)+dk]P}$$

从 IS-LM 曲线方程推导出的总需求函数是价格水平的减函数，它表示社会的总需求量和价格水平之间的反方向变动关系。即价格水平越高，总需求量就越小；价格水平越低，总需求量就越大，总需求曲线向右下方倾斜。

2. 总供给曲线是如何推导出来的？为什么呈现出不同的形态？

解析：总供给曲线描述总产出与一般价格水平之间的依存关系。总供给曲线的推导来源于宏观生产函数和劳动力市场均衡的理论。宏观生产函数：$Y=F(N, K)$。当资本存量一定时，国民收入水平取决于就业量，而就业量取决于劳动力市场的均衡。

总供给曲线呈现出不同形态，主要是由于关于劳动力市场，经济学家对工资和价格的变化和调整速度的看法是有分歧的。

古典总供给理论认为，劳动力市场运行没有摩擦，在工资和价格可以灵活变动的情况下，劳动力市场得以出清，使经济的就业总能维持充分就业的状态，从而在其他因素不变的情况下，经济的产量总能保持在充分就业的产量或潜在产量水平上，因此，古典总供给曲线是一条位于充分就业产量水平的垂直线。

凯恩斯总供给理论认为，在短期，价格是黏性的，从而不能根据需求的变动而调整，由于工资和价格黏性，劳动力市场不能总为充分就业状态，由于存在失业，厂商可以在现行工资下获得所需的劳动，因而他们的平均生产成本被认为不随产出水平变化而变化，短期总供给曲线是一条水平线，表明经济中的厂商在现有价格水平上，愿意供给所需的任何数量的商品。

一些经济学家认为，古典的和凯恩斯的总供给曲线分别代表了关于劳动力市场的两种极端的说法，在现实中，工资和价格的调整经常介于两者之间，在这种情况下，总供给曲线是向右上方延伸的。

3. 如何理解总供给曲线通常有一个正斜率？

解析：总供给曲线表示总产量与一般价格水平之间的关系。虽然存在水平的凯恩斯总供给曲线和垂直的古典总供给曲线两部分，但是总供给曲线通常是正斜率。总供给曲线具有正斜率是指总产出与价格水平之间具有同方向变动关系。

总供给曲线的推导来源于宏观生产函数和劳动力市场均衡的理论。宏观生产函数：$Y=F(N, K)$。当资本存量一定时，国民收入水平取决于就业量，而就业量取决于劳动力市场的均衡。凯恩斯的总供给理论认为，工资是黏性的，产品价格上升，工资水平不会立即同比例相应上升，同时，工人具有货币幻觉，对名义工资比实际工资敏感。这样物价水平上升，实际工资下降对劳动力供给影响很小，但是可以鼓励企业扩大生产，厂商生产会更多，总供给曲线会向右上方倾斜。

4. 说明 *IS* 曲线的斜率、*LM* 曲线的斜率与总需求曲线斜率之间的关系。

解析：*IS* 曲线斜率的绝对值为$\frac{1-\beta}{d}$，在其他条件不变的情况下，边际消费倾向 β 越大，投资的利率弹性 d 越大，*IS* 曲线就越平坦，则 *IS* 曲线移动时收入变动就越大，从而 *AD* 曲线也越平坦。如图 12-5 所示。

LM 曲线斜率为$\frac{k}{h}$，在其他条件不变的情况下，货币需求的收入弹性 k 越大，货币需求的利率弹性 h 越小，*LM* 曲线就越陡峭，则 *LM* 曲线移动时收入变化就越大，从而 *AD* 曲线就越平坦。如图 12-6 所示。

5. 分析微观经济学的供求模型和宏观经济学的 *AD-AS* 模型之间的关系。

解析：*AD-AS* 模型与微观供求模型，在形式上，二者有共同点，即在图形上都用两条曲线来表示，在以价格为纵坐标、产量为横坐标的坐标系中，向右下方倾斜的为需求曲线，向右上方延伸的为供给曲线。微观供求模型既考察供给和需求两种力量对商品等交易对象的均衡数量和价格的作用与影响，也考察市场价格水平及其变动对于商品等交易对象的供给和需求所产生的影响。

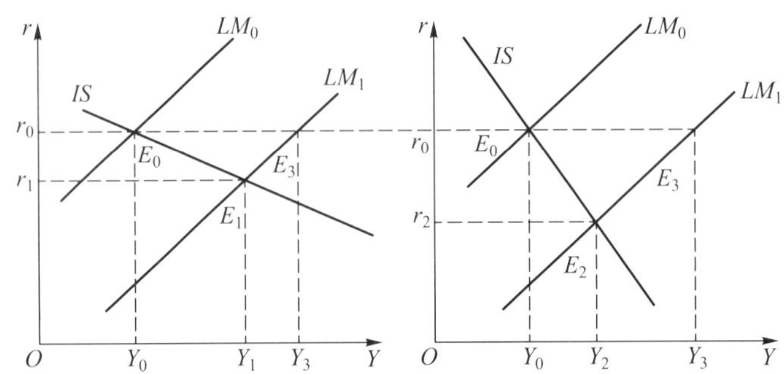

图 12-5　*IS* 曲线斜率不同，价格水平影响货币供给，进而影响国民收入效果

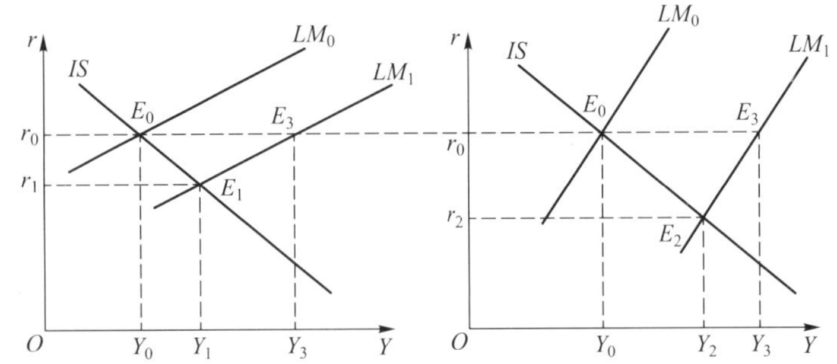

图 12-6　*LM* 曲线斜率不同，价格水平影响货币供给，进而影响国民收入效果

不同之处在于：① 研究对象不同。微观经济学的供求模型主要说明单个商品的价格和产量的决定，宏观经济中的 *AD-AS* 模型主要说明总体经济的价格和国民收入的决定。② 理论基础不同。前者供求模型中的需求曲线的理论基础是消费者行为理论，供给曲线的理论基础主要是成本理论和市场理论，均属于微观经济学的内容；后者中的总需求曲线的理论基础主要是产品市场均衡理论和货币市场均衡理论，总供给曲线的理论基础主要是劳动市场理论和总量生产函数，均属于宏观经济学的内容。③ 作用不同。前者中的供求模型在说明商品价格和数量决定的同时，还可用来说明需求曲线和供给曲线移动对价格和数量的影响，但这一模型只解释微观市场的波动与均衡；*AD-AS* 模型在说明价格和总产出决定的同时，可以用来解释宏观经济的波动，如经济的繁荣、衰退、滞胀等现象，政府的政策选择及政府运用宏观经济政策干预经济的结果。

6. 分析 *AD-AS* 模型的积极意义。

解析：*AD-AS* 模型是宏观经济学中的基本模型。*AD-AS* 模型将复杂的情况加以简化，将多种经济总量关系简化为总供给和总需求两者的关系，在一定程度上对于理解宏观经济概况提供了简明的方法。*AD-AS* 模型被认为是既重视供给分析也重视需求分析的模型，不仅可以用来说明收入的决定，也可以用来说明价格水平的决定；既可以用来分析经济萧条和通货膨胀，也可以用来分析经济滞胀；既可以用来分析短期非充分就业状态，也可以用来分析长期充分就业状态。

7. 运用 *AD*-*AS* 模型分析，货币政策对增加均衡国民收入效果较好的条件是什么？

解析：货币政策通过影响 *AD* 曲线影响国民收入。① 在 *AD* 曲线斜率不变的情况下，在代表资源闲置的凯恩斯总供给曲线区域，货币政策效果最好；在代表充分就业的垂直的总供给曲线区域，货币政策没有效果，扩张性货币政策只会带来物价水平上升，不会影响总供给和就业水平。在总供给曲线中间区域，总供给曲线越平缓，货币政策对增加均衡国民收入的效果就越好。② 在总供给曲线中间区域，总供给曲线斜率不变，总需求曲线越陡峭，货币政策对增加均衡国民收入的效果就越好。如图 12-7 所示，总需求曲线都平移 *EM* 距离，陡峭的 AD_{21}、AD_{22}货币政策对增加均衡国民收入的效果更好。

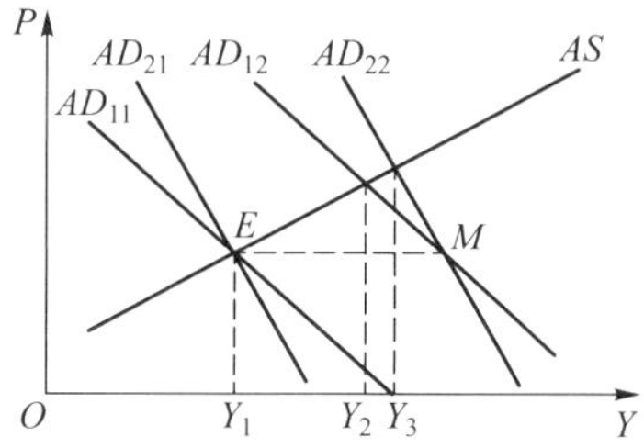

图 12-7　*AD* 曲线斜率影响货币政策效果

8. 运用 *AD*-*AS* 模型解释经济中的萧条、衰退现象。

解析：如图 12-8 所示，长期总供给曲线垂直于潜在产量 Y_f，总需求曲线 *AD* 和短期总供给曲线 AS_S的交点 *E* 决定的国民收入为 *Y*，价格水平为 *P*，二者都处于低于潜在产量的水平，表示经济处于萧条、衰退状态。

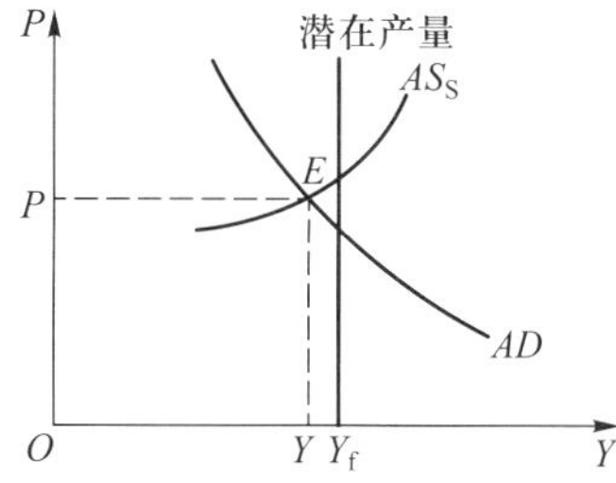

图 12-8　运用 *AD*-*AS* 模型解释经济中的萧条、衰退现象

六、计算题

1. 假定消费 $C=1\ 000+0.75\ Y_{d}$，投资 $I=250-20r$，税收 $T=tY=0.2Y$，政府购买 $G=150$，名义货币供给 $M=600$，货币需求 $L=0.5Y-100r$，求总需求函数。

解析：IS 方程为：$Y=C+I+G=1\ 000+0.75\ Y_{d}+250-20r+150$

$=1\ 400+0.75\ (Y-0.2Y)\ -20r$，即 $0.4Y=1\ 400-20r$；

LM 方程为：$600/P=0.5Y-100r$，即 $100r=0.5Y-600/P$

两方程联立，消去 r，整理可得：$Y=\frac{240}{P}+2\ 800$，即总需求函数。

2. 已知总供给曲线 AS 为：$Y=250$，总需求曲线 AD 为：$Y=300-25P$，如果总需求上升 10%，其他条件不变，求新的供求均衡点的价格水平和收入水平。

解析：总需求增加 10%，截距增加 10%，斜率不变，新的总需求函数为：

$$Y=300\times(1+10\%)-25P,\ Y=330-25P$$

已知总供给曲线 $Y=250$；

联立两式方程组为：$\begin{cases}Y=330-25P\\Y=250\end{cases}$ 可得价格水平 $P=3.2$，收入水平 $Y=250$。

3. 设经济的总供给函数为 $Y=2\ 350+400P$，总需求函数为 $Y=2\ 000+\frac{750}{P}$，求均衡时的收入和价格水平。

解析：联立方程组为：$\begin{cases}Y=2\ 350+400P\\Y=2\ 000+\frac{750}{P}\end{cases}$，可得价格水平 $P=1$，收入 $Y=2\ 750$。

4. 假定经济的短期生产函数为 $Y=14N-0.04\ N^{2}$，劳动力的供给函数是 $N_{S}=70+\frac{5W}{P}$。

求：（1）劳动力的需求函数；

（2）在 $P=1$，$P=1.25$ 的水平下，求劳动力市场的均衡就业量；

（3）求经济的短期产出水平。

解析：（1）劳动力的需求函数是 $MP_{N}=\frac{W}{P}$

$$MP_{N}=Y'(N)=14-0.08N$$

即 $14-0.08N_{D}=\frac{W}{P}$，则 $N_{D}=175-12.5\times\frac{W}{P}$

（2）由$\begin{cases} N=70+\dfrac{5W}{P} \\ N=175-12.5\times\dfrac{W}{P} \end{cases}$得：

$P=1$ 时，$W=6$，$N=100$

$P=1.25$ 时，$W=7.5$，$N=100$

（3）由第二问可知，$\dfrac{W}{P}=\dfrac{6}{1}=\dfrac{7.5}{1.25}$，价格水平不同，实际工资相同，均衡就业量相同。把 $N=100$ 代入短期生产函数为 $Y=14N-0.04N^2$，得 $Y=1\ 000$。

5. 设某一两部门的经济由下述关系描述：消费函数为 $C=100+0.8Y$，投资函数为 $I=150-6r$，货币需求函数为 $L=0.2Y-4r$，设 P 为价格水平，货币供给为 $M=150$（单位：亿美元）。试求：

（1）IS 方程和 LM 方程。

（2）总需求函数。

（3）若 $P=1$，均衡的收入和利率各为多少？

（4）若该经济中的总供给函数为 $AS=800+150P$，求均衡的收入和价格水平。

解析：（1）IS 方程：$Y=100+0.8Y+150-6r$

$$Y=1\ 250-30r$$

LM 方程：$\dfrac{150}{P}=0.2Y-4r$

（2）联立 IS 方程和 LM 方程得

$$\begin{cases} Y=1\ 250-30r \\ \dfrac{150}{P}=0.2Y-4r \end{cases}$$

求得需求函数为 $Y=500+\dfrac{450}{P}$

（3）$P=1$ 时，$150=0.2Y-4r$

$Y=750+20r$ 即为 LM 方程

联立 IS、LM 方程组$\begin{cases} Y=1\ 250-30r \\ Y=750+20r \end{cases}$

得 $r=10$　$Y=950$（亿美元）

（4）解 AD、AS 联立方程组 $\begin{cases} Y=500+\dfrac{450}{P} \\ Y=800+150P \end{cases}$

得均衡收入 $Y=950$（亿美元），$P=1$

6. 经济的充分就业水平为 700 亿美元，在 $P=2$ 时，总需求等于总供给。IS 方程为 $Y=1\ 000-30r$，这里，$C=30+0.8Y_d$，$I=150-6r$，$T=100$，$G=100$；LM 方程为 $Y=500+20r$，$M_S=200$，$P=2$，货币需求为 $L=0.2Y-4r$。试问：

（1）当政府支出增加 15 亿美元、总需求扩大、价格水平上升到 2.22 时，IS 和 LM 曲线如何变化？

（2）求解在 $P=2$ 和 $P=2.22$ 水平下的利率、消费和投资水平。

（3）政府支出的增加对产出有何影响？

解析：（1）当政府支出从 100 亿美元增加到 115 亿美元时，产品市场均衡时有：

$$Y=C+I+G=30+0.8\times(Y-100)+150-6r+115$$

整理得 $Y=1\ 075-30r$，即为 IS 方程。

在 $P=2.22$ 时，$\dfrac{200}{2.22}=0.2Y-4r$，得 LM 方程为 $Y=450.45+20r$。

（2）当 $P=2$，$G=100$ 时，有下列方程组成立 IS：$Y=1\ 000-30r$，LM：$Y=500+20r$

解方程得均衡收入 $Y=700$，均衡利率为 $r=10$，$C=510$，$I=90$。

当 $P=2.22$，$G=115$ 时，有下列方程组成立 IS：$Y=1\ 075-30r$，LM：$Y=450.45+20r$

解方程得均衡收入 $Y=700$，均衡利率为 $r=12.5$，$C=510$，$I=75$。

（3）可见政府支出增加 15 亿美元，完全挤出了私人投资 15 亿美元，总支出和总产出不受影响，没有改变。

7. 假定经济由四个部门构成：$Y=C+I+G+NX$，其中：$C=300+0.8Y_d$，$I=200-1\ 500r$，$G=200$，税率 $t=0.2$，$NX=100-0.04Y-500r$，实际货币需求 $L=0.5Y-2\ 000r$，名义货币供给 $M=550$。试求：

（1）总需求函数；

（2）价格水平 $P=1$ 时的利率和国民收入，并证明家庭、政府部门和国际部门的储蓄总和等于企业投资。

解析：（1）$Y=C+I+G+NX$

$$=300+0.8(Y-0.2Y)+200-1\ 500r+200+100-0.04Y-500r$$

$$=800+0.6Y-2\ 000r$$

IS 曲线方程：$Y=2\ 000-5\ 000r$

LM 曲线方程：$0.5Y-2\ 000r=550/P$

联立 $IS-LM$ 方程，解方程组得总需求函数：$Y=\dfrac{8\ 000}{9}+\dfrac{5\ 500}{9P}$

（2）实际货币需求 $L=0.5Y-2\ 000r=M/P=550$

$$Y=4\ 000r+1\ 100$$

由$\begin{cases}Y=2\ 000-5\ 000r\\Y=4\ 000r+1\ 100\end{cases}$得，$P=1$ 时 $r=10\%$，$Y=1\ 500$

此时，$S+(tY-G)+(M-X)=(Y-tY-C)+(0.2Y-G)-NX$

$=(Y-0.2Y-300-0.64Y)+(0.2Y-200)-(100-0.04Y-500r)$

$=0.4Y+500r-600=0.4\times1\ 500+500\times10\%-600=50$

$$I=200-1\ 500r=50$$

由此可见，私人部门、政府部门和国外部门的储蓄总和等于企业投资。

七、案例分析题

材料：2021 年 9 月 15 日，国务院新闻办公室举行新闻发布会。国家统计局新闻发言人表示，8 月份工业生产者出厂价格同比上涨 9.5%。从结构上来看，主要是由于生产资料价格涨幅扩大的带动，8 月份生产资料价格同比上涨了 12.7%，其中煤炭、化工和钢铁涨幅突出。价格上涨既与需求扩大有关系，也和生产供给偏紧有一定的联系，同时还与前期一些上游价格的推动作用有关。

问题：请运用 $AD-AS$ 模型，分析国际大宗商品及国内部分上游行业产品价格上涨对经济的影响。

解析：图 12-9 描述了投入品价格上涨对总供给产生冲击的效应——总供给曲线会向上移动。从微观角度的解释就是，为了使企业愿意生产与以前相同的产量，市场必须能接受更高的产品价格。从图 12-9 中可以看出，即便这时经济中存在过剩的生产能力，即 AD 曲线与 AS_1 曲线的相交点处于 AS_1 曲线的水平部分，价格水平仍由 P_0 上升到 P_1。投入品价格的上涨，会导致一个更高的均衡价格水平 P_1 与更低的产量水平 Y_1，带来经济下行和物价上行的双重压力。

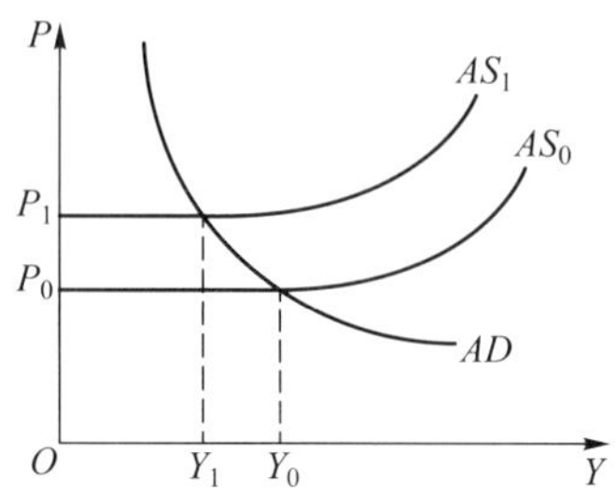

图 12-9 投入品价格上涨的效应

第十三章　失业、通货膨胀和经济周期

第一部分　内容框架结构与复习重点

一、内容框架结构

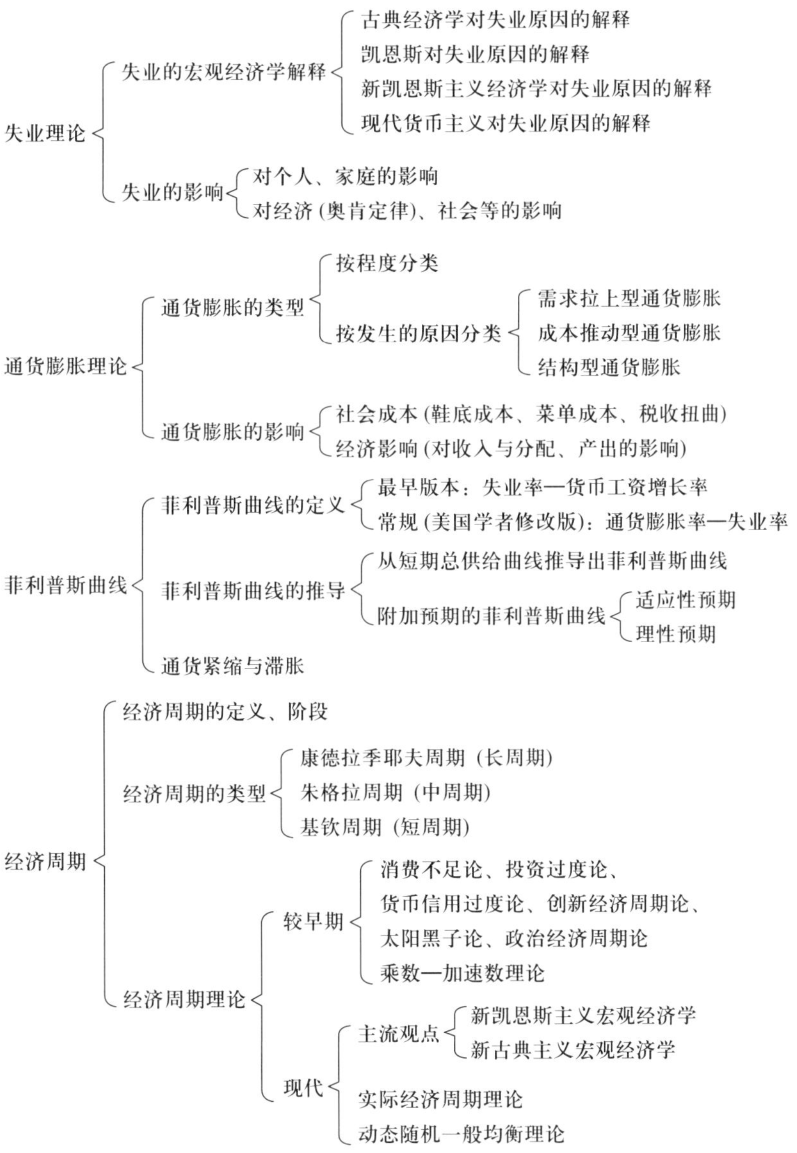

二、复习重点

1. 主要概念

非自愿失业、自然失业率、奥肯定律、通货膨胀、平衡的通货膨胀、非平衡的通货膨胀、未预期到的通货膨胀、预期到的通货膨胀、需求拉上型通货膨胀、成本推动型通货膨胀、结构型通货膨胀、菲利普斯曲线、菜单成本、鞋底成本、经济周期

2. 基本理论

失业的类型、失业的宏观经济学解释、通货膨胀的类型、通货膨胀的成因、通货膨胀的成本和对经济的影响、菲利普斯曲线、经济周期的阶段及类型、经济周期的理论流派

第二部分 章后思考题详解

一、扫码自测习题

（一）单选题

1. 总需求减少导致经济衰退，此时产生的失业叫做（　　）。

A. 周期性失业　B. 摩擦失业　C. 结构性失业　D. 自然失业

答案 A，解析：周期性失业是由于总需求不足引起的失业，由于需求不足，导致产出下降，经济萧条，工人就业率下降，失业率升高。

2. 如果经济中的物价与工资可以随时充分调整，市场机制非常完善，那么预期到的通货膨胀对经济的影响是（　　）。

A. 增加总产出　B. 降低失业率

C. 引起收入和财富的再分配　D. 对产出、就业和分配没有影响

答案 D，解析：如果人们能够预期到未来一年的物价水平，在签订工资合同或者贷款契约时，会把预期到的通货膨胀率考虑在内，工资、利率和租金都将按照价格上升幅度同比例增长，实际工资和实际利率都不会发生变化，因而产量与就业也不会受到影响。

3. 关于通货膨胀与失业的关系，如下哪个说法是对的？（　　）

A. 两者在任何时候都存在交替关系

B. 可以通过提高失业率来降低通货膨胀率

C. 在短期，要降低通货膨胀率，可能需要承受失业率提高的代价

D. 在长期，不管通货膨胀率如何变化，其对失业率没有影响

答案 D，解析：这道题放在长期、垂直的菲利普斯曲线的分析框架中，A、B 都错了。按照理性预期学派观点，C 也是错的。从长期来看，预期的通货膨胀率与实际通货膨胀率迟早会一致，经济社会的失业率将处在自然失业率水平，失业率与通货膨胀率之间不存在替换关系。

4. 关于通货膨胀，如下哪个变化不是其原因？（　　）

A. 总需求增加　　B. 总供给减少

C. 技术进步　　D. 初级产品和原材料价格上涨

答案 C，解析：通货膨胀的原因：A 为需求拉上型通货膨胀（超额需求通货膨胀）；B、D 为成本推动型通货膨胀（工资推动、利润推动、进口型通货膨胀）；C 选项中，技术进步导致总供给曲线向右移动，价格下降。

（二）多选题

1. 菲利普斯曲线所表示的通货膨胀与失业之间的关系有如下特点：（　　）。

A. 如果预期是理性的，那么菲利普斯曲线是垂直的

B. 如果预期是理性的，那么菲利普斯曲线在短期倾斜，在长期垂直

C. 如果预期是适应性的，那么菲利普斯曲线总是倾斜的

D. 如果预期是适应性的，那么菲利普斯曲线在短期倾斜，在长期垂直

E. 菲利普斯曲线的形状与预期没有关系

答案 AD，解析：在适应性预期条件下，人们对通货膨胀率的预期就会出现短期出错而长期调整到正确的特点，从而将菲利普斯曲线区分为短期倾斜和长期垂直两种形状，C 不全面，C 错，D 对。在理性预期成立的情况下，人们对通货膨胀的预期不会出现系统性错误，因此通货膨胀率与失业率之间即使在短期也没有交替关系，相应地，菲利普斯曲线无论是在长期还是短期都是垂直的，A 对，B 错。

2. 关于自然失业率，如下哪些说法是对的？（　　）

A. 自然失业率是一个长期存在的失业率

B. 政府无法改变自然失业率

C. 各个时期的自然失业率都相等

D. 如果自然失业率只是由摩擦性失业构成，它就是充分就业时的失业率

E. 失业救济金的增加有可能提高自然失业率

答案 ADE，解析：消除周期性失业，只有摩擦性失业，就是充分就业，此时的失业率是自然失业率、充分就业时的失业率，经济长期处于自然失业率水平，所以 A、D 对。自然失业率并不是一个固定不变的量，自然失业率的大小受多种因素的影响，包括社会的技术水平、劳动市场的组织状况、文化传统、政府政策等。因此，B、C 选项错误。失业救济金的增加有可能出现放弃工作、只领取失业救济金的懒汉，提高自然失业率，E 对。

3. 关于通货膨胀的原因，如下哪些说法是正确的？(　　)

A. 原因可以分为两大类，*AD* 曲线右移和 *AS* 曲线左移

B. 原因不只包括 *AD* 曲线右移和 *AS* 曲线左移，还包括其他方面如惯性通货膨胀和差别推进通货膨胀

C. 惯性通货膨胀可以通过 *AS* 曲线左移来解释

D. 惯性通货膨胀无法通过 *AD*–*AS* 模型解释

E. 预期通货膨胀会导致实际的通货膨胀发生

答案 ACE，解析：引起通货膨胀的成因包括需求拉上型、成本推动型，故 A 对。没有差别推进通货膨胀，故 B 错。如果在 *AD*–*AS* 的框架里，那么成本推动型、惯性通货膨胀都可以用总供给曲线移动解释，所以 C 对 D 错。预期和惯性是造成实际通货膨胀持续的重要原因，所以 E 对。

4. 政府的稳定性政策在影响失业率和通货膨胀率时具有如下特点：(　　)。

A. 政府总是能够通过通货膨胀政策将失业率降低到自然失业率以下

B. 政府要想将失业率降低到自然失业率以下，必须采取突然袭击式的通货膨胀政策

C. 如果人们预期通货膨胀率等于过去的实际通货膨胀率，那么政府必须加速通货膨胀才能将失业率维持在低于自然失业率的水平上

D. 如果中央银行的反通货膨胀政策能够为人们预期到，那么通货膨胀率的降低不会带来失业率的上升

E. 石油危机会导致通货膨胀率与失业率同时上升

答案 BCDE，解析：理性预期认为通货膨胀率与失业率之间没有交替关系，宏观调控政策无效，A 错。只有当人们不能够准确地预期通货膨胀时，通货膨

胀率和失业率之间才存在着替代关系，即宏观调控政策有效。由此 B、C、D 选项正确。E 选项中，石油危机的发生会使总供给曲线向左移动，从而一般价格水平提高且产出下降，即失业率上升。

（三）判断题

1. 从终结原因看，只要货币供给与总产出保持相同的增长速度，就不会出现需求拉上型通货膨胀，也不会出现成本推动型通货膨胀。（　　）

答案√，解析：货币主义学派认为，货币供给量的增加是导致通货膨胀的真正原因，采取单一规则政策，货币供给与总产出保持相同的增长速度就不会出现通货膨胀。

2. 当经济开始复苏时，统计到的失业率一定会下降。（　　）

答案×，解析：当经济开始复苏时，要出现技术改造，固定资本更新，会使一些劳动力不适应工作岗位，或机器代替劳动力，从而出现经济增长、失业率不下降现象；也可能劳动力供给增量大于劳动力需求增量，失业率不下降。

3. 菲利普斯曲线所表示的通货膨胀率和失业率之间的关系是互为因果的关系。（　　）

答案×，解析：通货膨胀率和失业率既无确定关系，也非因果关系。通货膨胀主要是货币供给量过多造成的，与失业率无直接的因果关系。

4. 菲利普斯曲线与总供给曲线本质上讨论的是同一个问题。（　　）

答案√，解析：一方面，总产出与失业是关联在一起的：根据总生产函数可知，总产出来自劳动和资本的投入；根据奥肯定律可知，总产出与失业率之间有经验关系。另一方面，通货膨胀是物价的动态变化，同时失业与生产情况紧密相关。因此，由总供给曲线可以推导出菲利普斯曲线，菲利普斯曲线是另外一个版本的总供给曲线。

二、思考题

1. 西方经济学是如何解释失业的？失业的影响表现在哪些方面？

解析：（1）西方经济学家对失业现象提出了不同的理论解释：

① 古典经济学对失业原因的解释。古典经济学的失业理论是以萨伊定律为核心的。按照这一定律，一种商品的生产、销售必然为其他商品的生产、销售创造条件，因而商品的供给与需求总是趋于均衡，不会出现生产过剩。而且每一个商品生产者都是理性的，都会尽力扩大生产、销售，这样社会的生产、销

售就能达到最高水平，从而经济社会中不存在失业，实现充分就业。20世纪30年代以前的古典和新古典经济学家都信奉这样的解释，他们认为，如果社会存在失业现象，那么也只是摩擦性失业和自愿性失业，只是生产过程中局部的、暂时的失调。

② 凯恩斯对失业原因的解释。凯恩斯除了接受传统经济学关于摩擦失业和自愿失业的理论外，还提出非自愿失业理论。凯恩斯指出，当有效需求不足时，与之对应的产出水平会低于充分就业的产出水平，出现非自愿失业，充分就业就无法实现。

③ 新凯恩斯主义经济学对失业原因的解释。20世纪80年代以来，新凯恩斯主义经济学以不完全竞争和不完全信息为前提，通过论证工资和价格黏性进而解释非自愿失业存在的原因。新凯恩斯主义者继承了原凯恩斯主义关于货币工资刚性的假设，认为工资在短期内具有黏性，即工资滞后反映劳动力市场的供求状况及其变化。因此，工资率并不会随劳动需求的变动做出充分调整。新凯恩斯主义还通过劳动工资合同论、隐含合同论、局内人-局外人理论、效率工资理论具体地解释了存在工资黏性的原因。

④ 现代货币主义对失业原因的解释。现代货币主义的失业理论可以简单归结为自然失业率假说。所谓自然失业率是指在没有货币因素干扰的情况下，劳动力市场和商品市场的自发供求力量发挥作用时应有的、处于均衡状态下的失业率。即弗里德曼所说的，自然失业率是指在任何时候，都存在着与实际工资率结构相适应的某种均衡失业水平。它在现代社会中是始终存在的，但并不是一个固定不变的量。

（2）失业的影响。失业是市场经济中的一种经济现象。失业会给个人、家庭和社会带来多方面的不利影响。

① 失业给个人和家庭带来物质和精神的负面影响。一是失业影响家庭收入。一旦失去工作，劳动者的收入下降甚至失去劳动收入来源，其家庭收入急剧下降甚至中断，从而使得整个家庭的生活质量下降。二是失业影响个人的身心健康。失去工作会使失业者的自尊心和自信心受到伤害。三是失业影响家庭声望。失业造成的心理压力跟年龄、失业持续时间有关。对年轻人而言，因其精力旺盛，持续的失业更容易使他们对社会失去信心，疏远社会。对于中年人来说，失去工作使其家庭负担更加沉重，家庭成员关系重新调整等。

② 失业影响社会稳定。当一个社会的失业问题严重时，失业者可能会采取

一些过激行为来表达自己的就业愿望，这样将给社会生产、生活秩序与社会稳定带来隐忧，甚至可能引发大规模的社会动荡。

③ 失业影响经济发展。首先，失业增加经济的运行成本。从国家的角度来看，国家要为失业者提供失业救济金和最低生活保障金，这些转移支付增加了政府的财政负担。当失业增加时，政府的税收亦会减少，将导致财政赤字增加。从社会的角度来看，被抛离到社会中去的大量失业者会发泄心中的不满，扰乱社会秩序，产生社会问题，增加社会负担。其次，失业带来了产出损失。最后，失业率不断上升也会影响整个社会的信心，对投资和消费带来不利影响，人们会因为未来失业状况的不确定性开始缩减预算，从而加速经济衰退。

④ 失业可能造成社会动荡，或者政权更迭。若失业人数过多，百姓生活无法保障，可能会出现公众游行、示威，冲击政府，要求现任政府下台的诉求。

2. 什么是自然失业率？它的决定因素是什么？自然失业率是否就是充分就业的失业率？

解析：（1）自然失业率是指在没有货币因素干扰的情况下，劳动力市场和商品市场的自发供求力量发挥作用时应有的、处于均衡状态下的失业率。

（2）自然失业率的大小受多种因素的影响，包括人口组成、部门差异、工会力量、社会的技术水平、劳动市场的组织状况、文化传统、各种劳动市场的政策（比如最低工资法、集体谈判法、失业保险以及在职培训计划等）。

（3）如果将自然失业率定义为劳动力市场处于均衡稳定状态下的失业率，那么自然失业率与充分就业的失业率是一致的，也就是说，如果实际失业率与自然失业率相等，那么经济被认为是充分就业的。

3. 西方经济学是怎么分析经济周期原因的？

解析：（1）较早期的经济周期理论包括消费不足论、投资过度论、货币信用过度论、创新经济周期论、太阳黑子论、政治经济周期论、乘数-加速数理论。

（2）静态的现代经济周期理论。新凯恩斯主义宏观经济学认为市场是不完善的，存在着包括垄断因素在内的各种不完全性，工资与物价存在着刚性，这些问题带来经济周期性波动。

新古典主义宏观经济学认为市场是完善的，工资与物价是可以灵活调整的，经济周期性波动的主要原因在于信息不完全和意料之外的外在冲击。

（3）动态的现代经济周期理论。实际经济周期理论描述经济活动的动态变化过程，也就是描述外在冲击对经济活动的影响随着时间推移而发生变化的轨迹。实际经济周期理论着力解决了两个问题：一是经济波动的根源；二是经济波动的传导机制。该理论认为，经济波动的根源是实际因素而不是货币因素。这些实际因素包括资源环境的一些不利变化（如农业歉收），战争、政治大动荡或者人口增减对经济现存运行秩序和结构的破坏，能源价格的显著变化和政府调控，技术革新、新产品开发等所造成的供给冲击。关于经济波动的传导机制，实际经济周期理论认为，在出现初始冲击后，存在三种传导机制将其影响传递到经济活动中去并加以放大，随着时间的推移而带来经济的持续波动。这三种传导机制分别是资本积累、替代效应、不同类型的调整成本。

动态随机一般均衡理论在实际经济周期理论的基础上主要做了两个方面的修改和补充：第一，动态随机一般均衡理论认为外在的冲击既有实际因素，又有货币因素。第二，动态随机一般均衡理论认为经济存在着各种不完善性，尤其是存在着工资和价格的刚性，这些特点影响着经济波动的动态过程。

4. 通货膨胀有哪几种类型？西方经济学是如何解释通货膨胀成因的？

解析：（1）根据不同的标准，通货膨胀有不同的分类：

① 按照通货膨胀的严重程度分：

a. 爬行的通货膨胀，又称温和的通货膨胀，其特点是通货膨胀率低而且比较稳定。

b. 加速的通货膨胀，又称奔驰的通货膨胀，其特点是通货膨胀率较高（一般在两位数以上），而且持续加剧。

c. 超速的通货膨胀，又称恶性通货膨胀，其特点是货币贬值可达到天文数字，物价上涨犹如脱缰的野马，完全失去了控制，每月通货膨胀率达到 50% 以上。

② * 按照对价格变动的结构特征分：

a. 非平衡的通货膨胀，即每种商品的价格上升比例不完全相同。

b. 平衡的通货膨胀，即每种商品的价格都按相同比例上升。

③ * 按通货膨胀可预期性分：

a. 非预期性通货膨胀，指价格上升速度超出人们的预期，或者人们根本没有想到价格会有如此的上升幅度。

b. 预期性通货膨胀，指经济主体据此预测未来通货膨胀趋势，或各经济主体自行推测未来通货膨胀趋势，从而相机抉择，保护自身利益免遭通货膨胀的影响。

④ *按市场机制的作用划分，通货膨胀可以分为以下两种类型：

a. 隐蔽型通货膨胀，也称抑制型通货膨胀。它是指在计划经济和价格管理下，通货膨胀不表现在价格总水平的上涨上。表面看，物价稳定，货币也稳定，但实际上商品短缺，是隐蔽性的物价上涨。

b. 公开型通货膨胀，也称开放型通货膨胀。它是指在市场经济和自由价格制度下一般物价水平公开、持续上涨。物价水平的上升幅度可以较准确地反映供求状况。

（2）西方经济学解释通货膨胀成因：

① 需求拉上型通货膨胀是从总需求的角度解释通货膨胀，认为通货膨胀是总需求超过总供给所引起的一般价格水平的持续显著的上涨，是“过多的货币追求过少的商品”的现象。

② 成本推动型通货膨胀是从供给方面来解释通货膨胀成因的，具体而言，成本推动型通货膨胀主要分为三种类型：工资推动型通货膨胀、利润推动型通货膨胀和进口型通货膨胀。

③ 结构型通货膨胀是指在总需求和总供给处于平衡状态时，由于经济结构性因素的变动所引起的物价普遍持续的上涨。

④ 货币主义学派对通货膨胀成因的解释。货币主义学派强调货币是影响总需求的主要因素。根据公式，$MV=PY$，由于货币流通速度的变化率、产出的变化率在长期内是常数，因此，可以得出结论：通货膨胀的产生主要是因为货币供给增加，如果中央银行保持货币供给稳定，那么物价水平也将稳定。

⑤ 惯性或者预期的通货膨胀。惯性是过去对现在、现在对将来的影响，预期是现在对将来的影响。由于这两种作用机制，通货膨胀一旦产生会进一步持续，可能愈演愈烈。

5. 通货膨胀最根本的原因是货币因素，这个说法对不对？请利用 *AD*-*AS* 模型和 *IS*-*LM* 模型进行分析。

解析：通货膨胀最根本的原因是货币因素，此说法正确。不管初始原因是什么，若没有货币的持续供应，通货膨胀无法持续。

（1）用总需求-总供给解释通货膨胀。

① 需求拉上型通货膨胀是从总需求的角度解释通货膨胀，认为通货膨胀是总需求超过总供给所引起的一般价格水平的持续显著的上涨，是“过多的货币

追求过少的商品”的现象（见图 13-1）。

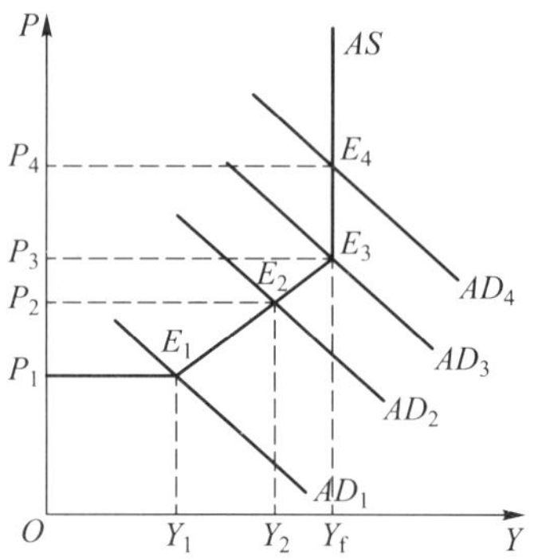

图 13-1 需求拉上型通货膨胀

② 成本推动型通货膨胀认为在没有超额需求的情况下，供给方面成本的提高也会引起一般价格水平持续和显著的上涨。具体而言，成本推动型通货膨胀主要分为三种类型：工资推动型通货膨胀、利润推动型通货膨胀、进口型通货膨胀（又称输入型通货膨胀）。图 13-2 用来说明成本推动型通货膨胀情形。成本上涨属于供给方面的冲击，此时不仅价格上涨，而且产量和就业还在减少。这种情况被称为滞胀。

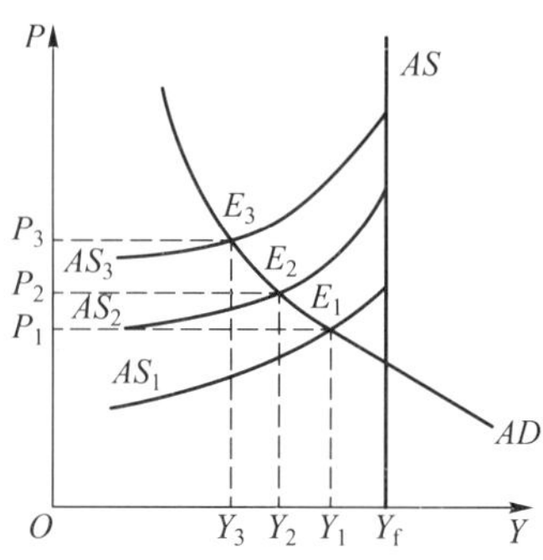

图 13-2 成本推动型通货膨胀

③ 实际经济生活中一般是供求混合型通货膨胀。

（2）用 *IS-LM* 来进行解释。

一是在既定价格水平上 *IS* 曲线向右移动，导致 *AD* 曲线向右移动。当社会上投资、政府支出或是净出口等增加时，使既定的价格水平上 *IS* 曲线向右移动，导致总需求增加，*AD* 曲线向右移动。但是当考虑长期情形时，*LM* 曲线处于垂直的古典区域，此时 *IS* 曲线向右移动不会导致总需求的增加，从而 *AD* 曲线不会向右移动。因此长期来看 *AD* 曲线向右移动不是由于 *IS* 一方的移动引起，只可能是 LM 一方向右移动引起。当央行增加货币供给量时，使得在既定的价格水平上 LM 曲线向右移动，从而使总需求增加，AD 曲线向右移动，从而引起通货膨胀。综上所述，通货膨胀最根本的原因是货币因素。

6. 什么是菲利普斯曲线？不同形状的菲利普斯曲线反映资本主义经济发生了哪些变化？

解析：1958 年，伦敦经济学院教授菲利普斯根据英国 1861—1957 年的数据绘制了失业率和货币工资增长率之间关系的曲线，这就是最早的菲利普斯曲线。该曲线显示了失业率和货币工资增长率之间负相关的关系。后来美国的经济学家得出通货膨胀率和失业率之间的负相关关系，这就是现在的菲利普斯曲线。但是长期而言，菲利普斯曲线呈现垂直形状。即无论通货膨胀率如何变化，对失业率均没有影响，失业率持续处于自然失业率水平。如果加入理性预期因素，即使是在短期，菲利普斯曲线也是垂直的，政府根本就没有操作的空间。

弗里德曼在其 1976 年的诺贝尔经济学奖获奖讲演中总结了菲利普斯曲线发展的三个阶段：第一个阶段是负斜率的；第二个阶段是垂直的，或者说短期倾斜但长期垂直；第三个阶段则是政府不断加速通货膨胀。美国经济管理者在 20 世纪 60 年代早期利用菲利普斯曲线调控经济尝到了甜头，但难以为继，到 70 年代遭遇惨重的失败。20 世纪 70 年代美国经济出现了多次滞胀，结果在美联储提高通货膨胀率以希望降低失业率的过程中，人们的预期开始“进化”，采取适应性预期，促使菲利普斯曲线不断上移，使得政府的政策空间越来越被挤压，而滞胀问题也就越来越严重。到最后人们采取理性预期，菲利普斯曲线一直是垂直的，通货膨胀率与失业率即使在短期也没有负相关关系，政策可以施展手脚的空间就荡然无存了。

7. 菲利普斯曲线与总供给曲线是什么关系？

解析：通货膨胀是物价的动态变化，同时失业与生产情况紧密相关。这表明，菲利普斯曲线事实上就是另外一个版本的总供给曲线。可以证明如下：

根据 AD-AS 模型理论，总供给曲线可以写成：

$$Y=Y^{*}+\alpha\ (P-P^{E})\ +v \tag{1}$$

式中：Y 代表总产量；Y^{*} 代表充分就业的总产量；P 代表物价水平；P^{E} 代表预期价格；v 代表供给冲击。为了找到通货膨胀率，将式（1）改写成：

$$P=P^{E}+\frac{1}{\alpha}(Y-Y^{*})-\frac{v}{\alpha} \tag{2}$$

从式（2）中减去上一期的物价水平，设其为 P_{-1}，可以得到：

$$P-P_{-1}=P^{E}-P_{-1}+\frac{1}{\alpha}(Y-Y^{*})-\frac{v}{\alpha} \tag{3}$$

总供给曲线式（1）中的变量常用的是对数值，因此 $P-P_{-1}$ 可以用来表示通货膨胀率，$P^{E}-P_{-1}$ 则是预期的通货膨胀率。同时，为简便起见，令 $\mu=-\frac{v}{\alpha}$，由此可以得到：

$$\pi=\pi^{E}+\frac{1}{\alpha}(Y-Y^{*})+\mu \tag{4}$$

式中：π 代表通货膨胀率；π^{E} 代表预期通货膨胀率。根据奥肯定律，式（4）右边的第二项与失业率相关，设这个关系为：

$$\frac{1}{\alpha}(Y-Y^{*})=-\beta(u-u^{*}) \tag{5}$$

式中：u 代表失业率；u^{*} 代表自然失业率。将式（5）代入式（4），就得到了最终版本的菲利普斯曲线：

$$\pi=\pi^{E}-\beta(u-u^{*})+\mu \tag{6}$$

式中，$\beta>0$，$\mu<0$。式（6）表明了通货膨胀率与失业率之间的负相关关系。

8. 可否利用菲利普斯曲线分别解释失业率的决定和通货膨胀率的决定？

解析：(1) 菲利普斯曲线就是另外一个版本的总供给曲线，知道 *AD* 曲线和 *AS* 曲线就可以确定国民收入和价格水平，进而确定失业率和通货膨胀率。所以可以利用菲利普斯曲线分别解释失业率和通货膨胀率的决定。

(2) 菲利普斯曲线对应的表达式 $\pi=\pi_{E}-\beta(u-u^{*})+\mu$。根据这个公式，通货膨胀率 π 的大小和变动主要取决于等式右边的三项。第一项是预期通货膨胀率。第二项是失业率的变化。第三项是供给冲击。如果发生能源价格上涨、农业歉收等对总供给的负面冲击，μ 就是一个正数，其值越大，π 就越高。

失业率的大小受到通货膨胀率的影响。在短期，如果 $\pi>\pi_{E}$，则失业率水平会低于自然失业率水平，体现在沿着同一条菲利普斯曲线上点向左的移动。但长期 $\pi=\pi_{E}$ 时，则失业率等于自然失业率。

9. 西方国家在利用菲利普斯曲线进行政策操作时，有没有像 *AD*-*AS* 模型分政策效果那样考虑到总需求方面的影响?

解析：扩张性的财政政策和货币政策可以增加总需求，得到一个更高的产出和价格水平，也就是得到一个低的失业率和高的价格水平。在菲利普斯曲线上，这体现为失业率和通货膨胀率沿菲利普斯曲线向左移动，即菲利普斯曲线上点的移动体现总需求的作用。所以在利用菲利普斯曲线进行政策操作时，考虑了总需求方面的影响，总需求是菲利普斯曲线的外生变量。

10. 怎么理解奥肯定律所解释的失业与产出之间的关系?

解析：失业与产出之间存在着反向变动的关系。这种变动关系最早是美国经济学家奥肯提出的，故称奥肯法则或奥肯定律。奥肯定律可用下面的公式表示：

$$\frac{Y-Y_f}{Y_f}=-\alpha\ (u-u^*)$$

上式中，Y 代表实际产出，Y_f 代表潜在产出，u 代表失业率，u^* 代表自然失业率，α 代表大于零的参数。奥肯定律经验表达式为：$\frac{\Delta Y}{Y}=3\%-2\Delta u$，这个式子也表明，失业率每高于自然失业率 1 个百分点，经济增长率会比充分就业的增长率低 2 个百分点。

奥肯定律的一个重要的结论是：在 GDP 没有达到充分就业水平时，实际 GDP 必须保持与潜在 GDP 同样快的增长速度，以防止失业率上升。也就是说，实际 GDP 必须不断增长才能保持失业率停留在原来水平上。如果政府想让失业率下降，那么该经济社会实际 GDP 的增长速度必须快于潜在 GDP 的增长速度。

第三部分 精 编 习 题

一、单项选择题

1. 用 a 表示劳动年龄人口数，b 表示失业人数，c 表示就业人数，那么失业率的公式为（　　）。

A. $\frac{b}{a}$　　B. $\frac{b}{c}$　　C. $\frac{b}{b+c}$　　D. $\frac{b}{a+c}$

2. 假设某社会的失业率是 6%，那么该社会的就业人数和失业人数可

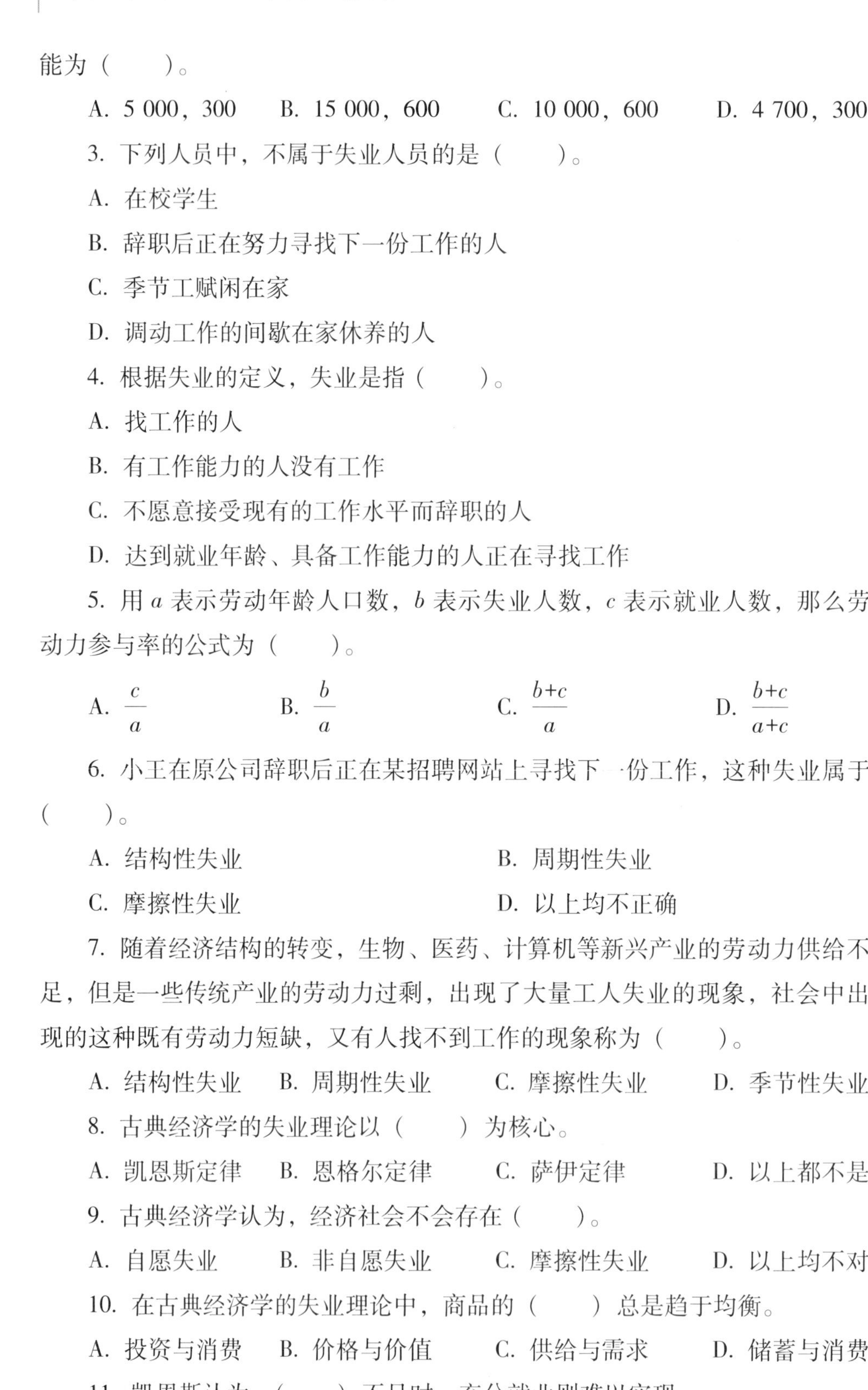

能为（　　）。

A. 5 000，300　B. 15 000，600　C. 10 000，600　D. 4 700，300

3. 下列人员中，不属于失业人员的是（　　）。

A. 在校学生

B. 辞职后正在努力寻找下一份工作的人

C. 季节工赋闲在家

D. 调动工作的间歇在家休养的人

4. 根据失业的定义，失业是指（　　）。

A. 找工作的人

B. 有工作能力的人没有工作

C. 不愿意接受现有的工作水平而辞职的人

D. 达到就业年龄、具备工作能力的人正在寻找工作

5. 用 a 表示劳动年龄人口数，b 表示失业人数，c 表示就业人数，那么劳动力参与率的公式为（　　）。

A. $\frac{c}{a}$　B. $\frac{b}{a}$　C. $\frac{b+c}{a}$　D. $\frac{b+c}{a+c}$

6. 小王在原公司辞职后正在某招聘网站上寻找下一份工作，这种失业属于（　　）。

A. 结构性失业　B. 周期性失业

C. 摩擦性失业　D. 以上均不正确

7. 随着经济结构的转变，生物、医药、计算机等新兴产业的劳动力供给不足，但是一些传统产业的劳动力过剩，出现了大量工人失业的现象，社会中出现的这种既有劳动力短缺，又有人找不到工作的现象称为（　　）。

A. 结构性失业　B. 周期性失业　C. 摩擦性失业　D. 季节性失业

8. 古典经济学的失业理论以（　　）为核心。

A. 凯恩斯定律　B. 恩格尔定律　C. 萨伊定律　D. 以上都不是

9. 古典经济学认为，经济社会不会存在（　　）。

A. 自愿失业　B. 非自愿失业　C. 摩擦性失业　D. 以上均不对

10. 在古典经济学的失业理论中，商品的（　　）总是趋于均衡。

A. 投资与消费　B. 价格与价值　C. 供给与需求　D. 储蓄与消费

11. 凯恩斯认为，（　　）不足时，充分就业则难以实现。

A. 国民收入　　B. 国外需求　　C. 有效需求　　D. 政府需求

12. 失业率与实际国民生产总值之间的反向变动关系称为（　　）。

A. 奥肯定律　　B. 菲利普斯曲线　　C. 洛伦兹曲线　　D. 恩格尔定律

13. 根据奥肯定律，要降低一个国家的失业率，就要提高该国的（　　）。

A. 商品价格　　B. 劳动力人数　　C. 产出水平　　D. 消费者人数

14. 假设某国消费者的“商品篮子”中只有苹果和橘子两种水果，2020 年苹果价格是 5 元/千克，橘子的价格是 6 元/千克。2021 年苹果的价格是 6 元/千克，橘子的价格是 7 元/千克。购买数量分别为 10 千克苹果，20 千克橘子。如果以 2020 年为基期，2021 年该国 CPI 是（　　）。

A. 117.6　　B. 118.9　　C. 111.2　　D. 102.2

15. 在我国，CPI 的统计数据由（　　）统计公布。

A. 中国人民银行　B. 财政部　　C. 国家统计局　　D. 银保监会

16. 2021 年消费者价格指数为 100，2022 年消费者价格指数为 102，则通货膨胀率为（　　）。

A. 2%　　B. 4%　　C. 5%　　D. 12%

17. 当价格上涨的幅度为（　　）时，可以称为加速的通货膨胀。

A. 3%　　B. 8%　　C. 50%　　D. 300%

18. 已知充分就业的国民收入是 10 000 亿美元，实际国民收入是 9 800 亿美元，$MPC=0.8$，则减少 1 000 亿美元的税收后，经济可能发生（　　）。

A. 需求拉上型通货膨胀　　B. 成本推动型通货膨胀

C. 结构型通货膨胀　　D. 需求不足的失业

19. 关于通货膨胀，下面说法错误的是（　　）。

A. 由于国家的黄金储备量过多引起　　B. 物价普遍上涨

C. 物价持续上涨　　D. 由于超发货币引起

20. 下列通货膨胀的原因中，最可能引起成本推动型通货膨胀的是(　　)。

A. 需求上涨　　B. 投资增加

C. 工资上涨　　D. 政府购买增加

21. 短期当经济处于总供给过剩的阶段时，需求的上升通常（　　）引起需求拉上型通货膨胀。

A. 不会　　B. 会　　C. 很可能会　　D. 以上都对

22. 当经济达到充分就业时，总需求仍在增加，此时产量水平（　　），价格水平（ ）。

A. 上升，上升 B. 上升，不变 C. 不变，上升 D. 不变，不变

23. 凯恩斯学派解释需求拉上型通货膨胀，使用的图形工具是（ ）。

A. 凯恩斯主义交叉图 B. *IS–LM* 模型

C. *AD–AS* 模型 D. 流动偏好模型

24. 劳动力人数的急剧下降所引起的通货膨胀称为（ ）。

A. 成本推动型通货膨胀 B. 需求拉上型通货膨胀

C. 结构型通货膨胀 D. 混合型通货膨胀

25. 当产品价格的上涨速度超过了产品成本增长的速度，导致的总体物价水平上升被称为（ ）。

A. 利润推动型通货膨胀 B. 需求拉上型通货膨胀

C. 结构型通货膨胀 D. 混合型通货膨胀

26. 在 *AD–AS* 模型中，成本推动型通货膨胀除了导致价格上升，（ ）也会下降。

A. 成本 B. 利润 C. 投资 D. 产量

27. 在货币数量方程式 $MV=PT$ 中，由于对交易总量 T 的衡量有一定的困难，一般用经济中的（ ）来替换 T。

A. 总产出 B. 个人收入

C. 个人可支配收入 D. 国内生产净值

28. 货币主义学派认为通货膨胀的产生主要是由于（ ）增长过快导致的。

A. 价格 B. 出于交易动机而持有的货币量

C. 货币供给量 D. 出于投机动机而持有的货币量

29. （ ）又可以称为企业调整价格的成本。

A. 鞋底成本 B. 菜单成本 C. 机会成本 D. 隐性成本

30. 通货膨胀会使（ ）受益。

A. 债权人 B. 债务人

C. 退休人员 D. 持有大量现金的人

31. 若发生通货膨胀，则总产出（ ）。

A. 上升 B. 下降 C. 不变 D. 不确定

32. 由菲利普斯本人所提出的最早版本的菲利普斯曲线描绘的是（ ）

之间的关系。

A. 通货膨胀率与失业率　　B. 货币工资增长率与失业率

C. 产出增长率与失业率　　D. 通货膨胀率与产出增长率

33. 关于常规的菲利普斯曲线，说法正确的是（　　）。

A. 通货膨胀率与失业率之间负相关　　B. 实际产出与失业率之间负相关

C. 通货膨胀率与失业率之间正相关　　D. 实际产出与失业率之间正相关

34. 根据常规的菲利普斯曲线，如果政府希望降低失业率，可以通过（　　）来实现。

A. 提高企业利润　　B. 降低企业所得税

C. 提高通货膨胀率　　D. 降低消费者效用水平

35. 长期菲利普斯曲线说明（　　）。

A. 政府的需求管理政策有效　　B. 实际产出与失业率之间负相关

C. 通货膨胀率与失业率之间正相关　　D. 政府的需求管理政策无效

36. 根据菲利普斯曲线的代数表达式，当长期人们预期正确时，（　　），菲利普斯曲线变成一条垂直线。

A. $u>u^*$　　B. $u=u^*$　　C. $u<u^*$　　D. u 与 u^* 无关

37. 在（　　）的大力推动下，宏观经济学从 20 世纪 80 年代开始广泛地利用理性预期进行理论分析。

A. 卢卡斯　　B. 凯恩斯　　C. 弗里德曼　　D. 克鲁格曼

38. 按发展顺序，一个经济周期可以分为（　　）四个阶段。

A. 繁荣、衰退、萧条、复苏　　B. 繁荣、萧条、衰退、复苏

C. 衰退、繁荣、萧条、复苏　　D. 复苏、衰退、萧条、繁荣

39. 与经济繁荣相伴的经济特征有（　　）。

A. 收入提高　　B. 价格下降　　C. 失业率上升　　D. 通货紧缩

40. 中周期对应的经济波动时间为（　　）。

A. 5~6 年　　B. 9~10 年　　C. 50~60 年　　D. 90~100 年

41. 实际经济周期理论认为经济波动的根源是实际因素，这些实际因素不包括（　　）。

A. 农业歉收　　B. 战争

C. 货币供给量变化　　D. 人口数量急剧减少

42. 实际经济周期理论认为经济波动的根源是实际因素，这些实际因素中

最值得研究的是（　　）。

A. 政治动荡　　B. 国家关系

C. 技术冲击　　D. 人口数量变化

二、多项选择题

1. 以下属于非劳动力的是（　　）。

A. 在校大学生　　B. 家庭主妇

C. 退休人员　　D. 放弃寻找工作的“沮丧劳动者”

2. 下列各项失业不是由于经济衰退引起的是（　　）。

A. 摩擦性失业　　B. 结构性失业

C. 周期性失业　　D. 自愿失业

3. 根据凯恩斯对失业原因的解释，（　　）不足时，非自愿失业就会产生。

A. 消费　　B. 投资　　C. 储蓄　　D. 有效需求

4. 下列原因可能导致工资黏性的是（　　）。

A. 强大的工会力量

B. 雇主与雇员之间达成的“隐含合同”

C. 为了保持较高的劳动生产率

D. 防止被培训了的新雇员被其他企业高薪挖走

5. 以下关于自然失业率的说法正确的是（　　）。

A. 等于 0

B. 充分就业的失业率

C. 大于 0

D. 是劳动市场处于供求稳定状态时的失业率

6. 根据奥肯定律，有关失业率与实际国民生产总值之间的关系，下面说法不正确的是（　　）。

A. 二者呈负相关关系

B. 二者呈正相关关系

C. 二者在经济繁荣时正相关，经济衰退时负相关

D. 以上都对

7. CPI 的值不可能为（　　）。

A. 正数　　B. 负数

C. 0　　D. 小于 100 的数

8. 计算 CPI 时，包括的步骤有（　　）。

A. 确定消费者购买的一个“商品篮子”

B. 指定基期，计算在基期价格下“商品篮子”的费用额

C. 计算现期价格下“商品篮子”的费用额

D. 用现期的费用额减去基期的费用额

9. 通货膨胀按照成因分类，可分为（　　）。

A. 需求拉上型通货膨胀　　B. 成本推动型通货膨胀

C. 结构型通货膨胀　　D. 季节型通货膨胀

10. 成本推动型通货膨胀，可能由（　　）引起。

A. 工资上涨　　B. 追求超高利润

C. 失业率上升　　D. 进口品价格上涨

11. 需求拉上型通货膨胀，可能由（　　）引起。

A. 政府购买增加　　B. 追求超高利润

C. 投资增加　　D. 消费增加

12. 根据 $MV=PT$，（　　）的上升会带来一般价格水平的上升。

A. M　　B. V　　C. T　　D. 以上都对

13. 下列政策可以用于治理需求拉上型通货膨胀的是（　　）。

A. 人力政策　　B. 收入政策　　C. 财政政策　　D. 货币政策

14. 以下关于滞胀的说法，错误的是（　　）。

A. 产出和一般物价水平的同时上涨

B. 产出和一般物价水平的同时下降

C. 一般物价水平上升，同时实际产出和就业下降

D. 一般物价水平下降，同时实际产出和就业增加

15.（　　）属于通货膨胀产生的社会成本。

A. 鞋底成本　　B. 菜单成本

C. 税收扭曲　　D. 劳动力工资

16. 以下属于萧条阶段经济特征的有（　　）。

A. 产品滞销　　B. 价格上升　　C. 信用紧缩　　D. 失业增加

17. 经济周期的类型有（　　）。

A. 康德拉季耶夫周期　　B. 朱格拉周期

C. 基钦周期　　D. 凯恩斯周期

18. 现代西方经济学关于经济周期的主流理论有共同的内核，它们是（　　）。

A. 建立在微观基础上　　B. 坚持理性预期的假设

C. 坚持适应性预期的假设　　D. 建立在宏观基础上

19. 实际经济周期理论认为，在出现初始冲击后，存在三种传导机制将其影响传递到经济活动中去并加以放大，随着时间的推移而带来经济的持续波动。这三种传导机制是（　　）。

A. 资本积累　　B. 替代效应

C. 不同类型的调整成本　　D. 收入效应

20. 新凯恩斯主义宏观经济学保留了实际经济周期理论核心分析思路和建立模型的方法，并做出了修改和补充，包括（　　）。

A. 外在冲击也包括货币因素　　B. 工资刚性

C. 价格刚性　　D. 个体理性

三、判断题

1. 古典经济学认为，充分就业是经济生活的常态。（　　）

2. 充分就业状态下自然失业率为 0。（　　）

3. 非自愿失业是指劳动者愿意接受现有的工资水平但找不到工作岗位的现象。（　　）

4. 社会中有失业者的存在意味着目前没有空缺工作岗位了。（　　）

5. 新凯恩斯主义推翻了原凯恩斯主义关于货币工资刚性的假设。（　　）

6. 根据新凯恩斯主义经济学的观点，在短期，当失业率上升时，雇佣员工变得非常简单，企业会采取调低现有雇员工资的方法而雇佣更多的工人。（　　）

7. 计算 2022 年的 CPI 时，基期就应该选择 2021 年，即计算期的前一年。（　　）

8. 肉、蛋、奶在人们的日常生活中处于非常重要的基础性地位，当它们的价格大幅上涨时，可以说发生了通货膨胀。（　　）

9. 当一般物价水平上涨时，人们的实际购买力也会增加。（　　）

10. 温和的通货膨胀也一定对经济有伤害。(　　)

11. 当恶性通货膨胀发生时，由于物价太高，人们都会把钱留在手中而不去消费。(　　)

12. 当总需求与总供给处于平衡状态时，就不会发生通货膨胀。(　　)

13. 货币流通速度是指在一定时期内（如一年）平均 1 单位货币用于购买最终产品与服务的次数。(　　)

14. 货币主义学派认为，通货膨胀的产生主要是因为货币供给增加，如果中央银行保持货币供给稳定，那么物价水平也将稳定。(　　)

15. 通货膨胀是指一般物价水平普遍持续的上涨，因此发生通货膨胀时，大家都是受害者。(　　)

16. 平衡的和预期到的通货膨胀不会对产量和就业产生影响。(　　)

17. 预期的通货膨胀是指每种商品都在涨价。(　　)

18. 当菲利普斯曲线呈垂直形状时，意味着一个较高的通货膨胀率就可以对应一个较低的失业率，因而政府可以通过需求管理政策提高通货膨胀率而降低失业率。(　　)

19. 根据适应性预期理论，长期而言，失业率与通货膨胀率之间没有关系，即无论通货膨胀率如何变化，失业率都处于自然失业率水平。(　　)

20. 适应性预期是指人们在预测经济变量未来的走势时，会利用所有可得的信息和知识做最好的处理，来求得该经济变量的期望值。(　　)

21. 经济相对萎缩时期物价总水平在较长时间内持续下降、货币不断升值的经济现象是通货紧缩。(　　)

22. 当通货紧缩发生时，价格水平普遍下降，有利于消费者，因此通货紧缩是有利于经济的。(　　)

23. 通货紧缩发生时，货币流通速度急剧上升。(　　)

24. 滞胀是指经济生活中出现了生产停滞、失业增加和物价水平居高不下同时并存的现象。(　　)

25. 市场经济中，如果政府调控得当，就可以避免经济周期的发生。(　　)

26. 一个经济周期持续的时间至少是 20 年以上。(　　)

27. 康德拉季耶夫周期对应的是长周期。(　　)

28. 基钦周期的提出人基钦认为，企业生产过多时就会形成存货，从而减少生产，因此造成经济波动。(　　)

29. 熊彼特提出，竞争是经济增长的动力，也是经济周期的根源。( )

30. 货币信用过度论认为经济波动是银行货币和信用波动的结果，经济周期是一种货币现象。( )

31. 加速数原理是乘数原理的反面，是指投资增加会导致国民收入成倍增加。( )

32. 新凯恩斯主义宏观经济学认为市场是完善的，工资与物价是可以灵活调整的，经济周期性波动的主要原因在于信息不完全和意料之外的外在冲击。( )

四、名词解释

1. 非自愿失业 2. 自然失业率 3. 通货膨胀率 4. 通货膨胀税 5. 奥肯定律 6. 温和的通货膨胀 7. 奔驰的通货膨胀 8*. 平衡的通货膨胀 9*. 非平衡的通货膨胀 10*. 未预期到的通货膨胀 11*. 预期到的通货膨胀 12. 需求拉上型通货膨胀 13. 成本推动型通货膨胀 14. 结构型通货膨胀 15. 短期的菲利普斯曲线 16. 长期菲利普斯曲线 17. 菜单成本 18. 鞋底成本 19*. 牺牲率 20*. 痛苦指数 21. 自愿失业 22. 自然失业 23. 指数化政策

五、问答题

1. 失业的类型有哪些?

2. 成本推动型通货膨胀有哪几种类型?

3. 货币主义学派是怎么解释通货膨胀成因的?

4. 通货膨胀造成的社会成本有哪些?

5. 通货膨胀对收入与分配的影响如何?

6. 通货膨胀的产出效应表现在哪些方面?

7. 弗里德曼在其 1976 年的诺贝尔经济学奖获奖讲演中总结了菲利普斯曲线的发展分为哪几个阶段?

8. 短期菲利普斯曲线与长期菲利普斯曲线有哪些区别?

9. 通货紧缩的经济特征有哪些?

10. 通货紧缩对经济会造成哪些负面影响?

11. 经济周期的一般特征有哪些?

12. 经济周期各阶段有哪些主要特征?

13. 西方经济周期理论有哪些共同的特征?

六、计算题

1. 根据奥肯定律，某个国家的自然失业率是5%，充分就业的经济产出是6 000亿美元，奥肯系数是2。问:（1）当该国的产出是5 000亿美元时，该国的失业率为多少?（2）当该国失业率为6%时，实际产出为多少?

2. 假定某地区的劳动年龄人口为5 000人，其中有500人因为一些原因不想找工作，除此之外，还有1 000人为非劳动力，300人为失业者，该地区的劳动力参与率与失业率各为多少?

3. 假定一个经济体系中只生产两种商品：面包和牛奶。2020年、2021年两种商品的价格和产量分别如表13-1所示。以2020年为基期。

表13-1　2020年、2021年两种商品的价格和产量

年份	价格		产量	
	面包	牛奶	面包	牛奶
2020	3.0	1.5	200	150
2021	3.5	2.2	300	160

（1）2021年的CPI是多少?（购买商品的数量以2020年为参照）

（2）2021年的通货膨胀率是多少?

4. 假设一国的菲利普斯曲线为$\pi=\pi_{-1}-0.4\ (u-0.05)$，求:

（1）该经济中自然失业率是多少?

（2）画出该经济的短期和长期菲利普斯曲线。

（3）为了使通货膨胀率减少3个百分点，必须有多少周期性失业?

5. 假设一国的菲利普斯曲线为$\pi=\pi^{e}-3\ (u-u_n)$，自然失业率u_n为5%，对通货膨胀的预期为适应性预期，中央银行对下一年的通货膨胀目标为2%。

（1）如果当前的通货膨胀率为5%，那么中央银行为实现下一年的通货膨胀目标，能够引起的失业率是多少?

（2）如果中央银行在次年继续保持2%的通货膨胀目标，那么失业率将是多少?

七、案例分析题

一般而言，商品市场上商品的价格随供求变化上下波动。在劳动力市场上，劳动力的价格（货币工资水平）会随着劳动力市场上的供求状况而上下波动吗？请用新凯恩斯主义经济学的观点，阐述劳动力市场上货币工资在短期内具有黏性的原因。

第四部分 精编习题详解

一、单项选择题

1. 答案 C，解析：失业率 = 失业人数/劳动力人数，劳动力人数 = 失业人数+就业人数。

2. 答案 D，解析：根据公式失业率 = 失业人数/劳动力人数，劳动力人数 = 失业人数+就业人数，将各个选项往公式里代入试算即可。$\frac{300}{4\ 700+300}=6\%$。

3. 答案 A，解析：A 属于非劳动力，不属于劳动力范畴，更不可能是失业人员。

4. 答案 D，解析：根据失业的定义，失业是指处于法定劳动年龄阶段、具有劳动能力且有工作意愿的劳动者找不到工作岗位的经济现象。A、B、C 错，无年龄限制。

5. 答案 C，解析：劳动力参与率 = 劳动力人数/劳动年龄人口数，劳动力人数 = 失业人数+就业人数。

6. 答案 C，解析：雇员主动辞职后，正在花费时间搜寻更合适自己的职位属于摩擦性失业；结构性失业源于工人的技能和职位要求持续不匹配；周期性失业是由于经济衰退而造成的失业。

7. 答案 A，解析：结构性失业是源于工人的技能和特征与工作要求的持续不匹配所造成的失业。失业人员需要经过一段时间的培训才能上岗。

8. 答案 C，解析：古典经济学认同萨伊定律，按照萨伊定律解释失业原因，认为充分就业是一个始终存在的倾向。其他选项均错误。

9. 答案 B，解析：古典经济学认为，充分就业是一个始终存在的倾向，如果社会存在失业，那么也只是摩擦性失业和自愿失业，只是在生产过程中局部的、暂时的失调。

10. 答案 C，解析：古典经济学认为一种商品生产、销售必然为其他商品的生产、销售创造条件，因为不会出现生产过剩。同时每一个商品生产者都是理性的，会尽力扩大生产、销售，从而供给与需求总是趋于相等。

11. 答案 C，解析：根据凯恩斯理论，当有效需求不足时，产出水平会低于充分就业的产出水平，从而使充分就业难以实现。

12. 答案 A，解析：此题考查奥肯定律的含义，奥肯定律是指失业与产出之间存在着反向变动的关系。

13. 答案 C，解析：奥肯定律是指失业与产出之间存在着反向变动的关系。

14. 答案 A，解析：$CPI=\frac{6\times10+7\times20}{5\times10+6\times20}=117.6$。

15. 答案 C，解析：在我国，CPI 的统计数据由国家统计局统计公布。

16. 答案 A，解析：$\frac{102-100}{100}\times100\%=2\%$。

17. 答案 C，解析：加速的通货膨胀一般指通货膨胀率在两位数到三位数之间。

18. 答案 A，解析：税收乘数为$-\frac{MPC}{1-MPC}=-4$，减税 1 000 亿美元后，国民收入的增量为 4 000 亿美元，4 000+9 800＝13 800 亿美元，大于 10 000 亿美元，意味着总需求的增加形成需求拉上型通货膨胀。

19. 答案 A，解析：通货膨胀是指一个经济体在一定时期内价格水平普遍、持续的上升。产生通货膨胀的原因有需求拉上型、成本推动型、结构型以及货币主义学派提出的货币供给量增长过快导致的通货膨胀。

20. 答案 C，解析：其他三项都是需求侧的变动，而成本推动型的通货膨胀是从供给侧的角度分析的。

21. 答案 A，解析：短期总供给过剩时，总供给曲线处于水平位置，需求曲线向右移动不会改变价格。

22. 答案 C，解析：经济充分就业时，总供给曲线处于垂直形状，总需求曲线向右移动不会改变产量，只会导致价格上升。

23. 答案 C，解析：在 *AD-AS* 模型中，纵轴是一般价格水平，可以用来解释价格上升的通货膨胀问题。

24. 答案 A，解析：劳动力人数的急剧下降导致劳动力成本上涨，属于成本推动型通货膨胀。

25. 答案 A，解析：利润推动型的通货膨胀，一般指一些可以控制市场价格的寡头企业为了追逐更多的利润，使价格上涨速度大大超过成本增长速度造成的。

26. 答案 D，解析：在 AD–AS 模型中，总供给曲线向左移动会导致价格上涨，产量下降。

27. 答案 A，解析：此题考查数量方程式中各变量的含义。数量方程式中，M 代表货币供给量，V 表示货币流通速度，P 代表平均价格水平，T 代表一定时期内产品和服务的交易总量，一般用产出 Y 来代替。

28. 答案 C，解析：货币主义学派认为通货膨胀的产生主要是由于货币供给量增长过快导致的。

29. 答案 B，解析："菜单成本"又称为调整价格的成本。在通货膨胀期间，企业可能不得不经常更换产品的报价。改变报价是需要花费成本的，包括研究和确定新价格的成本、重新编印价目表的成本、通知销售点更换价格标签的成本等。这种成本犹如餐馆印刷新的菜单的成本一样，故称为"菜单成本"。

30. 答案 B，解析：通货膨胀不利于债权人、固定收入者和持有现金资产的人。除 B 选项外，其他三个选项都是通货膨胀的受损者。

31. 答案 D，解析：不同类型的通货膨胀对社会总产出的影响不同。

32. 答案 B，解析：原始菲利普斯曲线描述的是货币工资增长率与失业率之间的替换关系。

33. 答案 A，解析：常规的菲利普斯曲线描述了通货膨胀率和失业率之间的负相关关系。

34. 答案 C，解析：菲利普斯曲线描绘的是失业率与通货膨胀率之间的反向替代关系，在以通货膨胀率为纵轴，以失业率为横轴的坐标图中，其是一条向右下方倾斜的曲线。

35. 答案 D，解析：长期菲利普斯曲线是一条垂直线，表示通货膨胀率与失业率之间的替换关系不存在，政府的需求管理政策无效。

36. 答案 B，解析：当考虑预期因素时，根据公式 $\pi=\pi^{E}-\beta(u-u^{*})+\mu$，人们预期正确意味着 $\pi=\pi^{E}$，所以有 $u=u^{*}$。

37. 答案 A，解析：理性预期理论的代表是卢卡斯。

38. 答案 A，解析：此题考查经济周期的四个阶段。

39. 答案 A，解析：经济繁荣时期的特征是生产迅速增加、投资增加、信用扩张、物价水平上升、就业增加，公众对未来持乐观态度。

40. 答案 B，解析：经济学家朱格拉提出的朱格拉周期对应的是中周期，其指出经济存在着 9~10 年的周期波动。

41. 答案 C，解析：实际经济周期理论认为，经济波动的根源是实际因素而不是货币因素。这些实际因素包括资源环境的一些不利变化（如农业歉收），战争、政治大动荡或者人口增减对经济现存运行秩序和结构的破坏，能源价格的显著变化和政府调控，技术革新、新产品开发等所造成的供给冲击。

42. 答案 C，解析：实际经济周期理论把技术冲击作为经济波动的根源，认为最值得研究的是技术冲击。

二、多项选择题

1. 答案 ABCD，解析：劳动力包括就业者和失业者。失业是处于法定劳动年龄阶段、具有劳动能力且有工作意愿的劳动者找不到工作岗位的现象。A、B、C、D 不属于就业者和失业者，是非劳动力。

2. 答案 ABD，解析：周期性失业是指在宏观经济运行过程中，随经济衰退而上升，随经济扩张而下降的失业。

3. 答案 ABD，解析：凯恩斯认为，当消费、投资需求不足时，对应的产出会低于充分就业的产出，从而产生失业。A、B 选项都是总需求的组成部分。

4. 答案 ABCD，解析：新凯恩斯主义者继承了凯恩斯主义关于货币工资刚性的假设，认为工资在短期内具有黏性，并对此进行了解释，提出了劳动工资合同论、隐含合同论、局内人-局外人理论和效率工资理论。

5. 答案 BCD，解析：当一个经济体中不存在周期性失业，所有失业都是摩擦性失业和结构性失业时，该经济体便达到了充分就业。充分就业状态下的失业率被称为自然失业率。所以自然失业率是大于 0 的，因为此时还有摩擦性失业和结构性失业。

6. 答案 BCD，解析：此题考查奥肯定律的含义，奥肯定律是指失业与产出之间存在着反向变动的关系。

7. 答案 BC，解析：根据公式，$\text{CPI}=\dfrac{\text{现期价格下“商品篮子”的费用额}}{\text{基期价格下“商品篮子”的费用额}}\times 100$，CPI 的值不可能是负数和 0。CPI 可能小于 100，表示物价水平下降了。

8. 答案 ABC，解析：根据公式，选项 D 应该改为用现期费用额除以基期费用额，再乘以 100。

9. 答案 ABC，解析：通货膨胀按照成因分类，可分为需求拉上型、成本推动型、结构型通货膨胀。

10. 答案 ABD，解析：成本推动型通货膨胀包括工资推动型、利润推动型和进口品价格上涨的输入型通货膨胀。失业率上升可能伴随价格下降，不会引起成本推动型的通货膨胀。

11. 答案 ACD，解析：B 项属于成本推动型的通货膨胀。

12. 答案 AB，解析：当等式左边的 M 或 V 的数值变大时，为了保持等式两边相等，P 会有上升的趋势。

13. 答案 CD，解析：应付需求拉上型通货膨胀的方法是需求管理的宏观经济政策，包括财政政策和货币政策。

14. 答案 ABD，解析：滞胀的含义是经济产出停滞与物价上涨并存的现象。

15. 答案 ABC，解析：除了 D 选项，都是通货膨胀产生的社会成本。劳动力工资属于一般成本，不是由通货膨胀引起的。

16. 答案 ACD，解析：萧条经济的特征是投资减少、产品滞销、价格下跌、企业利润下降、信用紧缩、生产减少、失业增加，公众对未来持悲观态度。

17. 答案 ABC，解析：A、B、C 分别对应着长周期、中周期和短周期。不存在凯恩斯周期的说法。

18. 答案 AB，解析：当前西方经济学关于经济周期的主流理论有共同的内核：一是都建立在微观基础上，从个体的最优化行为出发解释宏观层面的经济周期性波动；二是坚持理性预期的假设，认为个体在进行有关未来的决策时，会以理性预期的方式预测未来的经济变量。

19. 答案 ABC，解析：A 选项资本积累是假定技术冲击影响新资本品形成。一旦技术变化带来产量变动，必然引起下个时期的资本变化，从而再度带来产量变化。B 选项替代效应包括期内消费和闲暇的相互替代，以及跨期的劳动替代。C 选项调整成本有资本重置的调整成本和劳动调整成本。如果出现资本或劳动的调整，市场经济就会对价格的调整做出本能的反应。调整结果可能出现一个比初始冲击幅度更大的产出下降或者上升。不包括 D 选项。

20. 答案 ABC，解析：新凯恩斯主义宏观经济学主要做了两个方面的修改和补充：第一，动态随机一般均衡理论认为外在的冲击既有实际因素，又有货币因素。实际经济周期理论仍然坚持货币中性的观点，而动态随机一般均衡理论认为货币是非中性的。第二，动态随机一般均衡理论认为经济存在着各种不完善性，尤其是存在着工资和价格的刚性，这些特点影响着经济波动的动态过程。

三、判断题

1. 答案√，解析：古典经济学认为，充分就业是经济生活的常态，如果社会存在失业，那么也只是摩擦性失业和自愿性失业，只是在生产过程中局部的、暂时的失调。不存在凯恩斯后来提出的因为经济衰退而造成的非自愿失业。

2. 答案×，解析：当一个经济体中不存在周期性失业，所有失业都是摩擦性失业和结构性失业时，该经济体便达到了充分就业。充分就业状态下的失业率被称为自然失业率。所以自然失业率是大于0的，因为此时还有摩擦性失业和结构性失业。

3. 答案√，解析：此题考查非自愿失业的定义。自愿失业是指劳动者不愿意接受现有的工资水平而失业的现象。

4. 答案×，解析：例如，当经济中出现结构性失业时，就会出现既有职位空缺又有失业的情况。

5. 答案×，解析：新凯恩斯主义接受原凯恩斯主义关于货币工资刚性的假设。

6. 答案×，解析：新凯恩斯主义者继承了原凯恩斯主义关于货币工资刚性的假设，认为工资在短期内具有黏性，并提出了劳动工资合同论、隐含合同论、局内人-局外人理论和效率工资理论来解释工资在短期不会下降的原因。因此根据新凯恩斯主义的观点，企业在短期不会随意调低雇员工资。

7. 答案×，解析：计算CPI可以根据需要选定不同的基期。

8. 答案×，解析：通货膨胀是指一般物价水平普遍持续的上涨，是大部分商品、物价总水平的上涨以及持续的上涨。题干仅仅提到肉、蛋、奶，也没有提上涨的持续时间，比较片面。

9. 答案×，解析：当一般物价水平上涨时，人们在名义工资不变的情况下，实际购买力会下降。

10. 答案×，解析：温和的、较低的通货膨胀率对经济有一定的刺激作用，不能说一定伤害经济。

11. 答案×，解析：发生恶性通货膨胀时，物价上涨速度特别快，人们需要尽快将手中货币换成实物，避免贬值带来的损失。

12. 答案×，解析：发生通货膨胀时，总需求和总供给可以处于平衡状态。

13. 答案√，解析：本题考查货币流通速度的定义。

14. 答案√，解析：货币主义学派的代表人物弗里德曼认为，通货膨胀在任何时候任何地点都是一个货币现象。货币主义学派认为，只有货币超发才会发生通货膨胀，只要货币超发就会发生通货膨胀。

15. 答案×，解析：此题的说法过于极端。通货膨胀会影响社会收入分配。例如：通货膨胀不利于债权人、固定收入者，但有利于债务人。

16. 答案√，解析：预期到的通货膨胀是指在较平稳的经济运行中，物价水平年复一年地按照某一比例或幅度上升，一国的居民可以预测到未来一年的物价水平，并据此调整自己的消费和储蓄行为，工资、利率和租金都将按照与各产品价格上升幅度相同的比例增长，实际工资和实际利率都不会发生变化，因而产量和就业也不会受到影响。

17. 答案×，解析：平衡的通货膨胀是指每种商品的价格均按同一比例上升，预期的通货膨胀是市场主体可以准确推测通货膨胀的发展趋势。

18. 答案×，解析：当菲利普斯曲线呈垂直形状时，意味着通货膨胀率和失业率之间的替代关系消失，政府的需求管理政策无效。

19. 答案√，解析：在适应性预期下，通货膨胀率与失业之间的交替关系在短期内存在，长期会消失。在短期，人们对通货膨胀率的预期会有偏差。即当价格上涨时，人们预期的通货膨胀率来不及调整到与实际通货膨胀率相等，此时实际工资下降，企业雇佣更多劳动力，即失业率下降。但长期来看，工人意识到价格上涨，因此会调整自己的通货膨胀预期，使其与实际的通货膨胀率一致，因而要求提高名义工资，这样实际工资没有发生变化，失业率仍位于自然失业率水平。

20. 答案×，解析：理性预期是指，人们在预测经济变量未来的走势时，会利用所有可得的信息和知识做最好的处理，来求得该经济变量的期望值。

21. 答案√，解析：通货紧缩是与通货膨胀相对立的一种货币现象，是一种价格下降和货币升值的过程。也就是说，它是在货币供给量不能满足流通中货币的实际需要量时，导致一般价格水平持续、普遍、显著下跌。

22. 答案×，解析：通货紧缩对经济的长远发展非常不利。通货紧缩时期，消费者预期价格将持续下降，从而延迟消费，企业回报率下跌，从而遏制企业投资，经济的产出明显下降。

23. 答案×，解析：通货紧缩是与通货膨胀相对立的一种货币现象，是一种价格下降和货币升值的过程。通货紧缩发生时，货币流通速度下降，流通中的货币少于商品流通的需要。

24. 答案√，解析：滞胀的主要特征是GDP增长缓慢甚至出现负增长，同时物价上升加快。

25. 答案×，解析：经济周期是市场经济中经济运行所不可避免的波动，但政府调控得当可以减弱经济周期波动对经济社会造成的不利影响。

26. 答案×，解析：一个经济周期的时间长短存在较大差别。有的经济周期可能有一年多，有的经济周期可能持续几年甚至十几年，并不完全一致。

27. 答案√，解析：不同的经济学家提出了不同的经济周期理论。美国经济学家熊彼特根据经济周期持续时间的长短，在总结其他经济学家观点的基础上，将经济周期分为长周期（康德拉季耶夫周期）、中周期（朱格拉周期）、短周期（基钦周期）。

28. 答案√，解析：美国经济学家基钦在1923年发表的《经济因素中的周期与倾向》一文中提到这个观点。

29. 答案×，解析：熊彼特指出，创新是经济增长的动力，也是经济周期的根源。

30. 答案√，解析：货币信用过度论认为，银行货币和信用的扩张将导致利率下降，从而引起投资水平的增加，生产扩大使得就业增加和收入提高，这样经济就走向繁荣。反之，经济走向萧条。

31. 答案×，解析：加速数原理是乘数原理的反面，是指国民收入增加将导致投资增加。

32. 答案×，解析：新凯恩斯主义宏观经济学认为市场是不完善的，存在着包括垄断因素在内的各种不完全性，工资与物价存在着刚性，这些问题带来经济周期性波动。与他们不同，新古典主义宏观经济学认为市场是完善的，工资与物价是可以灵活调整的，经济周期性波动的主要原因在于信息不完全和意料之外的外在冲击。

四、名词解释

1. 非自愿失业：指劳动者愿意接受现有的工资水平但找不到工作岗位的

现象。

2. 自然失业率：指在没有货币因素干扰的情况下，劳动力市场和商品市场的自发供求力量发挥作用时应有的、处于均衡状态下的失业率，也是充分就业的失业率。

3. 通货膨胀率：指从一个时期到另一个时期价格水平变动的百分比。

4. 通货膨胀税：因许多税收条款在制定时并没有考虑通货膨胀的影响，通货膨胀发生后，人们的名义收入增加，从而增加了人们的税收负担。

5. 奥肯定律：经验数据表明，在经济周期之中，失业与产出之间存在着反向变动的关系。这种变动关系最早是美国经济学家奥肯提出的，故称奥肯法则或奥肯定律。

6. 温和的通货膨胀：指通货膨胀率低而且比较稳定。

7. 奔驰的通货膨胀：指通货膨胀率较高（一般在两位数以上），而且持续加剧。

8*. 平衡的通货膨胀：指每种商品的价格都按相同比例上升。

9*. 非平衡的通货膨胀：指在经济中各种商品的价格按不同比例上涨的通货膨胀。

10*. 未预期到的通货膨胀：指由于影响价格水平变动的因素多种多样，并且变化莫测，人们很难准确预测通货膨胀如何变化。

11*. 预期到的通货膨胀：指在较平稳的经济运行中，物价水平年复一年地按照某一比例或幅度上升，因而一国的居民根据这一上升比例可以预测未来一年的物价水平，并根据可预测的价格水平调整自己的消费与储蓄行为。

12. 需求拉上型通货膨胀：社会总需求超过总供给所引起的一般物价水平的持续显著的上涨。

13. 成本推动型通货膨胀：是从供给方面来解释通货膨胀成因的，认为在没有超额需求的情况下，供给方面成本的提高引起一般价格水平持续和显著的上涨。

14. 结构型通货膨胀：在总需求和总供给处于平衡状态时，由于经济结构性因素的变动所引起的物价普遍持续的上涨。

15. 短期的菲利普斯曲线：一般表示通货膨胀率与失业率之间存在负相关关系的曲线。

16. 长期菲利普斯曲线：从长期来看，失业率与通货膨胀率之间不存在替换关系。长期菲利普斯曲线是一条处于自然失业率水平的垂直线。

17. 菜单成本：又称为调整价格的成本。在通货膨胀期间，企业可能不得不经常更换产品的报价。改变报价是需要花费成本的，包括研究和确定新价格的成本、重新编印价目表的成本、通知销售点更换价格标签的成本等。这种成本犹如餐馆印刷新的菜单的成本一样，故称为“菜单成本”。

18. 鞋底成本：指通货膨胀提高了消费者和企业持有货币的成本。一般而言，通货膨胀率越高，人们越不愿意持有货币，因为持有货币会使他们遭受购买能力的较大损失。这样，人们会采取一定的行动来“节省”其货币的持有量，相应地必须更频繁地光顾银行。因频繁出入银行增加了他们鞋子的磨损，西方经济学者诙谐地称为“鞋底成本”，即用它来表示因减少货币持有量所带来的不便。

19*. 牺牲率：指为了使通货膨胀率降低一个百分点而必须放弃的一年实际GDP 增长率。

20*. 痛苦指数：等于失业率加通货膨胀率。西方一些学者认为，如果一个经济的痛苦指数水平低或趋于下降，可以说明政府政绩良好；反之，如果该经济的痛苦指数水平高或趋于上升，则说明政府的政绩较差。

21. 自愿失业：与非自愿失业相对应，指工人不愿意接受现行工资水平而形成的失业。

22. 自然失业：由于经济中难以避免的原因引起的失业，包括摩擦性失业、结构性失业等。

23. 指数化政策：指按通货膨胀指数来调整有关变量的名义价格，以便使其实际值保持不变的政策。

五、问答题

1. 失业的类型有哪些?

解析：(1) 宏观经济学通常把失业分成三种类型，即摩擦性失业、结构性失业和周期性失业。

摩擦性失业是指因工人和工作之间的匹配过程所引起的失业。在匹配过程中，大多数工人都要花费时间进行工作搜寻，大部分企业也需要花费时间搜寻新员工来填补职位空缺。因此，一定程度的摩擦性失业是不可避免的。

结构性失业是指源于工人的技能和特征与工作要求的持续不匹配所引起的

失业。一般结构性失业延续更长时间，因为失业者学习新技术、新技能需要一定的时间。

周期性失业是指在宏观经济运行过程中，随经济衰退而上升，随经济扩张而下降的失业。当经济进入衰退时，很多企业的销售量下降，从而企业减少生产，开始裁员，这些因为经济衰退而失业的人，就经历了周期性失业。

（2）失业还可以分为自愿失业和非自愿失业、公开失业和非公开失业。

2. 成本推动型通货膨胀有哪几种类型？

解析：成本推动型通货膨胀是从供给方面来解释通货膨胀成因的，认为在没有超额需求的情况下，由于供给方面成本的提高引起一般价格水平持续和显著的上涨。具体而言，成本推动型通货膨胀主要分为三种类型。

（1）工资推动型通货膨胀。它以不完全竞争的劳动力市场为假设前提，工资不再是由劳动力市场供求状况决定，而是工会和雇主集体议价的结果。当工资的增长率超过了生产的增长率，引起了价格上涨时，工会就会要求提高工资，再度引起物价上涨，如此循环往复，造成了工资-物价的螺旋上升，从而形成工资推动型通货膨胀。

（2）利润推动型通货膨胀。现实的市场结构往往是不完全竞争的。垄断、寡头企业往往拥有控制市场价格的能力，它们为追逐更多的利润，以超过生产成本上升的幅度来提高产品价格，致使价格上涨的速度超过成本增长的速度，进而导致总体物价水平的上升。

（3）进口型通货膨胀，又称输入型通货膨胀，是指在开放型的经济条件下，因进口商品的价格上升、费用增加从而使价格上涨所引起的通货膨胀。它通常表现的主要特征是：在国内总需求或货币供给无明显扩张的情况下，由于进口原材料价格大幅上涨，生产和流通领域产生连锁反应，从而推动了物价上涨。

3. 货币主义学派是怎么解释通货膨胀成因的？

解析：货币主义学派强调货币是影响总需求的主要因素。按照货币主义学派的观点，货币流通量与进入流通的产品和服务价格总额之间存在着密切关系。可以用数量方程式来表示交易量与货币供给量之间的关系：

$$MV=PT$$

上式中，M代表货币供给量；V代表货币流通速度，它被定义为名义收入与货币供给量之比，即一定时期（如一年）平均1单位货币用于购买最终产品与服务的次数；P 代表平均价格水平；T 代表一定时期内产品和服务的交易总量。该方程式是一个恒等式。因对交易总量的衡量有一定的困难，一般用经济中的总产出 Y 来替换 T，则交易方程式为：$MV=PY$。等式左边的 MV 反映的是经济中的总支出，而右边的 PY 是按照当前物价水平计算的产出水平。对上式取自然对数，则有：

$$\ln P+\ln Y=\ln M+\ln V$$

对于上式关于时间 t 求微分，并重新整理得：

$$\frac{1}{P}\cdot\frac{\mathrm{d}P}{\mathrm{d}t}=\frac{1}{M}\cdot\frac{\mathrm{d}M}{\mathrm{d}t}+\frac{1}{V}\cdot\frac{\mathrm{d}V}{\mathrm{d}t}-\frac{1}{Y}\cdot\frac{\mathrm{d}Y}{\mathrm{d}t}$$

上式中，令 $\mathrm{d}V/\mathrm{d}t=0$，因为货币流通速度的变化率是由社会的制度和技术因素决定的，可假设为常数。这样，通货膨胀率就等于货币增长率减去实际收入的增长率。由于产出的变化率取决于生产函数的技术结构和投入要素的数量，在长期内也是常数，因此，可以得出如下结论：通货膨胀的产生主要是因为货币供给增加，如果中央银行保持货币供给稳定，那么物价水平也将稳定。

4. 通货膨胀造成的社会成本有哪些？

西方经济学家认为，通货膨胀会给社会增加各种成本，具体有以下几类：

（1）持有货币的鞋底成本。这是指通货膨胀提高了消费者和企业持有货币的成本。一般而言，通货膨胀率越高，人们越不愿意持有货币，人们会采取一定的行动来“节省”其货币的持有量，相应地必须更频繁地光顾银行。西方经济学者诙谐地称为“鞋底成本”，即用它来表示因减少货币持有量所带来的不便。

（2）菜单成本，又称为调整价格的成本。在通货膨胀期间，企业可能不得不经常更换产品的报价。改变报价是需要花费成本的，包括研究和确定新价格的成本、重新编印价目表的成本、通知销售点更换价格标签的成本等。这种成本犹如餐馆印刷新的菜单的成本一样，故称为“菜单成本”。

（3）通货膨胀导致的税收扭曲。因许多税收条款在制定时并没有考虑通货膨胀的影响，通货膨胀的发生将增加人们的税收负担。

（4）通货膨胀在价格体系中制造了“噪声”，掩盖了价格所传递的信息的真实性，从而降低了整个市场体系的效率。正是这种效率的降低造成了真实经济成本。

5. 通货膨胀对收入与分配的影响如何？

解析：首先，通货膨胀不利于靠固定收入维持生活的阶层。固定收入阶层主要包括工薪阶层、公共雇员、领取救济金和退休金的人群，以及靠福利和其他转移支付维持生活的人群。如果通货膨胀率上升，在名义收入不变时，固定收入阶层的实际收入（购买力）就将下降，生活水平也就下跌，他们成为通货膨胀的受害者。

其次，通货膨胀对债权人和债务人的影响。债务契约是根据签约时的通货膨胀率或预期通货膨胀率规定名义利率，如果在偿还期未到时通货膨胀率上升了，那么债权人因利息收入减少、本金贬值将受到损害，而债务人因所付的实际利率降低而获得相应好处。

再次，通货膨胀对财富分配的影响。一般而言，财产的货币价值会由于通货膨胀而变动，有的财产会升值，有的会贬值；债务则会由于通货膨胀率的上升而相对减少。

最后，通货膨胀对政府有利，对公众不利。① 政府发行货币，公众货币贬值，财富流向政府；② 政府一般实行赤字财政，属于债务人；③ 通货膨胀时政府可以征收更多税收。

6. 通货膨胀的产出效应表现在哪些方面？

解析：通货膨胀对产出的影响取决于通货膨胀的类型。第一，平衡的和预期到的通货膨胀。平衡的通货膨胀是指每种商品的价格均按同一比例上升，在这样的情形下，人们在签订合同或者契约时，会把预期到的通货膨胀率考虑在内，各产品价格上升幅度相同，因而产量与就业也不会受到影响。第二，平衡的和未预期到的通货膨胀。名义工资存在黏性，企业利润率相应提高，容易刺激私人投资的积极性，从而增加产出。第三，非平衡的和预期到的通货膨胀。非平衡的通货膨胀是指在经济中各种商品的价格按不同比例上涨的通货膨胀。价格上升产品供给增加，价格下降产品供给减少，GDP 变化不确定。第四，非平衡的和未预期到的通货膨胀。从短期看，当需求不足而且社会存在闲置生产能力时，通货膨胀可以刺激企业的投资性支出，扩大总需求，从而能够刺激经济增长。从长期看，通货膨胀会增加生产性投资风险，提高生产经营成本，使生产性投资下降，从而不利于经济增长。第五，温和通货膨胀一般有利于刺激需求与经济增长，恶性通货膨胀可能造成经济混乱与崩溃。

7. 弗里德曼在其 1976 年的诺贝尔经济学奖获奖讲演中总结了菲利普斯曲线的发展分为哪几个阶段？

第一个阶段是负斜率的。即失业率与通货膨胀率之间存在负相关关系，两者相互替代。

第二个阶段是垂直的，或者说短期倾斜但长期垂直。在短期，工人对通货膨胀率的预期不变，失业率和通货膨胀率之间存在替换关系。但从长期来看人们的预期是正确的，根据菲利普斯曲线方程：$\pi=\pi^{E}-\beta(u-u^{*})+\mu$，预期正确时有 $\pi=\pi^{E}$，在没有外部供给冲击，即 $\mu=0$ 时，此时有 $u=u^{*}$。这种前提下通货膨胀率与失业率之间没有交替关系，无论通货膨胀率如何变化，只要它能被预期到，就不会对失业率产生影响，失业率会保持在自然失业率水平上。如果按此条件继续绘制菲利普斯曲线，它就是一条垂直的线。

第三个阶段则是政府不断加速通货膨胀，即不断利用短期菲利普斯曲线，通过提高通货膨胀率降低失业率，但是每一次都推高短期菲利普斯曲线。

8. 短期菲利普斯曲线与长期菲利普斯曲线有哪些区别？

解析：菲利普斯曲线是表述通货膨胀率与失业率之间相互关系的曲线。短期菲利普斯曲线与长期菲利普斯曲线的区别主要体现在以下两个方面：

（1）形状不同。短期菲利普斯曲线是表明失业率与通货膨胀率之间存在交替关系的曲线，是向右下方倾斜的。长期菲利普斯曲线是一条位于“自然失业率”水平的垂直线，表明失业率与通货膨胀率之间不存在交替关系。

（2）政策含义不同。短期菲利普斯曲线说明，在短期引起通货膨胀率上升的扩张性财政政策和货币政策是可以起到减少失业的作用的，这就是宏观经济政策的短期有效性。在长期，经济中能实现充分就业，失业率总是固定在自然失业率，因此，垂直的长期菲利普斯曲线表明，以引起通货膨胀为代价的扩张性财政政策与货币政策并不能减少失业，这就是宏观经济政策的长期无效性。

9. 通货紧缩的经济特征有哪些？

通货紧缩的经济特征有：① 物价连续下跌。② 产量下降、市场萎缩、企业利润率降低、生产投资减少、失业增加、收入下降、经济增长乏力等现象。③ 货币供给量持续下降。

10. 通货紧缩对经济会造成哪些负面影响？

解析：通货紧缩是在货币供应量不能满足流通中货币的实际需要量或在其他决定货币供需因素的影响下，导致一般价格水平持续、普遍、显著下跌。

通货紧缩会影响投资者的信心和居民的消费心理，对经济社会的长远发展产生不利的影响。① 对 GDP 的增长产生影响。通货紧缩期间，消费者预期价格将持续下跌，从而延迟消费，减少当前需求；投资期资本实际成本上升，回收期价格下跌，令回报率下跌，从而遏制投资。这些都将导致生产明显下降，使 GDP 的增长放慢甚至停滞不前。② 对就业产生影响。由于企业开工不足，生产下降，失业率明显上升。③ 对进出口贸易产生影响。通货紧缩期间因为需求不振，进出口额大幅度缩减。

11. 经济周期的一般特征有哪些?

解析：经济周期一般是指经济活动沿着经济发展的总体趋势所经历的有规律的扩张和收缩。经济周期的主要特征有：

(1) 经济周期是市场经济中经济运行所不可避免的波动。

(2) 经济周期发生时的经济波动是总体经济活动的波动，而不是一国某一个或几个部门、某一个或几个地区所产生的局部波动。正是由于这种波动，才引起宏观经济变量诸如价格水平、失业率、利率、进出口额等方面的波动。

(3) 一个经济周期可以分为繁荣、衰退、萧条、复苏四个阶段。其中繁荣、萧条是经济周期的两个主要阶段，衰退和复苏是两个过渡阶段。

(4) 一个经济周期时间长短存在较大的差别。有的经济周期可能有一年多，有的经济周期可能持续几年甚至十几年，它们并不完全一致。

(5) 扩张与收缩交替转换是有规律的，其他经济变量，如经济周期长短，扩张期、收缩期多久，峰位多高、谷底多深都很难预测。

12. 经济周期各阶段有哪些主要特征?

解析：尽管各国的经济周期所经历的时间、波动的幅度千差万别，但经济周期大致可分为两个阶段：一是扩张阶段，包括复苏、繁荣，它是总体经济活动的上升时期；二是收缩阶段，包括衰退、萧条，它是总体经济活动的下降时期。

(1) 繁荣阶段是国民收入与经济活动高于正常水平的一个阶段。其特征是生产迅速增加、投资增加、信用扩张、物价水平上升、就业增加，公众对未来持乐观态度。繁荣的最高点称为顶峰，这时就业与产出水平达到最高，但股票与商品的价格开始下跌，存货增加，公众的情绪由乐观转为悲观。这是繁荣的极盛时期，也是经济由繁荣转向衰退的开始。

(2) 萧条阶段是国民收入与经济活动低于正常水平的一个阶段。其特征是投资减少、产品滞销、价格下跌、企业利润下降、信用紧缩、生产减少、失业增加，公众对未来持悲观态度。萧条的最低点称为谷底，这时就业与产出水平跌至最低，但股票与商品的价格开始回升，存货减少，公众的情绪由悲观转为乐观。这是萧条的最严重时期，也是由萧条转向复苏的开始。

（3）衰退阶段是从繁荣到萧条的过渡时期，这时经济开始从顶峰下降，但仍高于正常水平。

（4）复苏阶段是从萧条到繁荣的过渡时期，这时经济开始从谷底回升，但仍未达到正常水平。

13. 西方经济周期理论有哪些共同的特征？

解析：西方经济周期理论尽管流派林立，观点各异，但仍有其共同的特征。

一是从研究方法上忽视根本制度分析。它们一般把资本主义理解为一种自然永恒的制度，对危机的成因忽视从资本主义根本制度进行分析研究。二是从市场经济一般关系出发或者从分配、交换和消费出发，认为经济周期是市场经济的必然产物和基本特征之一。三是重视经验分析和统计资料的分析，从经济周期运行的过程分析，认为经济周期是总体经济的波动。四是比较重视反危机政策和措施的研究。他们研究经济周期的目的是探索其运动规律以提出有效的治理措施。争论的焦点是理论和政策主张对经济周期治理的实际有效性。

六、计算题

1. 根据奥肯定律，某个国家的自然失业率是5%，充分就业的经济产出是6 000亿美元，奥肯系数是2。问：（1）当该国的产出是5 000亿美元时，该国的失业率为多少？（2）当该国失业率为6%时，实际产出为多少？

解析：根据公式$\frac{Y-Y_f}{Y_f}=-\alpha\ (u-u^*)$

（1）$\frac{5\ 000-6\ 000}{6\ 000}=-2\ (u-5\%)$，求得 $u=13.3\%$

（2）$\frac{Y-6\ 000}{6\ 000}=-2\ (6\%-5\%)$，求得 $Y=5\ 880$

2. 假定某地区的劳动年龄人口为5 000人，其中有500人因为一些原因不想找工作，除此之外，还有 1 000 人为非劳动力，300 人为失业者，该地区的劳动力参与率与失业率各为多少？

解析：非劳动力人数 = 500+1 000 = 1 500

劳动力人数 = 5 000-1 500 = 3 500

$$劳动力参与率=\frac{劳动力人数}{劳动年龄人口数}\times 100\%=\frac{3\ 500}{5\ 000}\times 100\%=70\%$$

$$失业率=\frac{失业人数}{劳动力人数}\times 100\%=\frac{300}{3\ 500}\times 100\%=8.57\%$$

3. 假定一个经济体系中只生产两种商品：面包和牛奶。2020 年、2021 年两种商品的价格和产量分别如表 13-1 所示。以 2020 年为基期。

（1）2021 年的 CPI 是多少？（购买商品的数量以 2020 年为参照）

（2）2021 年的通货膨胀率是多少？

表 13-1 2020 年、2021 年两种商品的价格和产量

年份	价格		产量	
	面包	牛奶	面包	牛奶
2020	3.0	1.5	200	150
2021	3.5	2.2	300	160

解析：（1）$2021\text{ 年的 CPI}=\frac{\text{现期价格下“商品篮子”的费用额}}{\text{基期价格下“商品篮子”的费用额}}\times 100=$

$$\frac{3.5\times 200+2.2\times 150}{3.0\times 200+1.5\times 150}\times 100=124.8$$

$$（2）2021\text{ 年的通货膨胀率}=\frac{P_{2021}-P_{2020}}{P_{2020}}\times 100\%=\frac{124.8-100}{100}\times 100\%=24.8\%$$

4. 假设一国的菲利普斯曲线为 $\pi=\pi_{-1}-0.4(u-0.05)$，求：

（1）该经济中自然失业率是多少？

（2）画出该经济的短期和长期菲利普斯曲线。

（3）为了使通货膨胀率减少 3 个百分点，必须有多少周期性失业？

解析：（1）自然失业率是实际通货膨胀率等于预期通货膨胀率的失业率，此时 $\pi=\pi_{-1}$，u = 自然失业率 u^*。$\pi-\pi_{-1}=-0.4(u-0.05)=0$，自然失业率 $u^*=0.05$。

（2）该经济的短期和长期菲利普斯曲线如图 13-3 所示。

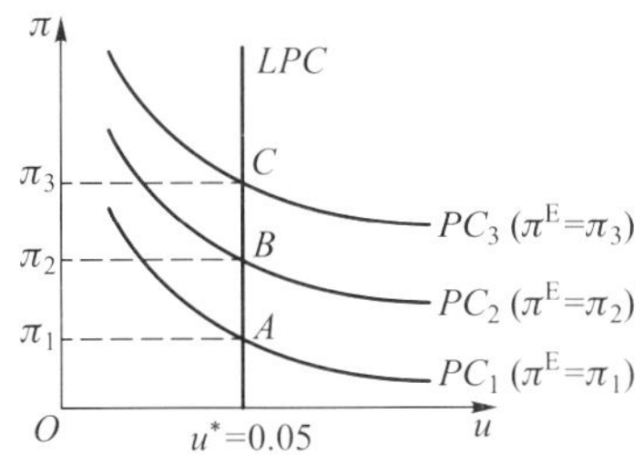

图 13-3　短期和长期菲利普斯曲线

（3）通货膨胀率减少 3 个百分点，即$-0.4(u-0.05)=-0.03$，可知周期性失业 $u-0.05=0.075$。

5. 假设一国的菲利普斯曲线为 $\pi=\pi^E-3(u-u_n)$，自然失业率 u_n 为 5%，对通货膨胀的预期为适应性预期，中央银行对下一年的通货膨胀目标为 2%。

（1）如果当前的通货膨胀率为 5%，那么中央银行为实现下一年的通货膨胀目标，能够引起的失业率是多少？

（2）如果中央银行在次年继续保持 2%的通货膨胀目标，那么失业率将是多少？

解析：（1）由该国的预期为适应性预期，得 $\pi^E=\pi_{-1}=5\%$，$\pi=2\%$，$u_n=5\%$，代入菲利普斯曲线得 $2\%=5\%-3(u-5\%)$，得 $u=6\%$，即央行引起的失业率为 6%。

（2）次年，$\pi^E=\pi=2\%$，$\pi=2\%$，$u_n=5\%$，代入菲利普斯曲线得 $2\%=2\%-3(u-5\%)$，得 $u=5\%$，即央行引起的失业率为 5%。

七、案例分析题

一般而言，商品市场上商品的价格随供求变化上下波动。在劳动力市场上，劳动力的价格（货币工资水平）会随着劳动力市场上的供求状况而上下波动吗？请用新凯恩斯主义经济学的观点，阐述劳动力市场上货币工资在短期内具有黏性的原因。

解析：根据新凯恩斯主义的观点，工资在短期内具有黏性，即工资滞后反映劳动力市场的供求状况及其变化。因此，工资率并不会随劳动需求的变动做出充分调整。对存在工资黏性的原因主要有以下解释：

（1）劳动工资合同论。在一些行业中，由于工会的力量，往往可能签订较有利于雇员的工资合同。这些合同通常附加工资随生活费上涨而增加，而当经济衰退时工资率并不随之削减的条款。尽管许多合同的签订在时间上是彼此错开的，即每个月、每周都会有新的合同产生，但相对固定的合同期减缓了工资率调整的进程。

（2）隐含合同论。这种理论认为，除正式合同外，雇主与雇员之间可能达成工资率相对固定、不随经济波动调整的默契。该理论认为，雇员一般是回避风险的，即愿意为一个可支付稳定工资的企业工作。隐含合同意味着工资率将不随劳动力市场供求的波动而变化。在经济不景气时，企业可能支付给雇员高于市场一般水平的工资。作为回报，在经济高涨时，雇员也只能留在该企业，接受低于其他企业的工资率。

（3）局内人-局外人理论。所谓局内人是指那些在特定企业工作的人，而局外人是那些想到该企业工作的人。这种理论认为，每个企业都需要一支受过培训的劳动者队伍，对新雇员（局外人）的培训通常是由在职雇员（局内人）来完成的。在职雇员担心培训了新雇员之后，会影响他们与企业讨价还价的地位或者分量，因而不愿意与企业合作培训新雇员。再者，如果企业支付给新雇员的工资低，经培训掌握了技能的雇员就可能被出高薪的企业挖走。因此，企业只能通过向新、老雇员支付相同的报酬来解决这一矛盾。由此，局内人-局外人理论解释了为什么在较高失业率情形下企业不降低新雇员薪酬的现象。

（4）效率工资理论。效率工资理论认为，在一定限度内，企业通过支付给雇员比劳动力市场出清时更高的工资，可以促使劳动生产率提高，获得更多的利润。首先，较高的工资是维持高质量劳动者队伍稳定的重要条件。在经济衰退时期，若削减工资水平，通常最有可能离职的往往是最好的雇员。其次，工资会影响劳动者的努力程度。工资就构成了雇员偷懒被发现而被解雇的机会成本，较高的工资有利于减少偷懒的倾向。最后，工资影响劳动流动率。降低工资会使雇员辞职的比率增加，特别是熟练雇员辞职率的上升。企业发现，尽管在经济衰退期削减工资可以减少直接劳动成本，但这些节省并不足以抵消培训费用或雇用熟练员工增加的成本。

第十四章　开放条件下的宏观经济

第一部分　内容框架结构与复习重点

一、内容框架结构

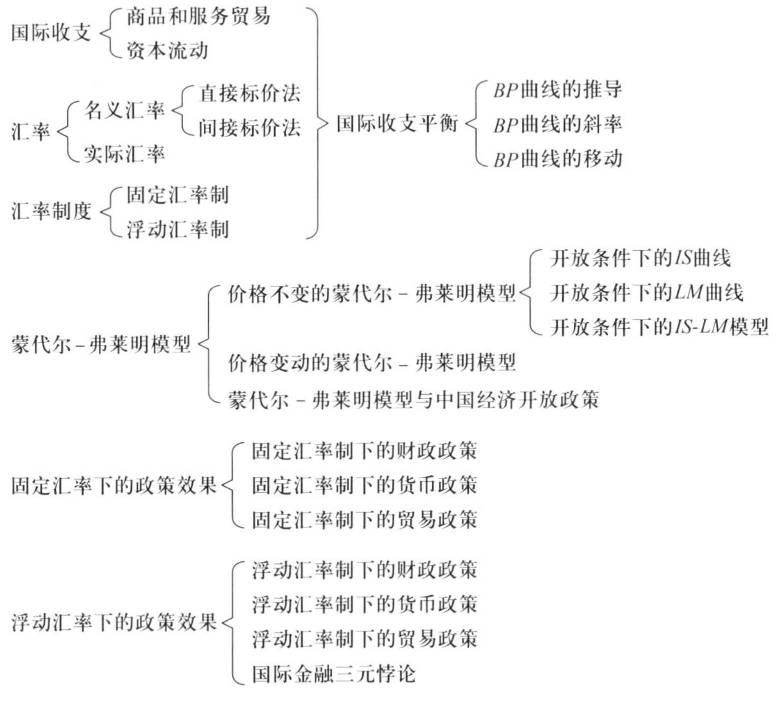

二、复习重点

1. 主要概念

国际收支、名义汇率、直接标价法、间接标价法、实际汇率、固定汇率制、浮动汇率制、国际收支差额、马歇尔-勒纳条件、J 曲线效应、BP 曲线、国际金融三元悖论

2. 基本理论

开放条件下的国际收支与汇率，从固定汇率制到浮动汇率制的演变，国际收支的平衡与 BP 曲线，价格不变的蒙代尔-弗莱明模型，价格变动的蒙代尔-弗莱明模型，固定汇率及浮动汇率下的财政政策、货币政策、贸易政策

第二部分　章后思考题详解

一、扫码自测习题

（一）单选题

1. 关于实际汇率与名义汇率的关系，如下哪个说法是正确的？（　　）

A. 实际汇率等于名义汇率除以物价水平

B. 实际汇率是两国货币的兑换比率

C. 在没有任何贸易障碍的情况下，实际汇率趋向于等于1

D. 在没有任何贸易障碍的情况下，实际汇率趋向于等于名义汇率

答案C，解析：实际汇率$=\dfrac{\text{名义汇率}\times\text{本国商品价格}}{\text{国外商品价格}}$，即实际汇率的表达式为：$\varepsilon=\dfrac{eP}{P_f}$。在没有运输成本和贸易壁垒的条件下，可以得到$eP=P_f$。这一关系被称为购买力平价。由此可见，如果这一关系成立，则实际汇率等于1。

2. 在资本完全流动的条件下，如果一个小型开放经济采取固定汇率制度，那么它的财政、货币政策具有如下特点：（　　）

A. 财政与货币政策都无效　　B. 财政与货币政策都有效

C. 财政政策无效，货币政策有效　　D. 财政政策有效，货币政策无效

答案D，解析：在固定汇率制和完全资本流动的假设下，如果实施扩张性财政政策，总需求会增加，使得名义汇率面临上升的压力。此时，中央银行为了维持汇率不变，只得干预外汇市场，增加本币供给，使得小国经济的汇率固定在所承诺的水平上，产出水平提高。所以，这时财政政策是有效的。在资本完全流动下，扩张性的货币政策使得利率下降就会引起资本流出，从而形成名义汇率下降的压力。为了维持汇率的稳定，央行不得不缩减货币供给，使得*LM*曲线又回到原来的位置。因此，在固定汇率制下货币政策往往是无效的。

3. 关于资本流动和商品贸易之间的关系，在保持国际收支平衡的前提下，如下哪个说法是对的？（　　）

A. 两者之间没有关联

B.（净）资本流出等同于（净）商品出口

C.（净）资本流出等同于（净）商品进口

D.（净）资本流出带来外汇的流入

答案B，解析：按照宏观经济学的定义，当一国在一定时期内实现了国际收支平衡时称为对外均衡。它是该国的国际收支差额为零的状态，也就是净出口和资本净流出的差额为零的状态。

4. 在资本完全流动的条件下，如果一个小型开放经济采取浮动汇率制度，那么它的财政货币政策具有如下特点：（　　）。

A. 财政与货币政策都无效　　B. 财政与货币政策都有效

C. 财政政策无效，货币政策有效　　D. 财政政策有效，货币政策无效

答案C，解析：假如小国开放条件下实行扩张性财政政策会使汇率上升，汇率上升使国内商品相对于国外商品变得更加昂贵，净出口减少，扩张性财政政策的需求效果被本币的升值完全抵消了，因而财政政策失效。如果采用货币政策，比如增加货币的供给，本国利率就会下降，直接导致本国资本的流出。资本的流出增加了外汇市场上的本国货币，使名义汇率下降，本国货币贬值，出口相对便宜，而进口商品相对昂贵，从而增加了净出口，进而提高了总需求。所以，在开放条件下，小国的货币政策通过汇率的变化来影响产出。

（二）多选题

1. 以下哪些因素会引起一国货币贬值或形成货币贬值压力？（　　）

A. 该国采取贸易保护措施　　B. 该国采取扩张性货币政策

C. 该国采取紧缩性货币政策　　D. 该国采取扩张性财政政策

E. 该国采取紧缩性财政政策

答案BE，解析：采取贸易保护措施的结果，增加净出口，其结果类似于扩张性财政政策，即货币升值，所以A不对。扩张性货币政策会引起通货膨胀，也就是货币贬值，所以选B。财政紧缩会导致对货币的需求减少，出现货币供过于求的局面，从而形成货币贬值，所以选E。

2. 如果允许汇率浮动，那么当一国出现（　　）时，其货币的名义汇率趋于升值。

A. 国际贸易顺差　　B. 货币紧缩

C. 货币扩张　　D. 物价水平下降

E. 净资本流入减少

答案ABD，解析：浮动汇率条件下贸易顺差增加，相当于*IS*曲线右移，因

为 LM 曲线垂直，名义汇率升值，所以 A 正确。货币紧缩相当于 LM 曲线左移，名义汇率升值，所以 B 也正确。C 与 B 相反，不对。物价水平下降，净出口增加，相当于 IS 曲线右移，与 A 效果相当，所以 D 正确。浮动汇率下净资本流入减少，资本流出增加，外汇市场本国货币增加，名义汇率下降，所以 E 不对。

3. 关于国内储蓄和投资与国际资本流动和商品贸易之间的关系，如下哪些说法是对的？（　　）

A. 国内储蓄超过投资的部分会形成资本流出

B. 国内储蓄超过投资的部分会形成商品出口

C. 国内储蓄超过投资的部分会形成资本流出，但是与商品出口无关

D. 国内储蓄超过投资的部分会形成商品出口，但是与资本流出无关

E. 当国内储蓄不足时，需要引进外资，其实质也就是进口商品（资本品）

答案 ABE，解析：根据投资储蓄恒等式，$I = S + (T-G) - NX$，如果 $S>I$，则国内货币过剩，利率下降，资本流向利率更高的国外，所以 A 对。当 $S>I$ 时，投资储蓄恒等式要保持平衡（暂不考虑财政收支平衡），则 NX 要保持为正，削减过剩储蓄，所以 B 正确。C 和 D 与 A、B 相反，不对。而当 $S<I$ 时，考虑到国际收支平衡，国内货币不足，利率上升，需要引进外资。所以 E 正确。

4. 在汇率制度、资本流动和货币政策三者的关系上，对小型开放经济而言，如下哪些说法是正确的？（　　）

A. 可以在完全资本流动条件下同时保持固定汇率制度和货币政策独立性

B. 可以在完全资本流动条件下同时保持浮动汇率制度和货币政策独立性

C. 在完全资本流动条件下要维持固定汇率制度就必须放弃货币政策独立性

D. 只有阻止资本流动才能同时保持固定汇率制度和货币政策独立性

E. 只有阻止资本流动才能同时保持浮动汇率制度和货币政策独立性

答案 BCD，解析：根据不可能的三位一体理论，开放经济中的小国或地区在固定汇率、独立货币政策和资本完全流动三个目标上只能实现其中的两个目标，而不可能同时实现三个目标。

（三）判断题

1. 对于小型开放经济而言，如果资本自由流动，那么在浮动汇率制度下采取贸易保护措施是不能增加贸易顺差的。（　　）

答案√，解析：如果政府采取贸易政策，通过关税或者非关税贸易壁垒的措施来限制进口，影响的参数是净出口 NX，即政府通过刺激出口、减少进口的方式增加净出口，使得 NX 曲线向右移动。净出口曲线的右移同时使得 IS^* 曲线向右移动。但由于 LM^* 曲线是垂直的，其结果是汇率上升。汇率上升反过来限制了净出口增加，因此并不能增加贸易顺差。

2. 在用 IS-LM 模型分析开放经济的收入决定时，总供给与总需求因素就都包含在内了。(　　)

答案×，解析：在用 IS-LM 模型分析开放经济的收入决定时，假设价格在短期内是不变的，经济中的产出完全由总需求决定。

3. 一国如果在储蓄不足时有了财政赤字，其结果必然是出现贸易赤字。(　　)

答案√，解析：根据投资储蓄恒等式，$I=S+(T-G)+(-NX)$，一般来说国民经济中投资很大，而当储蓄不足时，一旦出现了财政赤字，即 $T-G<0$，为了保持恒等式的平衡，必然出现 $NX<0$，也就是出现贸易赤字。

4. 在固定汇率、资本国际流动和货币政策独立性三个方面，小型经济体可以同时实现其中的两个结果。(　　)

答案√，解析：根据不可能的三位一体理论，开放经济中的小国或地区在固定汇率、独立货币政策和资本完全流动三个目标上只能实现其中的两个目标，而不可能同时实现三个目标。

二、思考题

1. 什么是名义汇率与实际汇率？两者之间的关系如何表示？

解析：名义汇率是两个国家（或地区）货币的相对价格，而实际汇率是用两国（或地区）价格水平对名义汇率加以调整后的汇率，反映了两国商品价格的昂贵程度。如果 e 代表间接标价法的名义汇率，P_f 代表国外价格（用外币表示），P 代表国内价格（用本币表示），ε 代表实际汇率，那么有：$\varepsilon=\frac{eP}{P_f}$。

从长期来看，实际汇率趋向于等于 1。这个趋势或者通过价格变化实现，或者通过名义汇率变化实现。换言之，从长期趋势而言，名义汇率是由实际汇率等于 1 决定的。

2. 利用蒙代尔-弗莱明模型说明，扩张性的财政政策与货币政策对一国经济的影响。

解析：在固定汇率制度下，扩张性财政政策对经济的影响被加强了。扩张性财政政策会导致本币升值（利用 *IS–LM* 模型并结合 *BP* 曲线可以分析），从而引发央行为了维持本币币值而被动地扩张货币，结果财政扩张引发了货币扩张，从而导致产出增加；而货币政策则相反，扩张性的货币政策最终必然以货币紧缩结束，原因在于扩张性货币政策带来本币贬值的压力，从而引发央行为了维持本币币值而被动地紧缩货币，其结果是国民经济的产出不变。在浮动汇率下，情况正好相反。

3. 利用蒙代尔–弗莱明模型说明，政府的关税或者非关税壁垒对国民收入的影响。

解析：根据蒙代尔–弗莱明模型，在浮动汇率制度下，关税或非关税壁垒只影响产业结构，不影响总体产出；而在固定汇率制度下，则会影响总体产出，具有实际效果。

当政府采取限制进口鼓励出口的政策时，会导致进出口贸易顺差，从而引起本币升值。在浮动汇率制度下，央行放任本币升值，结果抑制了出口，刺激了进口，这个过程一直到贸易顺差消失为止。结果，关税或者非关税壁垒并没有刺激本国的需求，仅仅改变了本国的需求结构。而在固定汇率制度下，为了维持汇率稳定，本币升值的压力促使央行买进多余外汇卖出本币，从而诱发了扩张性货币政策，因此对经济具有扩张性作用，带动总产出增加。

4. 蒙代尔–弗莱明模型是需求理论，还是也包含了供给理论？

解析：蒙代尔–弗莱明模型，是将 *IS–LM* 模型扩展到包括国际经济联系的模型，仅仅是需求理论，不包含供给侧分析。利用 *IS–LM–BP* 模型，可以推导出开放经济条件下的总需求曲线。

5. 封闭经济下的 *IS–LM* 模型与开放经济下的 *IS–LM* 模型有什么联系与区别？

解析：两者实质上相同，表现形式上略有不同。相同在于，它们都是用来分析商品市场和货币市场同时均衡的，都是对总需求进行分析。

两者不同在于：① 从封闭经济扩张到开放经济，因此 *IS* 曲线的方程中就要包括进出口函数，更重要的是，汇率会影响 *IS* 曲线。② 因为是在开放经济下讨论总需求问题，考虑到了汇率问题，因此在表现形式上往往有两种：一种是在收入–利率坐标系里讨论，此时汇率隐藏在 *IS–LM* 模型的背后，通过

改变 *IS* 曲线位置而影响经济；另外一种是在收入-汇率坐标系里讨论，此时利率隐藏在 *IS-LM* 模型的背后，通过改变 *IS* 曲线和 *LM* 曲线的位置而影响经济。教科书采用的是收入-汇率空间。③ 在分析 *IS-LM* 模型时，必须考虑到国际收支平衡曲线，即 *BP* 曲线。虽然不一定要绘制出来，但是 *BP* 曲线的影响是存在的。

6. 什么是不可能的三位一体（国际金融三元悖论）？它的理论依据是什么？

解析：不可能的三位一体是指任何国家或地区在固定汇率、独立货币政策和资本完全流动三个目标上只能实现其中的两个目标，而不可能同时实现三个目标。其理论依据是蒙代尔-弗莱明模型。

在固定汇率制和资本完全流动的条件下，货币政策会带来汇率改变的压力，从而迫使中央银行为了维持汇率稳定而反向操作，最终逆转了原来的货币政策。这表明，中央银行是被捆住了手脚的，无法主动进行货币政策操作。此时中央银行维持了固定汇率制度和资本完全流动，但是代价是放弃了货币政策的自主性。

在浮动汇率制和资本完全流动下，虽然货币政策会带来汇率的变化，但是中央银行无须考虑这个后果，因此可以自由地执行货币政策。此时中央银行实现了资本完全流动和独立货币政策，但是，这是以浮动汇率为前提的。

在资本不能在本国和国际上自由流动的条件下，就算中央银行采取货币政策，从而导致本国利率与世界利率存在差距，也不会带来资本的流动。既然资本不能自由流动，那么中央银行完全可以不改变货币政策而保持汇率的稳定。此时就实现了固定汇率和独立货币政策两个目标，但是放弃了资本的完全流动性。

7. 在固定汇率、独立货币政策和资本完全流动三个目标上，有没有哪个国家或地区全部实现了？请列举出 10 个左右的重要国家或地区进行讨论。

解析：在我们知道的国家里，没有哪个国家或地区同时实现了三个目标。

在浮动汇率制度和资本完全流动下实现独立货币政策的国家或地区包括大部分发达国家如美国、加拿大、德国、英国、爱尔兰、法国、荷兰、比利时、澳大利亚、新西兰等。

在固定汇率制度和资本完全流动下货币政策不独立的地区，如中国香港。

在固定汇率制度和资本不完全流动下货币政策独立的国家或地区，如中国内地等。但是汇率并非完全固定。

8. 国际经济联系包括哪些方面？理论上是如何分析国家或地区之间的经济联系的？

解析：国际经济联系包括商品和服务贸易以及资本交易，简言之就是商品和服务在各国和地区之间的流动，以及资本在各国和地区之间的流动。

理论上一般用国际收支来加以分析。一方面用国际收支表对国际经济联系中的每一项交易加以记录，分别包括经常账户——商品和服务的进口与出口，以及资本或金融账户——资本的流入和流出。在这个记录的基础上，西方经济学家又定义了国际收支差额的概念，用来说明通过上述两类交易净流入本国的外汇是多少；这种净流入外汇形成了外汇储备。进一步地，西方经济学家分析了影响国际收支差的主要因素，如汇率、国内外价格、利率、国内外收入等，并在这个基础上定义了国际收支差函数。

9. 什么是国际收支平衡曲线即 BP 曲线？

解析：国际收支平衡曲线是用来表示当国际收支处于平衡状态（即 $BP=0$）时收入与利率之间关系的曲线，或者是收入与汇率之间关系的曲线。不管是表示收入与利率之间的关系，还是表示收入与汇率之间的关系，并无本质区别，本质上都是用来说明国际收支平衡或不平衡的。不同之处仅仅是技术层面的，是形式上的。如果表示的是收入与利率之间的关系，那么汇率就会在背后起作用，会影响 BP 曲线的位置；如果表示的是收入与汇率之间的关系，那么利率就会隐退到背后起作用，会影响 BP 曲线的位置。

在收入-利率坐标系中，BP 曲线是向右上方倾斜的。这表明，从最初的国际收支平衡出发，当一国收入增加时，就会增加对外国商品的购买，从而导致净出口减少，导致 BP 差为负值。此时为了让经济继续处于国际收支平衡状态，恢复 $BP=0$，就只能通过增加净资本流入来实现；而要增加净资本流入，本国利率必须提高。因此，要确保国际收支平衡，收入与利率必须呈正向关系。另外，BP 曲线的倾斜度即斜率则和资本的流动性有关。资本越是能够自由流动，对利率越敏感，那么当收入上升引发国际收支逆差时，只需轻微的利率上升就能吸引足够的资本流入，从而扭转逆差。这意味着，BP 曲线变得平缓。当资本具有完全的流动性，即资本对利率的国际差无限敏感时，BP 曲线就变成水平的了。

在收入-汇率坐标系中，BP 曲线是向右上方倾斜的。这是因为，如果是名义汇率，那么按照直接标价法，汇率上升意味着本币贬值；按照实际汇率，汇率上升意味着本国的相对价格变便宜。因此，名义汇率上升（本币贬值）或者实际汇率上升（本国价格相对变便宜），则会导致原来的国际收支平衡变成国际收支顺差；如果要消除顺差，一种途径是收入增加从而导致净出口净额减少。因此，*BP* 曲线也是向右上方倾斜的。这种视角的 *BP* 曲线与资本的流动性没有关系。

10. 如何运用马克思的国际价值理论认识经济全球化的新特征？

解析：目前的经济全球化从趋势来看，表现为生产、资本和科技的全球化与贸易的自由化。在经济全球化过程中，商品的国别价值在国际经济中只相当于个别价值，国内的社会劳动只相当于私人劳动。在这个过程中，商品生产的国别价值变成国际价值，商品的价格不再由国别价值决定，而由世界范围内以平均劳动时间为基础的国际价值决定。不管是国内市场还是国际市场，生产商品的私人劳动都必须转化为社会劳动，才能实现商品的国际交换，从而实现商品的价值。国别价值转化为国际价值，是通过国际范围内的竞争与价值规律决定的。

在经济全球化过程中，国际价值取决于商品的劳动强度和劳动生产率，后者与科学技术水平相关。由于发达的资本主义国家掌握先进的科学技术，从而形成了更高的劳动生产率，因此它们所生产的商品单位劳动时间降低，相应地商品价值是降低的。但是，发达国家的资本垄断了科学技术进步，从而得以按照高于商品价值的价格参与世界范围内的商品交换。这样的国际贸易是不可能平等的。通俗点说，发达国家常常以包含 1 个工作日的商品来交换发展中国家 2 个、3 个乃至更多工作日所生产出来的商品。

在资本和科技全球化过程中，生产呈现出全球化的特征，形成了国际分工的价值链，使得发达国家的资本垄断从本国输出到其他国家。资本主义发达国家通过资本输出在海外建厂，将自己的垄断力量延伸到发展中国家。结果是，资本同时在母国发达国家和输出国发展中国家剥削劳动，获取超额剩余价值。

目前美国针对其他国家的贸易争端，看起来是一个逆全球化的过程，但本质上是美国为了维护自己的资本垄断和霸主地位而做出的反应。随着经济全球化的发展，发达国家资本面临越来越多的挑战，国际范围内的竞争越来越激烈，美国等发达国家的资本在各方面的垄断地位不断被发展中国家挑战。本来这是一个促进商品价格向商品价值回归的过程，但是这种回归必然损害资本主义的剩余价值。这正是美国挑起贸易争端的经济根源。

第三部分 精编习题

一、单项选择题

1. 蒙代尔-弗莱明模型与 *IS-LM* 模型的区别是（　　）。

A. *IS-LM* 模型强调了产品市场与货币市场之间的相互作用

B. *IS-LM* 模型假定物价水平是固定的

C. 蒙代尔-弗莱明模型研究开放经济，*IS-LM* 模型研究封闭经济

D. 蒙代尔-弗莱明模型说明是什么因素引起总产出的短期波动

2. 若人民币兑美元的直接标价为 1 美元=6.5 元，则人民币兑美元的间接标价数值为（　　）。

A. 6.5　　B. 6　　C. 0.167　　D. 0.154

3. 若我国的人民币升值，会发生的情况是（　　）。

A. 出口趋于增加　　B. 进口趋于增加

C. 边际进口倾向趋于下降　　D. 政府预算赤字趋于下降

4. 在汇率稳定的情况下，如果 1 欧元等于 30 泰铢，1 泰铢等于 4 日元，那么 1 欧元等于（　　）日元。

A. 120　　B. 39　　C. 31　　D. 8.75

5. 在开放经济条件下，决定国内国民收入水平的总需求是（　　）。

A. 国内总需求　　B. 国内支出

C. 对国内服务的总需求　　D. 对国内产品和服务的总需求

6. 在开放经济条件下，国内总需求的增加将引起的变化是（　　）。

A. 国民收入增加，贸易收支状况恶化

B. 国民收入增加，贸易收支状况不变

C. 国民收入增加，贸易收支状况改善

D. 国民收入减少，贸易收支状况改善

7. 在开放经济条件下，出口的增加将引起的变化是（　　）。

A. 国民收入增加，贸易收支状况改善

B. 国民收入增加，贸易收支状况不变

C. 国民收入增加，贸易收支状况恶化

D. 国民收入减少，贸易收支状况改善

8. 如果瑞士法郎与美元的比价由 4 瑞士法郎兑换 1 美元变为 3 瑞士法郎兑换 1 美元，则瑞士法郎的价格大约（　　）。

A. 由 25 美分升至 33 美分，相对瑞士法郎美元升值

B. 由 33 美分降至 25 美分，相对瑞士法郎美元贬值

C. 由 25 美分升至 33 美分，相对瑞士法郎美元贬值

D. 由 33 美分降至 25 美分，相对瑞士法郎美元升值

9. 以外币表示的美元价格大幅度下降对美国的进出口产生的影响是（　　）。

A. 增加美国的进出口　　B. 增加出口但减少进口

C. 减少出口但增加进口　　D. 减少美国的进出口

10. 如果美国使其本币贬值，则其结果是（　　）。

A. 无论是从中国居民的角度看，还是从美国居民的角度看，进出口商品都变得便宜了

B. 无论是从中国居民的角度看，还是从美国居民的角度看，进出口商品都变得昂贵了

C. 从美国居民的角度看，其进口品更加便宜；从中国居民的角度看，其出口品更加昂贵

D. 从美国居民的角度看，其进口品更加昂贵；从中国居民的角度看，其出口品更加便宜

二、多项选择题

1. 蒙代尔–弗莱明模型与 *IS–LM* 模型的共同点是（　　　）。

A. 都强调了产品市场与货币市场之间的相互作用

B. 都假定物价水平是固定的

C. 都说明是什么因素引起总产出的短期波动

D. 都假设开放经济

2. 蒙代尔–弗莱明模型研究的经济体是（　　　）。

A. 封闭经济　　B. 开放经济　　C. 小国　　D. 大国

3. 小型开放经济是指（　　）。

A.“小型”是指所考察的经济只是世界市场的一小部分，从而其本身对世界的影响微不足道

B.“资本完全流动”是指该国居民可以完全进入世界金融市场，特别是，该国政府并不阻止国际借贷

C. 劳动力完全流动

D. 所考察的经济只是世界市场的一小部分，本国货币政策对世界资本市场有一定影响

4. 各国参与国际贸易的可能原因有（　　）。

A. 取得规模经济收益　　B. 获得更多的生活资料

C. 满足不同居民的偏好　　D. 节约本国资源

5. 假定日元对美元的汇率下跌，则下列情况正确的有（　　）。

A. 现在需要更多的美元来兑换等量日元

B. 其他条件不变，美国人可能会购买更少的日本商品和服务

C. 其他条件不变，日本人可能会购买更多的美国商品和服务

D. 相对于日元，美元贬值了

6. 如果英镑相对于墨西哥比索升值了，则说明（　　）。

A. 对于英镑而言，比索增加了

B. 在其他条件不变的情况下，墨西哥的英国商品的价格上升了

C. 对于比索而言，英镑增加了

D. 对于比索而言，英镑减少了

三、判断题

1. 如果人们得到了某种外币的直接标价，只要取其“倒数”，即用 1 除以这个标价，就会马上得到该外币的间接标价，反之亦然。（　　）

2. 实际汇率是指两个国家通货的相对价格。（　　）

3. 由于每个国家通货的实际购买力都与各个国家的价格因素不相关，所以名义汇率并没有考虑到两个国家价格水平的情况。（　　）

4. 如果实际汇率高，外国产品就相对便宜，而国内产品就相对昂贵。（　　）

5. 如果实际汇率低，国内产品就相对昂贵，而外国产品就相对便宜。（　　）

6. 假设实际汇率较低，在这种情况下，由于国内产品相对便宜，所以这时外国人想购买该国的许多产品，而国内居民减少购买进口产品，这导致该国的净进口增加。(　　)

7. 若实际汇率较高，由于国内产品相对于外国产品昂贵，外国人将减少购买该国的产品，而国内居民想购买较多的进口产品。因此，该国的净出口将增加。(　　)

8. 按照间接汇率标价法，一国净出口反向地取决于实际汇率。(　　)

9. 当收入提高时，该国消费者用于购买本国产品和进口产品的支出都会减少。一般认为，出口不直接受一国实际收入的影响。因此，一国净出口反向地取决于一国的实际收入。(　　)

10. 蒙代尔-弗莱明模型说明了在固定汇率制下，财政政策不影响总收入，但货币政策能够影响总收入。(　　)

11. 蒙代尔-弗莱明模型说明了在浮动汇率制下，财政政策影响总收入，但货币政策不影响总收入。(　　)

12. 本国货币升值时，本国的进口增加，出口减少。(　　)

四、名词解释

1. 国际收支　2. 名义汇率　3. 直接标价法　4. 间接标价法　5. 实际汇率　6. 固定汇率制　7. 浮动汇率制　8. 国际收支差额　9. 马歇尔-勒纳条件　10. J 曲线效应　11. *BP* 曲线　12. *IS*-*LM*-*BP* 模型　13. 国际金融三元悖论

五、问答题

1. 国际收支反映的国际经济交易有哪些？
2. 如何判断居民与非居民之间发生的经济交易是否属于国际收支的范围？
3. 应该如何理解国际收支的概念？
4. 固定汇率制与金本位制的关系是什么？
5. 如何理解布雷顿森林体系？
6. 浮动汇率制有哪些形式？
7. 本币贬值对贸易收支状况产生什么影响？
8. 利率如何影响资本的流动？
9. 超大型经济体是否遵循“不可能的三位一体”？

10. 蒙代尔-弗莱明模型与凯恩斯理论的关系是什么？

11. 蒙代尔-弗莱明模型存在哪些局限性？

12. 试述人民币的贬值对我国国际收支的影响。

13. 采用购买力平价（PPP）计算汇率的依据是什么？该方法有什么局限性？

14. 金本位制有什么优缺点？

15. 在市场经济中，如何使国际收支自动得到调节？

六、计算题

1. 假定汇率固定，1 英镑的价格为 1.35 美元，1 欧元的价格为 1.12 美元，问：

（1）英镑兑欧元的价格是多少？

（2）若 1 英镑的市场价格为 1.4 欧元，英镑持有者如何从套汇中获利？

2. 某人打算以不超过 7 000 美元的价格买一辆小轿车，现在商店的报价为 5 000 英镑，问：

（1）若汇率是 1 英镑 = 1.5 美元，双方能否成交？

（2）汇率为多少时他才能买到小轿车？

3. 假设美元兑人民币的汇率为 1 美元兑换 6.5 元人民币。

（1）用美元表示的人民币汇率是多少？

（2）售价 1 200 元人民币的一台电视机的美元价格是多少？

（3）售价 800 美元的一台计算机的人民币价格是多少？

4. 设某国宏观经济由下述方程描述：

$C=28+0.8Y_{D}$，$I=I_0=40$，$G=\overline{G}=26$，$T=25+0.2Y$，$X=\overline{X}=20$，$M=M_0+mY=2+0.1Y$。

试求该国的均衡产出与贸易赤字或盈余（单位：亿元人民币）。

5. 设一国的经济由下述方程描述：

$Y=C+I+G+NX$，$C=80+0.6Y$，$I=350-1\,900r+0.1Y$，$\dfrac{M}{P}=\dfrac{1}{6}Y-1\,000r$，$NX=500-0.1Y-100\,(eP/P_{w})$，$\dfrac{eP}{P_{w}}=0.8+5r$，其中 $G=750$，$M=600$，$P_{w}=1$。

（1）推导总需求曲线的代数表达式。

（2）若本国价格水平 $P=1$，求均衡时的 Y、r、C 和 NX 的数值。

6. 设一个经济由下述关系描述：

$Y=C+I+G+NX$，$Y=5\ 000$，$G=1\ 000$，$T=1\ 000$，$C=250+0.75\ (Y-T)$，$I=1000-50r$，$NX=500-500e$，$r=r^*=5$

求该经济的储蓄、投资、贸易余额以及均衡汇率。

七、案例分析题

分析国家外汇管理局网站提供的《中国国际收支平衡表时间序列》的数据，回顾1982-2020年国际收支的变化过程。请分析：我国1982—2020年国际收支的特点是什么?

第四部分　精编习题详解

一、单项选择题

1. 答案C，解析：蒙代尔-弗莱明通过引入货币均衡、利率和国际资本流动，将 *IS-LM* 模型扩展为开放经济理论模型。

2. 答案D，解析：直接标价法为1单位外币 $=X$ 单位本币，间接标价法为1单位本币 $=1/X$ 单位外币。即直接标价为1美元 $=6.5$ 元人民币，间接标价法为1元人民币 $=1/6.5$ 美元 $=0.154$ 美元。

3. 答案B，解析：假设美元∶人民币 $=1∶6$ 升值到 $1∶5$，那么原先30元人民币的商品，人民币升值前出口到国外为5美元，升值后为6美元，出口会下降。原先1美元的商品进口需要支付6元人民币，升值后只需要支付5元人民币，进口会增加。

4. 答案A，解析：1欧元 = 30泰铢；1泰铢 = 4日元；30泰铢 = 120日元，即1欧元 = 120日元。

5. 答案D，解析：开放经济条件包括国内部门和国际部门，决定国内国民收入水平的总需求是国内部门和国际部门对国内产品和服务的总需求。

6. 答案A，解析：国内总需求的增加，一方面使得国内的生产得到扩张，继而使得国内生产总值增加；另一方面使得对进口需求增加。进口需求的增加使得贸易收支状况恶化。

7. 答案 A，解析：出口的增加，一方面使得总需求增加，国内的生产得到扩张，继而使得国内生产总值增加；另一方面出口需求的增加，会使得贸易收支状况改善。

8. 答案 C，解析：4 瑞士法郎兑换 1 美元，即 1 瑞士法郎兑换 25 美分；3 瑞士法郎兑换 1 美元，即 1 瑞士法郎兑换 33 美分。瑞士法郎价格从 25 美分升至 33 美分，瑞士法郎升值，美元贬值。

9. 答案 C，解析：以外币表示的美元价格大幅度下降，说明美元升值。美元升值时，比如从 1 美元=5 元人民币到 1 美元=6 元人民币，进口相同的中国商品支付的美元减少，即美国进口增加；出口相同的商品，中国消费者购买时支付的人民币增加，美国出口减少。

10. 答案 D，解析：对于美国来说，美元贬值比如 1 美元=6 元人民币到 1 美元=3 元人民币。那么，原来 30 元人民币的商品进口需要支付 5 美元，现在需要支付 10 美元，从美国居民角度，进口商品更加昂贵。同理从中国居民角度，其出口品更加便宜。

二、多项选择题

1. 答案 ABC，解析：蒙代尔-弗莱明模型假设开放经济，*IS-LM* 模型假设封闭经济，D 错误。

2. 答案 BC，解析：蒙代尔-弗莱明模型引入了货币均衡、利率和国际资本流动，属于开放经济模型。蒙代尔-弗莱明模型假设条件中利率是外生的、固定的，国内市场的实际利率等于世界市场的实际利率，即国内利率由国际市场决定，属于小国经济模型。

3. 答案 AB，解析："小型"是指所考察的经济只是世界市场的一小部分，从而其本身对世界的影响微不足道，属于世界市场的接受者；"资本完全流动"是指该国居民可以完全进入世界金融市场，特别是，该国政府并不阻止国际借贷。

4. 答案 ABCD，解析：以上都对。

5. 答案 ABCD，解析：日元对美元的汇率下跌，说明日元升值，美元贬值，ABCD 正确。

6. 答案 ABD，解析：英镑相对于比索升值了，1 英镑可以兑换更多的比索；相应地 1 比索能够兑换的英镑更少，所以 C 错误。

三、判断题

1. 答案√，解析：对直接标价法与间接标价法概念的考核。

2. 答案×，解析：名义汇率是指两个国家通货的相对价格。

3. 答案×，解析：由于每个国家通货的实际购买力都与各个国家的价格因素相关，所以名义汇率并没有考虑到两个国家价格水平的情况。

4. 答案√，解析：如果实际汇率高，外国产品相对国内产品便宜。

5. 答案×，解析：如果实际汇率低，外国产品就相对昂贵，而国内产品就相对便宜。

6. 答案×，解析：假设实际汇率较低，在这种情况下，由于国内产品相对便宜，所以这时外国人想购买该国的许多产品，而国内居民减少购买进口产品，这导致该国的净出口增加。

7. 答案×，解析：若实际汇率较高，由于国内产品相对于外国产品昂贵，外国人将减少购买该国的产品，而国内居民想购买较多的进口产品。因此，该国的净出口将减少。

8. 答案√，解析：按照间接汇率标价法，一国净出口反向地取决于实际汇率。本币升值，则表示为汇率上升，出口减少，进口增加。

9. 答案×，解析：当收入提高时，该国消费者用于购买本国产品和进口产品的支出都会增加。一般认为，出口不直接受一国实际收入的影响。因此，一国净出口反向地取决于一国的实际收入。

10. 答案×，解析：蒙代尔-弗莱明模型说明了在浮动汇率制下，财政政策不影响总收入，但货币政策能够影响总收入。

11. 答案×，解析：蒙代尔-弗莱明模型说明了在固定汇率制下，财政政策影响总收入，但货币政策不影响总收入。

12. 答案√，解析：本国货币升值时，本国商品相对于外国商品贵了，本国的进口增加，出口减少。

四、名词解释

1. 国际收支：是指一个经济体的居民与非居民之间因各种经济往来而发生的收入和支付的系统记录。

2. 名义汇率：是指两个国家（或地区）货币的相对价格，即一种货币能兑换另一种货币的数量。

3. 直接标价法：是用本国货币形式表示的国外货币的价格，即购买 1 单位或 100 单位的外币应该付出多少本国货币，故又称为应付标价法。

4. 间接标价法：用国外货币表示本国货币的价格。它以购买一定单位（如 1 单位）的本国货币为标准来计算应收多少单位外币，故又称为应收标价法。

5. 实际汇率：是指用两国（或地区）价格水平对名义汇率加以调整后的汇率。

6. 固定汇率制：是在金本位制度和布雷顿森林体系下通行的汇率制度。

7. 浮动汇率制：是指一国不规定本币与外币的黄金平价和汇率上下波动的界限，货币当局也不承担维持汇率波动幅度的义务，汇率随外汇市场供求关系变化而上下自由浮动的一种汇率制度。

8. 国际收支差额：通常把净出口与资本净流出的差额称为国际收支差额。

9. 马歇尔-勒纳条件：本币贬值对净出口影响的程度，还要看出口商品和进口商品的需求弹性。如果两者之和的绝对值大于 1，则本币贬值可以改善一国的贸易收支状况，这一结论被称为马歇尔-勒纳条件。

10. J 曲线效应：本币贬值对贸易收支改善的时滞效应被称为 J 曲线效应。国际收支先恶化后改善。

11. *BP* 曲线：在其他变量固定的前提下，以利率为纵坐标，国民收入为横坐标，可以画出一条反映国际收支平衡条件下国民收入与利率相互关系的曲线，称为国际收支均衡曲线或 *BP* 曲线。

12. *IS-LM-BP* 模型：把引入国际收支平衡的 *BP* 曲线所建立的分析国内外均衡的模型称为 *IS-LM-BP* 模型。

13. 国际金融三元悖论：又称不可能的三位一体，是指一个经济体不可能同时实现资本完全流动、固定汇率和独立的货币政策，即这三个政策目标不可能三合一地同时出现，每次只能出现两个。

五、问答题

1. 国际收支反映的国际经济交易有哪些？

解析：国际收支反映的是以货币数量记录的全部国际经济交易。其中包括：商品和服务的买卖、物物交换、金融资产之间的交换、无偿的单向商品和服务的转移、无偿的单向金融资产的转移。

2. 如何判断居民与非居民之间发生的经济交易是否属于国际收支的范围?

解析：判断一项交易是否属于国际收支的范围，是依据交易双方是否有一方是他国的居民，而不是交易双方的国籍。居民是一个经济概念，包括自然人和法人。它以居住地为标准，包括个人、政府、非营利团体和企业四类。按照国际货币基金组织（IMF）的国际收支定义，自然人居民是指那些在本国居住时间一年以上的个人。因此，他国的公民如果在本国长期从事生产和消费，也可能属于本国居民。法人居民是指在本国从事经济活动的各级政府机构、企业和非营利团体，但国际性机构，如联合国、IMF 等组织是任何国家的非居民。

3. 应该如何理解国际收支的概念?

解析：首先，国际收支是一个流量概念。也就是说，国际收支是对一个经济体在一定时期内（一年、一季度或一个月）参与国际经济交易活动的价值量总计。

其次，国际收支反映的是以货币数量记录的全部国际经济交易。其中包括：商品和服务的买卖、物物交换、金融资产之间的交换、无偿的单向商品和服务的转移、无偿的单向金融资产的转移。

最后，国际收支记录的是居民与非居民之间发生的经济交易。

4. 固定汇率制与金本位制的关系是什么?

解析：固定汇率制是在金本位制度下通行的汇率制度。顾名思义，这种制度规定本国货币与其他国家货币之间维持一个固定比率，汇率波动被限制在一定范围内，由官方干预来保证汇率的稳定。例如，1879 年美国采纳了金本位制，规定 1 美元等于 0.048 38 盎司黄金，当时 1 英镑的含金量是 0.234 9 盎司。这样，英镑与美元之间的汇率就是 1 英镑 = 0.234 9÷ 0.048 38≈4.855 31 美元。

5. 如何理解布雷顿森林体系?

解析：布雷顿森林体系是在第二次世界大战后形成的固定汇率制，其内容可以归纳为：一是实行“双挂钩”，即美元与黄金挂钩，其他各成员货币与美元挂钩；二是在“双挂钩”的基础上，各国货币对美元的汇率一般只能在汇率平价 1%的范围内波动，国际货币基金组织各成员的货币必须与美元保持固定比价。具体而言，确定 1 美元的含金量为 0.888 671 克纯金，各成员货币对美元的汇率按各成员货币的含金量与美元确定固定比价，或直接规定与美元的固定比价，但不得轻易改变，汇率波动幅度应维持在固定比价的上下 1%以内。

各成员政府有义务在外汇市场上进行干预活动，以保证汇率水平的基本稳定。由于这种汇率制度实行“双挂钩”，波幅很小，且可适当调整，因此该制度也被称为以美元为中心的固定汇率制或可调整的钉住汇率制度。

在布雷顿森林体系下，必须维持美元兑换黄金的稳定关系。20 世纪 70 年代初，随着美元危机进一步激化，美元兑换黄金的稳定关系难以为继。1971 年 8 月 15 日，美国宣布停止履行为外国政府或中央银行用美元兑换黄金的义务。之后，西方国家曾努力要恢复固定汇率，但 1973 年年初又爆发了一次新的美元危机，这样，西方各国就普遍开始实行浮动汇率制。1976 年 1 月，国际货币基金组织正式承认浮动汇率制度。1978 年 4 月，国际货币基金组织理事会通过《关于第二次修改协定条例》，正式废止以美元为中心的国际货币体系。至此，浮动汇率制度在世界范围取得了合法的地位，它也使世界各国在汇率制度的选择上具有了较强的自由度。

6. 浮动汇率制有哪些形式？

解析：浮动汇率制是指一国不规定本币与外币的黄金平价和汇率上下波动的界限，货币当局也不承担维持汇率波动幅度的义务，汇率随外汇市场供求关系变化而上下自由浮动的一种汇率制度。现在，各国实行的浮动汇率制度多种多样，有单独浮动、钉住浮动、弹性浮动、联合浮动等形式。

7. 本币贬值对贸易收支状况产生什么影响？

解析：本币贬值（或本国汇率下降，即 e 下降）将增加净出口，这只是一般理论上的分析。在实际经济中，汇率下降能在多大程度上增加出口、减少进口，取决于该国出口商品在世界市场上的需求弹性和该国国内市场对进口商品的需求弹性。只有出口商品的需求弹性大，本币贬值才会引起商品出口的增加；如果国内市场对进口商品的需求弹性很小，本币贬值所引起的进口商品减少幅度也会很小。因此，本币贬值对净出口影响的程度，还要看出口商品和进口商品的需求弹性。如果两者之和的绝对值大于 1，则本币贬值可以改善一国的贸易收支状况，这一结论被称为马歇尔-勒纳条件。但是一国是否可以采用货币贬值政策改善国际收支状况，视具体情况而定。即便认为本币贬值可以促进贸易收支状况的改善，也会有时间上的滞后。

西方经济学者认为，本币贬值对贸易收支状况产生影响的时间可划分为三个阶段：货币合同阶段、传导阶段、数量调整阶段。也就是说，本币贬值对国际收支状况的影响存在时滞。它的基本变化过程是，当一国货币贬值后，最初会使贸易收支状况进一步恶化而不是改善，只有经过一段时间以后贸易收支状况的恶化才会得到控制并趋于好转，最终使贸易收支状况得到改善。

8. 利率如何影响资本的流动？

解析：资本账户主要记录国际投资和借贷。从经济学的角度分析，国际投资和借贷的目的都是盈利。因此，国际资本的流动规律是，资本由低利率的国家向高利率的国家流动。这就是说，虽然影响资本流动的因素很多，但利率水平是主要的因素之一。本国的利率越高于国外的利率，国外的投资和借贷就会越多地流入本国，本国的资本越少地流向国外，这样，资本净流出就越少。相反，如果本国的利率越低于国外的利率，本国的资本就越多地流向国外，资本净流出就越多。

9. 超大型经济体是否遵循“不可能的三位一体”？

解析：不可能的三位一体是指一个经济体不可能同时实现资本完全流动、固定汇率和独立的货币政策，即这三个政策目标不可能三合一地同时出现，每次只能出现两个。不可能的三位一体又称国际金融三元悖论。

需要说明的是，上述理论有一个前提，即开放条件下的小型经济体。如果是超大型经济体，它能够影响全球经济运行，那么不可能的三位一体原理就会失效。道理很简单，这个超大型经济体有足够的力量影响全球资本市场，所以是它影响世界利率，而不是相反。因此，它的货币政策虽然带来利率变化，但是世界利率也跟着变化，因此资本净流入不受影响。

10. 蒙代尔-弗莱明模型与凯恩斯理论的关系是什么？

解析：蒙代尔-弗莱明模型作为宏观经济分析的标准框架，实际上是凯恩斯理论在开放经济领域的延伸。因此，一方面，它具有典型的凯恩斯理论特征，存在着凯恩斯主义“范式”的理论局限，即工资与价格存在刚性并且产出由总需求决定；另一方面，它又部分地复活了休谟的思想，即它重新引入了经济的自我调节功能，并且再次将国际资本流动放到分析框架的中心位置。在蒙代尔-弗莱明模型的极端情形——资本完全自由流动的开放条件下的小型经济当中，货币政策和财政政策分别在固定汇率制和浮动汇率制下完全失效。上述分析的一个直接政策含义就是国际金融三元悖论。在 20 世纪 60 年代初，蒙代尔针对内外均衡之间可能的冲突，提出了“有效市场分类”原则，即将货币政策与外部均衡联系，财政政策与内部均衡联系，从而确保每一目标和对其具有最大影响力的政策工具相配合，这些都是对凯恩斯主义宏观经济理论与政策的重要发展。

11. 蒙代尔-弗莱明模型存在哪些局限性?

解析:蒙代尔-弗莱明模型因严格的条件限制使得该模型不可避免地存在局限性。一是模型完全从流量的角度来考虑,忽视了国内外利差变动的存量效果,特别是经常账户的不均衡通过资本流动而抵消,并没有考虑国外净资产的存量均衡,对分析处理资产市场的均衡问题明显不足;二是模型假定在短期内价格具有完全黏性,使得模型只适用于短期分析,自动调节机制(如价格水平变动)对国际收支和内部均衡的影响缺乏解释力;三是模型假设资本完全流动是不符合现实经济的,并且模型忽视了交易成本、预期等因素对汇率决定和国际收支的重要影响。

12. 试述人民币的贬值对我国国际收支的影响。

解析:一国货币汇率的变动对其国际收支的影响是多方面的。汇率的升值与贬值是一个问题的两个方面,它们方向相反,作用也正好相反。现以汇率贬值为例,从一般理论到实际情况,分析人民币汇率的变动对我国国际收支的影响。

(1)人民币贬值对贸易收支的影响。一国汇率变化对其国际收支的一个最为直接也最为重要的影响是对贸易收支的影响。这一影响一般表现为,在满足马歇尔-勒纳条件并且存在闲置资源的情况下,一国货币贬值能够促进本国商品的出口,并能自动抑制外国商品的进口,从而能够起到改善本国贸易收支差额的作用。

对出口而言,人民币贬值后,一方面,等值人民币的出口商品在国际市场上能够比贬值前折合更少的外币,使我国商品在国际市场上的销售价格下降,竞争力增强,出口扩大;另一方面,如果我国出口商品在国际市场上的外币价格保持不变,则人民币贬值会使等值外币收入兑换比贬值前更多的人民币收入,使我国出口商的出口利润增加,从而使其出口积极性提高,出口生产扩大。

对进口而言,其作用与出口正好相反。人民币贬值后,一方面,以外币计价的进口商品在我国销售时能够折合的人民币价格比贬值前提高了,导致我国进口商成本增加、利润减少,从而引起进口数量相应减少;另一方面,如果维持原有的人民币售价,则需要压低进口品的外币价格,这势必会招致国外出口商的反对,从而降低我国进口商的积极性,减少进口。因此,本币贬值会自动地抑制商品的进口，并促使部分对进口品的需求转向本国的进口替代品。

从人民币贬值的实际效果来看，通常贬值能够对我国的贸易收支起到一定的推动作用。这主要是由贬值之后出口品（主要是中低档劳动密集型商品）的增长引起的。但由于我国对进口品的需求弹性较低，并且受到结构性因素的制约，进口需求减少对于贸易收支的改善作用并不明显。

（2）人民币贬值对非贸易收支的影响。货币贬值对一国经常账户也可能起到改善作用。因为一方面，贬值之后，外国货币的购买力相对提高，贬值国的国内服务变得相对低廉，因而增加了一国旅游和无形贸易对外国居民的吸引力，促进了本国对外非贸易收入的增加；另一方面，贬值后，国外的旅游和其他劳务开支对本国居民的吸引力相对减弱，从而抑制了本国对外的非贸易支出。但是，贬值对一国的单方面转移收支却可能产生不利影响。以外国侨民赡家汇款收入为例，贬值后，一单位外币所能换到的人民币增加，对侨民而言，一定的以人民币表示的赡家费用就只需要用较少的外币来支付，这就意味着我国的外币侨汇数量将会下降。

（3）人民币贬值对国际资本流动的影响。人民币贬值后，1 单位外币可以折合更多的人民币，一般而言，这会促使外国资本流入增加，国内资本流出减少，使我国资本账户得到改善。但是贬值对我国资本账户收支的具体影响还取决于人们对人民币走势的预期。如果人民币贬值后，人们认为贬值的幅度还不够，汇率的进一步贬值将不可避免，即贬值引起了进一步的贬值预期，那么人们会将资本从我国转移到其他国家，以避免损失；如果人们认为贬值已使得人民币汇率处于均衡水平，那些原先因人民币定值过高而外逃的资金就会流回我国；如果人们认为贬值已经过头，即人民币价格已低于正常的均衡水平，其后必然出现向上反弹，那么就会将资金从其他国家调拨到我国，以从中谋利。

（4）人民币贬值对外汇储备的影响。当今，大多数国家采用了多元化的外汇储备管理办法。由于储备货币的多元化，汇率变化对外汇储备的影响也复杂化了。本国货币对某一货币的贬值究竟会在多大程度上对本国的外汇储备产生影响，需要从多方面加以分析：① 要明确一国外汇储备的币种结构；② 要计算各储备货币的升贬值幅度；③ 根据外汇储备构成中不同币种的权重，结合各货币的升贬值幅度，衡量出一定时期内储备币种汇率变化对一国外汇储备的综合影响；④ 要考虑储备货币中软硬币的利率差异，与汇率涨跌相比较，从而得出一定时期内不同货币汇率变化及利率变化对一国外汇储备总体影响的分析结论。

13. 采用购买力平价（PPP）计算汇率的依据是什么？该方法有什么局限性？

解析：购买力平价理论的基本思想是：人们之所以需要外国货币，是因为它在该国国内具有对一般商品的购买力。同样，外国人之所以需要本国货币，是因为它在本国具有购买力。因此，本国货币和外国货币的平价主要取决于两国货币购买力的比较。

购买力平价成立的前提是一价定律，即同一商品在不同国家的价格是相同的。当两国间的商品价格存在差异时，套购者就会根据贱买贵卖的原则，在价格低的国家大量采购这种商品，然后在价格高的国家市场上抛售，以获得套购利润。随着套购活动的进行，需求与供给趋于平衡，价格差异逐渐缩小，直至该同质、同类商品具有等值的价格。也就是说，同一可贸易商品以不同货币表示的价格经过均衡汇率的折算，在数值上相等。

购买力平价存在两种形式：① 绝对购买力平价，即两国的货币兑换比率等于两国价格水平的比率，它说明了某一时点上汇率决定的基础。② 相对购买力平价，指两国货币兑换比率的变动等于两国价格水平变动的比率，它说明了某一段时间里汇率变化的原因。

利用购买力平价理论计算汇率有其合理性，依据在于：首先，购买力平价理论指出一国物价上涨、纸币对内贬值在短期内并不一定会引起纸币对外贬值，但在长期，纸币对内贬值必然引起纸币对外贬值，从而较令人满意地解释了长期中汇率变动的原因。其次，相对购买力平价理论在物价剧烈波动、通货膨胀严重时期具有较大的意义。最后，购买力平价理论有可能在两国贸易关系新建或恢复时，提供一个均衡汇率的基础。

但该方法也存在一定的缺陷，具体表现如下：

(1) 用购买力平价方法计算出的汇率最多只能被看作汇率的长期均衡值，购买力平价理论在短期内是失效的。在实践中有很多原因使实际汇率偏离购买力平价，这些原因主要有：首先是市场障碍的影响。运输成本、关税、配额、外汇管制和其他形式的贸易限制会使购买力平价产生严重偏差；同时，国内市场中的市场障碍还会使市场价格不能反映市场供求关系。价格同市场的脱离使货币的购买力难以真实地体现。其次是国际收支中非贸易项目对购买力平价造成的影响。购买力平价理论反映的是产品和服务的相对价格对汇率的决定作用，但国际收支中的资本项目、利润和利息及单方面转移等非贸易项目的变化同样会影响外汇市场的供求关系，从而使购买力平价出现偏差。只将产品和服务的价格作为汇率决定的主要因素，缺乏对外汇投机和资本流动的系统分析，是购买力平价理论的一个严重缺陷。最后，心理预期及政府在外汇市场的干预等因素也会造成汇率的波动及购买力平价的偏差。

（2）计算购买力平价时，在基期选择、编制各国物价指数的方法和范围方面也存在技术性困难。卡塞尔指出，不是以前任何一个时期都可以被选作基期，基期只能是汇率等于绝对购买力平价的时期。如果基期选择不当，报告期均衡汇率的计算就会发生系统偏差；而实际中很难确定这样一个时期。即使基期选择正确，从统计学角度看，购买力平价理论的实际运用也存在难以解决的技术问题——选择两国的价格指数。根据经济管理的目的，各国编制了多种价格指数，如批发物价指数、消费价格指数、贸易品物价指数等，在计算相对购买力平价时，选择不同的价格指数，计算出来的结果往往存在很大差异。

14. 金本位制有什么优缺点？

解析：金本位制是一种以一定成色及重量的黄金为本位货币的货币制度。它包括三种形式：金币本位制、金块本位制和金汇兑本位制。其中金币本位制是金本位制的典型形式。国际金本位体系具有三个显著的特征：① 黄金作为最终清偿手段，是“价值的最后标准”，充当国际货币。② 汇率体系呈现为严格的固定汇率制。③ 这是一个松散、无组织的体系。

优点：① 由于汇率固定，从而消除了汇率波动所产生的不确定性，有助于促进世界贸易；② 由于金本位制内在的对称性，该体系中没有一个国家持有特权地位，都必须承担干预外汇的义务；③ 世界各国的中央银行必须固定其货币的黄金价格，所以它们不会允许其货币供给比实际货币需求增长得更快。因此，金本位制天然地能够对中央银行通过扩张性货币政策引起国内价格水平上涨的做法予以限制。

缺点：① 它大大限制了使用货币政策对付失业等问题的能力；② 只有当黄金与其他产品和服务的相对价格稳定时，将货币与黄金挂钩的做法才能确保总体价格水平的稳定；③ 当各国经济增长时，除非能不断地发现新的黄金，否则中央银行无法增加其持有的国际储备；④ 金本位制给了主要的黄金产出国通过出售黄金来影响世界经济状况的巨大的能力。

15. 在市场经济中，如何使国际收支自动得到调节？

解析：在市场经济中，当一国国际收支失衡时，主要是通过价格、收入、汇率等的变化，使国际收支自动得到调节，趋向平衡。历史上在金本位制度下，如果一国发生了国际收支逆差，外汇供不应求，汇率就要上升，这时该国就要输出黄金，于是货币发行量及存款都要收缩，物价就会下降，这样出口增加，进口减少，国际收支得到改善。反之，则会发生相反的过程。这样，国际收支的不平衡就会通过黄金流通机制自动得到调节。金本位制被纸币本位制取代后，这种经济中的自动调节作用是通过影响国民收入、物价水平及资本流动等各方面的变化，使国际收支自动得到调节的。例如，一国发生国际收支顺差时，国内金融机构持有的国外资产增加，使银行信用扩张，银根松弛，利率下降，由此使国内消费和投资都增加，国民收入水平提高，进口增加，缩小原来的国际收支顺差；国内总需求增加，物价上涨，从而削弱本国商品在国际市场上的竞争能力，出口下降，进口增加，缩小原来的国际收支顺差；资本外流，外国资本流入受阻，也缩小了国际收支顺差；对外汇的供给大于需求，汇率下降，本国货币升值，使出口减少，进口增加，减少了贸易顺差。反之，如果出现国际收支逆差，则能通过相反的调节过程，使国际收支状况自动得到改善。

总之，在市场经济中，国际收支推移会影响利率、收入、汇率水平在市场作用下发生相应变化，从而自动调节国际收支状况。这种自动调节机制尤其为古典经济学所强调。

六、计算题

1. 假定汇率固定，1 英镑的价格为 1.35 美元，1 欧元的价格为 1.12 美元，问：

（1）英镑兑欧元的价格是多少？

（2）若 1 英镑的市场价格为 1.4 欧元，英镑持有者如何从套汇中获利？

解析：（1）$\frac{\text{英镑}}{\text{欧元}}=\frac{1.35}{1.12}=1.2$，所以，1 英镑 = 1.2 欧元。

（2）在市场上，将 1 英镑兑换为 1.4 欧元，将 1.4 欧元兑换为 1.4×1.12 = 1.568 美元，用 1.568 美元与政府可换 1.568÷1.35 = 1.16 英镑，在交易中获利 0.16 英镑。

2. 某人打算以不超过 7 000 美元的价格买一辆小轿车，现在商店的报价为 5 000 英镑，问：

（1）若汇率是 1 英镑 = 1.5 美元，双方能否成交？

（2）汇率为多少时他才能买到小轿车？

解析：（1）商店报价折算成美元为 5 000×1.5 = 7 500 美元，双方不能成交。

（2）汇率在至多为 1 英镑 $=\dfrac{7\ 000}{5\ 000}=1.4$ 美元时，他才能买到小轿车。

3. 假设美元兑人民币的汇率为 1 美元兑换 6.5 元人民币。

（1）用美元表示的人民币汇率是多少？

（2）售价 1 200 元人民币的一台电视机的美元价格是多少？

（3）售价 800 美元的一台计算机的人民币价格是多少？

解析：（1）用美元表示的人民币汇率是 1÷6.5 = 0.15。

（2）该电视机的美元价格为 1 200÷6.5 = 185（美元）。

（3）该计算机的人民币价格为 800×6.5 = 5 200（元）。

4. 设某国宏观经济由下述方程描述：

$C=28+0.8Y_{\mathrm{D}}$，$I=I_0=40$，$G=\overline{G}=26$，$T=25+0.2Y$，$X=\overline{X}=20$，$M=M_0+mY=2+0.1Y$。

试求该国的均衡产出与贸易赤字或盈余（单位：亿元人民币）。

解析：收入恒等式为：$Y=C+I+G+X-M$，而 $C=28+0.8Y_{\mathrm{D}}=28+0.8(Y-T)=28+0.8(Y-25-0.2Y)=8+0.64Y$，代入收入恒等式有：

$$Y=8+0.64Y+40+26+20-2-0.1Y$$

所以 $Y=200$（亿元）。

此时，$M=2+0.1Y=2+0.1\times200=22$（亿元）。

$X-M=20-22=-2$（亿元），即贸易赤字为 2 亿元。

5. 设一国的经济由下述方程描述：

$Y=C+I+G+NX$，$C=80+0.6Y$，$I=350-1\ 900r+0.1Y$，$M/P=\dfrac{1}{6}Y-1\ 000r$，$NX=500-0.1Y-100(eP/P_{\mathrm{w}})$，$eP/P_{\mathrm{w}}=0.8+5r$，其中 $G=750$，$M=600$，$P_{\mathrm{w}}=1$。

（1）推导总需求曲线的代数表达式。

（2）若本国价格水平 $P=1$，求均衡时的 Y、r、C 和 NX 的数值。

解析：（1）由 $Y=C+I+G+NX$ 得：

$Y=80+0.6Y+350-1\ 900r+0.1Y+750+500-0.1Y-100(0.8+5r)$

$Y=1\ 600-2\ 400r+0.6Y$

$0.4Y=1\ 600-2\ 400r$

IS 曲线的方程为：$Y=4\ 000-6\ 000r$。

由货币市场的均衡条件，得 LM 曲线的方程为：$\frac{1}{6}Y-1\ 000r=\frac{600}{P}$。

将 LM 的方程代入 IS 的方程（或者删除 r），得总需求曲线的方程为：$Y=2\ 000+\frac{1\ 800}{P}$。

（2）若 $P=1$，则：

$Y=2\ 000+\frac{1\ 800}{P}=3\ 800$

把 $Y=3\ 800$ 代入 LM 曲线方程，得：$r=\frac{1}{30}\approx 3.33\%$。

$C=80+0.6\times 3\ 800=2\ 360$

$eP/P_w=0.8+5r=0.8+5\times\frac{1}{30}\approx 0.967$

$NX=500-0.1\times 3\ 800-100\times 0.967=23.3$

6. 设一个经济由下述关系描述：

$Y=C+I+G+NX$，$Y=5\ 000$，$G=1\ 000$，$T=1\ 000$，$C=250+0.75(Y-T)$，$I=1\ 000-50r$，$NX=500-500e$，$r=r^*=5$

求该经济的储蓄、投资、贸易余额以及均衡汇率。

解析：消费：$C=250+0.75\times(5\ 000-1\ 000)=3\ 250$

个人储蓄：$S_{个人}=Y-T-C=5\ 000-1\ 000-3\ 250=750$

政府储蓄：$S_{政府}=T-G=0$

储蓄：$S=S_{个人}+S_{政府}=750+0=750$

投资：$I=1\ 000-50\times 5=750$

均衡汇率可以通过下式求出：

$5\ 000=3\ 250+750+1\ 000+500-500e$

解得：$e=1$。

贸易余额：$NX=500-500\times 1=0$

七、案例分析题

分析国家外汇管理局网站提供的《中国国际收支平衡表时间序列》的数

据，回顾 1982—2020 年国际收支的变化过程。请分析：我国 1982—2020 年国际收支的特点是什么？

解析：根据国家外汇管理局提供的《中国国际收支平衡表时间序列》的数据，回顾 1982—2020 年国际收支的变化过程，我国的国际收支有如下特点：

（1）1982—1989 年，国际收支差额较小，顺差和逆差交替出现。这段时期经常账户与资本和金融账户（以下简称资本账户）既有顺差也有逆差。8 年间，经常项目有 4 年是逆差，4 年是顺差。其中 1985 年、1986 年逆差分别达到 114 亿美元和 70 亿美元，主要原因是这两年的进口有大幅度的增加，表明我国仍然处在短缺经济的时期。资本账户则有 3 年是顺差（资本净流入），5 年是逆差（资本净流出）。同期外汇储备经历了减少—增加—减少的变化。

（2）1990—2001 年，国际收支保持顺差。在经常账户上，除了 1993 年为逆差（进口猛增的原因）以外，其余年份均保持顺差，也就是说我国的出口大于进口。在资本账户上，逆差和顺差交替出现，但是其规模比经常账户小，所以，国际收支总体一直保持着顺差的局面。

值得注意的是，在 1990—1991 年、1997—2001 年出现了经常账户和资本账户的“双顺差”现象。从理论上来说，经常项目和资本项目是互补的，所以不可能出现双顺差的现象。这种现象的出现，一方面，得益于我国成本优势带来的出口连年猛增，而国内消费相对不足，导致进口增速低于出口。另一方面，我国国内经济增长加速，导致吸引外资的能力增强，所以，来自国外的资本净流入大增，导致资本流入的顺差持续出现。

（3）2002—2008 年，经常项目顺差持续增加。2005—2008 年，平均每年增加约 1 000 亿美元。我国资本净流入也一直保持顺差，前三年每年递增数百亿美元，而后三年则每年递增近千亿美元。资本净流入大于经常项目净出口。双顺差导致我国外汇储备 2008 年增加到 1. 95 万亿美元。

（4）2009—2020 年，国际收支顺差巨大，后期规模有所下降。可以分为两个阶段，其中 2009—2015 年国际收支顺差持续增长，经常项目的顺差在 2015 年达到 2 930 亿美元的峰值后逐步减少，2018 年为 241 亿美元，这与美国对中国发起的贸易冲突有很大的关系。2020 年又恢复到 2 740 亿美元，因为新冠肺炎疫情，国际社会对我国产业链的依赖进一步加强。同期资本项目的变动很大，从资本净流入变成净流出，再到净流入。

综上所述，我国在 1982—2020 年的国际收支总体顺差，且持续增加，体现出我国经济社会发展的伟大业绩和对全球经济发展的巨大推动力。

第十五章　宏观经济政策

第一部分　内容框架结构与复习重点

一、内容框架结构

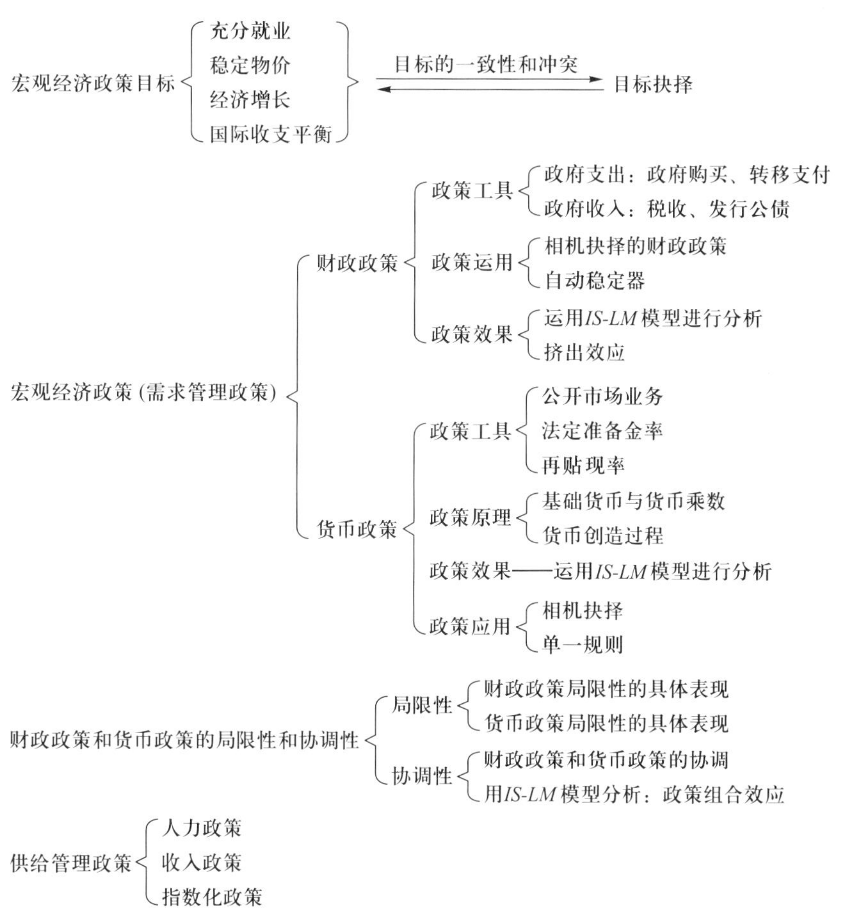

二、复习重点

1. 主要概念

米德冲突、财政政策、自动稳定器、功能财政、李嘉图等价原理、挤出效应、挤进效应、货币政策、公开市场业务、法定准备金率、再贴现率、基础货币、货币乘数、动态不一致性、卢卡斯批评、人力政策、收入政策、指数化政策

2. 基本理论

宏观经济政策目标、掌握财政政策、货币政策等宏观经济政策的效应和运行机制、供给管理政策、运用宏观经济政策理论分析现实经济问题

第二部分 章后思考题详解

一、扫码自测习题

（一）单选题

1. 以下哪一个不是宏观经济政策的目标？（　　）

A. 充分就业　　B. 物价稳定

C. 实现潜在产出　　D. 将失业率降低为零

答案 D，解析：国家宏观调控的政策目标包括充分就业、稳定物价、经济增长和国际收支平衡。这里的充分就业仅仅意味着失业率保持在一个尽可能低的水平，即自然失业率大于零。

2. 以下哪个举措必然导致货币供给量增加？（　　）

A. 中央银行买进债券　　B. 中央银行卖出债券

C. 中央银行降低准备金率　　D. 中央银行降低贴现率

答案 A，解析：A 选项，中央银行在公开市场上买进政府债券时，货币流向市场，必然增加货币供给量。B 选项是紧缩性的货币政策，会减少货币供给量。C 选项错，法定准备金率是准备金最低标准，中央银行降低准备金率有可能增加商业银行的信贷规模，但是银行可以不按照此准备金率留准备金，可以有超额准备金。D 选项错，中央银行调节的是再贴现率而非贴现率，降低再贴现率能够降低商业银行融资成本，但经济形势不好时，商业银行也不愿意融资，扩大信贷规模，并非必然导致货币供给量增加。贴现行为发生在商业银行与企业之间，不改变市场总体信贷规模。

3. 以下哪一个财政政策不具有内在稳定器的作用？（　　）

A. 所得税　　B. 失业救济金　　C. 环保开支　　D. 困难家庭补助

答案 C，解析：自动稳定器指当经济出现繁荣或衰退时，所得税、失业救济金以及困难家庭补助都会自发地随着经济条件改变而相应增加或减少，起到调节总需求的作用。C 选项，环保开支属于政府为引导经济结构调整而对财政

支出做出的主动调节。

4. 扩张性的货币政策与扩张性的财政政策会带来以下哪个结果？（　　）

A. 产出增加和利率下降　　B. 产出增加和利率上升

C. 产出增加，但是利率变化不确定　D. 产出与利率变化都不确定

答案 C，解析：根据 *IS-LM* 模型，扩张性的财政政策和货币政策的使用使得 *IS* 和 *LM* 曲线同时向右移动，曲线移动后新的均衡点出现必然会带来产出的增加，但利率的变化不确定，变动结果取决于两条曲线移动的幅度。

（二）多选题

1. 中央银行采取的以下哪些政策中属于遵循既定政策规则的做法？（　　）

A. 根据对经济形势的判断调整货币供给

B. 根据目标通货膨胀率被偏离的程度来调整货币供给增长速度

C. 根据目标名义 GDP 被偏离的程度确定货币供给增长速度

D. 将经济增长率和通货膨胀率包含在一个公式里，据此确定利率水平

E. 总是保证货币供给增长速度与经济增长速度相同

答案 BCDE，解析：根据对经济形势的判断调整货币供给属于相机抉择的货币政策，故 A 错。在货币政策的实施中，西方经济学家们提出了四种最有影响的政策规则，货币供给以通货膨胀率、名义 GDP、货币供给增长速度、泰勒规则为具体目标，让货币政策遵循规则而不被任意改变，B、C、D、E 为政策规则的四个目标。

2. 如果预期是理性的，且市场是完善的从而价格与工资可以灵活调整，那么总需求管理政策的效果具有如下特点：（　　）

A. 可以通过人们的配合将失业率降低到自然失业率以下

B. 货币政策比财政政策更有效果

C. 财政政策比货币政策更有效果

D. 货币紧缩政策可以在降低通货膨胀率的同时不至于提高失业率

E. 总需求管理政策既无必要，也无可能，更无实际效果

答案 DE，解析：A 选项错，充分就业即为失业率达到自然失业率的水平，政策有效性不会使失业率降低到自然失业率以下；当人们的预期理性且市场完善时，财政和货币政策都只能影响名义变量，不能改变实际变量，不会改变产出和失业率，政策都无效，B、C 选项错，E 正确；D 选项正确，总供给曲线垂

直于自然失业率，在经济中存在通货膨胀时，紧缩性货币政策能够达到降低通胀率的效果，不会提高或降低失业率。

3. 以下哪些情况代表财政政策是扩张性的？(　　)

A. 实际预算盈余减少　　B. 税率降低

C. 政府购买支出增加　　D. 政府转移支付减少

E. 政府发行公债

答案BC，解析：A选项错，预算盈余不仅取决于政府的财政政策选择，盈余减少可能是由产出水平提高的因素造成的；B、C正确，降低税率和增加购买支出都能实现刺激总需求的作用，属于扩张性财政政策；D选项属于紧缩性财政政策；E选项错，政府发行公债也可能为了弥补财政赤字，不一定为了增加政府支出，政策方向取决于发行公债后对所形成收入的使用途径。

4. 以下哪些行为有可能影响到按M_1测度的货币供给？(　　)

A. 中央银行的公开市场业务　　B. 中央银行调整再贴现率

C. 公众调整通货存款比率　　D. 商业银行改变超额准备金的规模

E. 企业改变产量

答案ABCD，解析：M_1包括流通中的货币量和商业银行的活期存款，A、B、C、D四个选项都能够实现对于商业银行活期存款量的调节，进而影响货币供给；E选项不正确，企业改变产量影响的是产出，与活期存款之间无直接影响关系。

（三）判断题

1. 除中央银行以外，商业银行和公众或非银行企业也都能影响到货币供给。(　　)

答案√，解析：商业银行的存贷比和公众的现金存款比都会对货币供给构成影响。

2. 如果观察到充分就业预算盈余在减少，可以认为政府在主动采取扩张性财政政策。(　　)

答案√，解析：财政预算$=T_0+tY-G-T_{tr}$，充分就业预算盈余可以消除国民收入Y变动对政府预算的影响，是判断政府财政政策方向的有效依据，盈余减少说明财政政策是扩张的。

3. 财政政策的终极目标是充分就业，而货币政策的终极目标是物价稳定。(　　)

答案×，解析：财政政策和货币政策的终极目标是无通货膨胀的充分就业，财政政策的首要目标是经济发展，而货币政策的第一目标是物价稳定。宏观调控目标的实现需要财政和货币政策的协调配合，单独使用任何一种政策都不能有效地实现调控目标。

4. 相机抉择的政策表示政府积极干预经济活动，坚持规则的政策表示政府听任市场机制起作用。（　　）

答案×，解析："规则"的政策思想是指用预先制定好的规则来进行调控，减少人为扰动，并非放任市场机制的自发调节。

二、思考题

1. 宏观经济政策目标有哪些？如何理解宏观经济政策目标之间的一致性和冲突关系？

解析：（1）西方经济学指出，国家宏观调控的政策目标一般包括充分就业、稳定物价、经济增长和国际收支平衡四项。

（2）从根本上说，宏观经济政策的四个目标具有一致性和互补性，但也存在着矛盾和冲突。了解这种关系对宏观经济政策的决策十分必要。

① 一致性和互补性。对某一目标的追求或某一目标的实现，同时也能够促进或影响其他目标的实现，这就是宏观经济政策目标的一致性。譬如，如果因顺差过大、外汇收入增加导致国际收支失衡，为收购这些外汇，就必然要增加国内货币供应量，从而导致物价上升；反之，减少顺差，可以稳定物价。而如果逆差过大，则可能形成国内货币紧缩的形势，影响经济增长并导致失业增加；反之，减少逆差，可以增加就业。从互补关系看，主要表现在：一国经济持续均衡增长，失业率就低；反之，失业率就高。

② 冲突关系。从宏观经济政策目标的矛盾和冲突来看，任何一种政策手段都有其副作用，对其他目标的实现产生不利的影响。米德认为，以财政政策和货币政策实现内部均衡、以汇率政策实现外部均衡的政策组合，可能会因固定汇率制度下汇率工具无效而无法使用。要运用财政政策和货币政策来达到内、外部同时均衡，在政策取向上常常存在冲突。当国际收支逆差与国内经济疲软并存，或是国际收支顺差与国内通货膨胀并存时，财政、货币政策都会左右为难，这就是经济学上著名的"米德冲突"。从稳定物价与充分就业这两个目标来看，二者之间也经常发生冲突。若要降低失业率，增加就业人数，就必须增

加货币工资，这样会使货币工资上涨率超过劳动生产率的增长，容易形成成本推动型通货膨胀。

2. 如何用 *IS–LM* 模型解释财政政策的效应？

财政政策效应就是政府变动收支后对社会经济活动如就业、产出等产生的有效作用以及相应的反应。财政政策效应的大小取决于 *IS* 曲线和 *LM* 曲线的斜率。

一是取决于 *IS* 曲线的斜率。一般说来，在 *LM* 曲线不变时，*IS* 曲线的斜率越小，*IS* 曲线越平坦，*IS* 曲线移动对国民收入变动的影响越小，挤出效应越大，财政政策效应越小；反之，*IS* 曲线的斜率越大，*IS* 曲线越陡峭，*IS* 曲线移动对国民收入变动的影响越大，故财政政策效应越大（见图 15–1）。

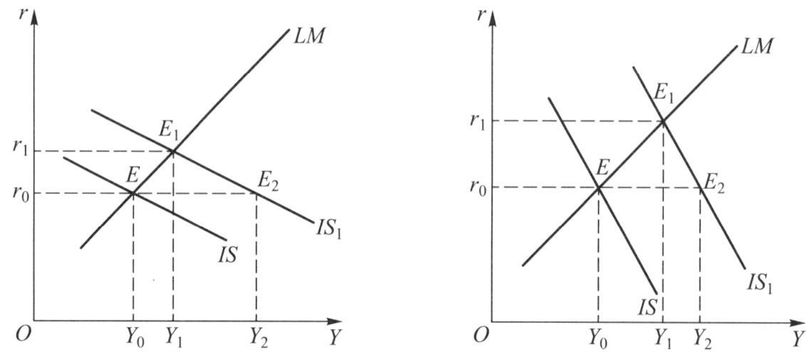

图 15–1 *IS* 曲线斜率与财政政策效应

二是取决于 *LM* 曲线的斜率。如图 15–2 所示，*IS* 曲线的斜率是相同的，只是 *LM* 曲线的斜率不同。对于相同的财政扩张政策，这两种情况下的均衡国民收入的变动量不同。一般说来，对于正常 *IS* 曲线的既定变动，*LM* 曲线越平缓，扩张性财政政策引起的挤出效应越小，均衡国民收入增加越多，财政政策效应越大；*LM* 曲线越陡峭，扩张性财政政策引起的均衡国民收入增加越少，财政政策效应越小。

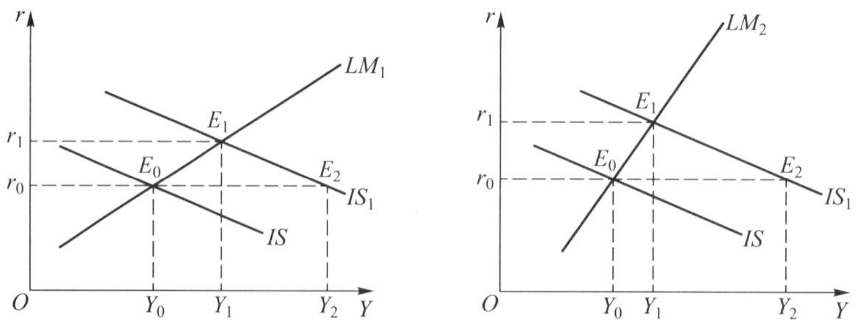

图 15–2 *LM* 曲线的斜率与财政政策效应

3. 货币政策工具有哪些？如何用 *IS-LM* 模型解释货币政策的效应？

解析：最常用的货币政策工具包括公开市场操作（又称公开市场业务）、法定准备金率、再贴现率三种，还有其他货币工具作为辅助性措施，主要有公告操作、信用控制、道义劝告和窗口指导等。

货币政策效应的大小取决于 *IS* 曲线和 *LM* 曲线的斜率。

（1）*IS* 曲线的斜率影响货币政策效应。在图 15-3 中，*LM* 曲线的斜率相同，但 *IS* 曲线的斜率不同。*IS* 曲线越陡峭，扩张性货币政策引起的均衡国民收入增加越少，即货币政策效应越弱，如图 15-3（b）所示。

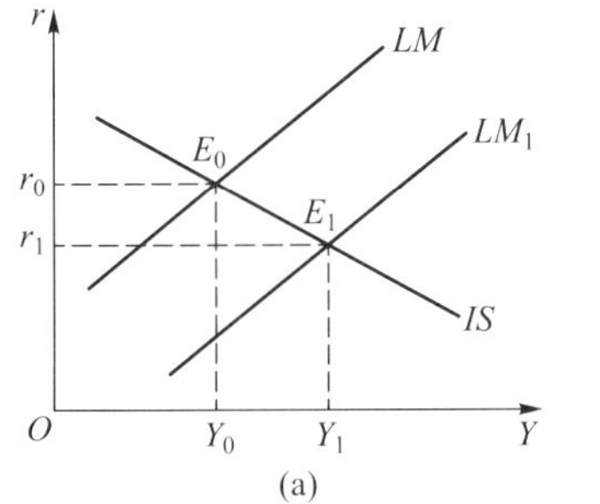

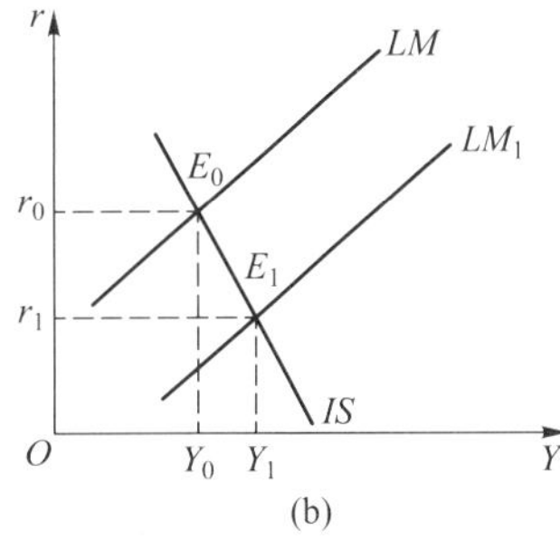

图 15-3　*IS* 曲线的斜率与货币政策效果

（2）*LM* 曲线的斜率影响货币政策效应。在图 15-4 中，*IS* 曲线的斜率相同，但 *LM* 曲线的斜率不同，货币政策效应也不一样。如果货币供给量增加，*LM* 曲线较平坦的，那么货币政策效应较小；*LM* 曲线较陡峭的，那么货币政策效应较大。

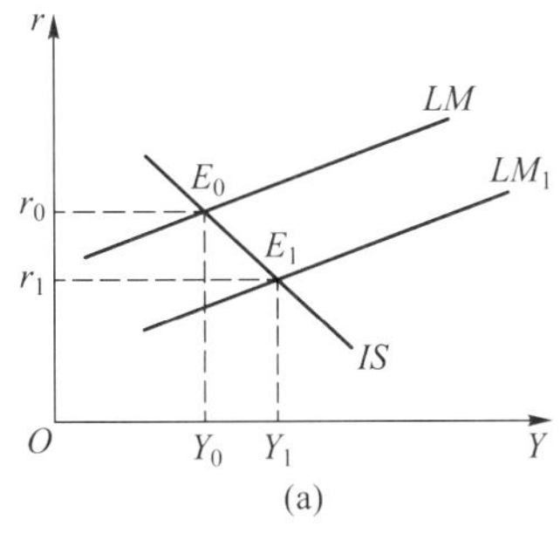

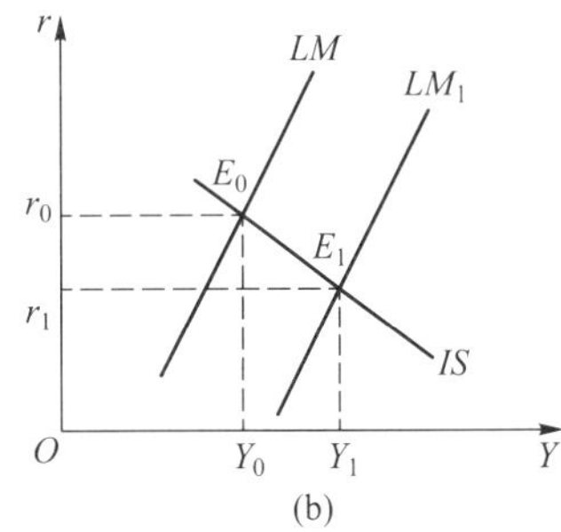

图 15-4　*LM* 曲线斜率与货币政策效果

如果考虑 *LM* 曲线的极端情况，流动性陷阱的 *LM* 曲线是一条水平线，它的货币利率弹性无限大，货币供应量的任何增加或减少都不会影响利率和国民收入，从而货币政策就没有任何效应。古典情况的 *LM* 曲线是垂直线。当货币需求对利率完全没有反应时，*LM* 曲线就是垂直的，此时，货币数量的一定变化对收入水平的影响达到最大限度。如图 15-5（b）所示，当中央银行增加货币供给后，*LM* 向右移动到 LM_1，国民收入从 Y_0 增加到 Y_1。

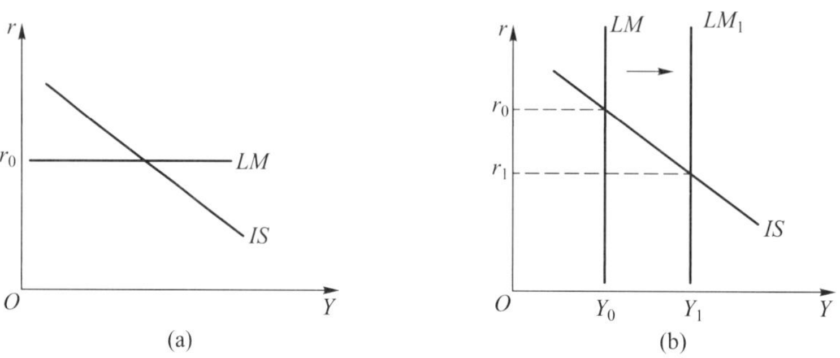

图 15-5 流动性陷阱与古典情况 *LM* 曲线下的货币政策效果

4. 查找有关美国 1929—1933 年大萧条的资料，利用 *IS*-*LM* 模型分析其原因。

解析：对大萧条的分析，西方经济学提出了多种理论，这些理论大多是从总需求侧寻找大萧条原因的，因此可以用 *IS*-*LM* 模型来分析。

IS 曲线方面的解释之一是，由于股票市场崩盘导致人们财富急剧缩水，从而带来消费减少；解释之二是房地产市场因为周期性原因和移民减少而出现住宅投资急剧萎缩。总而言之，股票市场崩溃、住宅投资萎缩和财政政策应对不当导致总需求减少，并进而引起民众商业信心缺失，进一步促进 *IS* 曲线左移，经济陷入恶性循环。

LM 曲线方面的解释认为，在当时货币存量实际上是在收缩的，表现为 *LM* 曲线的左移，经济衰退并触发全线恐慌情绪，导致银行体系崩溃，经济全线崩溃。

其实，不管哪种解释，都只是技术性的。大萧条发生的本质是资本主义基本矛盾的总爆发，是资本对劳动的剥削，从而造成广大民众贫困、有效需求不足、生产相对过剩。

5. 什么是卢卡斯批评？它对于宏观经济政策而言意味着什么？

解析：卢卡斯认为，政策制定者根据历史上的经验关系制定政策，在现实中，人们对未来的政策会形成理性预期，并基于这种预期采取措施，导致历史上的经验关系不再是政策制定者所理解并引以为依据的那种关系了，政策依照经济变量之间过去的关系制定，但是却按新的关系影响经济。结果是稳定性政策有悖初衷，反而会加剧经济的不稳定。这个观点被称为卢卡斯批评。

根据卢卡斯批评，稳定性宏观经济政策是不起作用的。他否定了宏观经济政策的有效性，认为政府不应该干预经济，并主张宏观经济理论和政策应该建立在微观个体的理性决策与理性预期基础上。

6. 货币供给是仅仅由中央银行决定，还是说商业银行、非银行企业与公众也能影响货币供给？为什么？

解析：中央银行是决定货币供给的主要力量。与此同时，商业银行、非银行企业与公众也能影响货币供给，尤其是商业银行。这意味着中央银行的货币政策效果会受到影响。

中央银行要通过改变货币供给量来影响总需求，可以通过公开市场业务、改变再贴现率、改变法定准备金率进行。但是这三大政策都有可能受到限制。公开市场业务改变经济中的基础货币量，但是基础货币的变化能够带来多大的 M_1 变化，取决于公众的通货存款比率，也取决于商业银行会保持多少超额准备金。如果中央银行改变再贴现率，那么基础货币能改变多少则取决于商业银行是否愿意改变向中央银行的再贴现行为。如果中央银行调整法定准备金率，商业银行在降低法定准备金率时则不一定降低实际的准备金率；而如果商业银行有超额储备，则提高法定准备金率也不一定起作用。

公众可以通过改变自己的通货存款比率，商业银行可以通过选择是否保持或保持多少超额准备金而影响经济中的货币供给 M_1，非银行企业则通过是否向银行寻求贷款而影响商业银行的超额准备金数量。但是现实中，公众的通货存款比率往往是稳定的，非银行企业的影响总体上也比较小，因此主要是商业银行影响货币供给。

7. 宏观经济政策中“相机抉择”和“规则”之争的焦点以及各自的依据是什么？

解析：相机抉择和坚持规则是西方经济学中观点相反但基本上势均力敌的两种政策主张。两方争辩的焦点是，按照事先制定的程序和规则来制定经济政策，还是应该根据经济形势的变化由决策者采取相机选择政策措施。

相机抉择的政策主张的依据是，市场是不完善的，存在着价格和工资的刚性，从而宏观经济会波动，因此，相机抉择的总需求管理政策非常必要，而且能够起作用，政府应该积极主动地采取政策，消除经济波动。

货币主义和新古典主义的经济学家认为，应该制定政策规则，让政策制定部门照章办事，不要相机抉择。坚持规则的政策主张的依据有两点。其一，市场经济基本上能够自行稳定，不需要干预性政策进行调控。其二，干预政策存在着动态不一致性和卢卡斯批评，不干预比干预好。这两点依据都建立在对理性预期的认可上。

8. 根据我国国情，你认为我国在制定与执行宏观经济政策时应该如何处理“相机抉择”和“规则”的关系？

解析：规则是以一定目标为指向的规则，我国经济社会发展目标是以人民利益为中心，实现中华民族的伟大复兴。为了实现这个目标，我国制定了“两个一百年”奋斗目标，五年规划、十年规划等，说明我国制定与执行长期宏观经济政策是有目标、有“规则”的。

事事、时时坚持规则需要事先精确预测、未卜先知，设计周密的制度规则，很难做到。应对短期经济波动、突发事件要采取“相机抉择”政策，不能让规则捆住宏观经济管理部门的手脚。

相机抉择意味着给经济管理当局更多的灵活性，但是也容易带来朝令夕改、政策频繁变动，从而慢慢侵蚀民众对于政策环境的稳定预期，打击民众对未来抱有的信心，引发公众同政策的博弈，使得相机抉择的效果越来越差。

因此，我国根据民情、国情、世情，采取一个折中的方案，将坚持规则与相机抉择结合起来。一方面，必须在已经了解清楚的施政领域重视规则建设，尤其是中央银行的货币政策，一定要透明、稳定，有规律可循。另一方面，应该在容易出现意外情况的领域给予相机抉择的空间，只是相机抉择也必须受到一定的约束，要合规合法。

9. 中国近期实际采用的供给政策有哪些？请用 *AD-AS* 模型分析其效果。

解析：自 2015 年以来，我国开始着力进行供给侧结构性改革，从短期而言是要解决一些产品产能过剩、部分产品供给不足，经济发展不平衡、不充分问题，按照“三去一降一补”（去产能、去库存、去杠杆，降低企业成本，补齐发展短板）思路推进供给侧改革，发展战略性新兴产业和现代服务业，优化产业结构，鼓励创新，实现创新驱动的经济增长，提高经济增长质量。

供给侧结构性改革着眼于供给侧，发力于生产端，但是宗旨是更好地满足需求。因此，如果用 *AD-AS* 模型加以分析，一方面表现为 *AS* 曲线动态地向右移动。另一方面，通过改进供给结构和供给质量，带动投资和要素所有者收入增加，满足我国公民对美好生活的需求，增加净出口，也使得 *AD* 曲线向右推移。

10. 如何认识西方宏观经济政策主张的局限性?

解析：西方宏观经济政策在具体运用上存在着各种局限性。第一，存在各种时滞，如认识时滞、决策时滞、实施时滞和作用时滞。第二，不同政策目标之间可能存在冲突，使得一种经济政策在达到某种目标时需要付出代价，比如要降低失业率就不得不忍受通货膨胀。第三，经济学理论对宏观经济的认识存在局限性，经济学家自己都处于争论之中。例如，关于稳定经济的政策，关于政府是否应平衡其预算或者如何看待预算赤字，分歧很多，经济学家互相不能说服对方，从而常常不能提供令人信服的政策建议。决策者也就无所适从，要么政策决策过程要经过反复争论而贻误时机，要么不同的决策者采取不同的政策，带来政策的不稳定。第四，现实经济中，西方国家采取的宏观经济政策所取得的实际效果常常也是乏善可陈的。20 世纪 70 年代，滞胀问题频频发生，宏观经济政策对此更是束手无策，无法兼顾价格稳定和充分就业。美国在 20 世纪 90 年代中后期实现了被誉为新经济的长时期经济繁荣，很多人将其部分归功于时任美联储主席格林斯潘在货币政策上的保驾护航。但是，也正是因为他倡导金融自由化、放任金融业无节制地创新和对金融行业疏于监管，酿成了 2007 年的美国次贷危机，并引发全球金融危机，其对世界经济带来的破坏作用迄今还没有完全消除。第五，西方宏观经济政策只是在技术层面对经济运行进行调控，没有触及资本主义市场经济的基本矛盾，从而也不可能从根本上解决经济危机问题。宏观经济政策只能在短期内起到缓解经济危机和熨平经济波动的效果，但未能解决生产资料私有制与生产社会化之间的基本矛盾，治标不能治本，不能消除诸如高失业率等宏观经济问题。

第三部分 精编习题

一、单项选择题

1. (　　) 不是国家宏观经济调控的主要目标。

A. 充分就业　　B. 经济增长

C. 稳定物价　　D. 国际收支顺差

2. 以下不属于政府转移支付范畴的是 (　　)。

A. 社会保障补贴　　B. 失业保险
C. 养老金　　D. 军费开支

3. 作为财政政策，对减少失业有帮助的是（　　）。
A. 减少政府支出　　B. 降低利率
C. 出售政府资产　　D. 减少企业所得税

4. 政府最主要的收入来源是依靠（　　）实现的。
A. 发行公债　　B. 土地出让收入
C. 国有企业运营收入　　D. 税收

5. 实行扩张性财政政策会使得（　　）。
A. 预算赤字增加　　B. 预算盈余增加
C. 物价水平降低　　D. 失业增加

6. 紧缩性财政政策对经济的影响是（　　）。
A. 加剧通货膨胀，减轻政府债务　　B. 缓和通货膨胀，增加政府债务
C. 缓和经济萧条，增加政府债务　　D. 抑制经济过热，减轻政府债务

7. 弥补赤字的主要途径是（　　）。
A. 借债和出售政府资产　　B. 增加转移支付
C. 货币升值　　D. 促进经济增长

8. 挤出效应产生的主要原因是政府支出增加挤出了对（　　）敏感的私人部门支出。
A. 利率　　B. 价格　　C. 投资收益　　D. 利润率

9. 政府支出的增加将使得计划支出曲线________，*IS* 曲线________。（　　）
A. 向上移动，向左移动　　B. 向上移动，向右移动
C. 向下移动，向左移动　　D. 向下移动，向右移动

10. 如果政府增加个人所得税的量与政府支出相等，其影响可能是(　　)。
A. 总支出净下降　　B. 总支出不改变
C. 总支出净增加　　D. 平衡预算乘数增大

11. 经济过热时，可以通过（　　）的财政政策来进行调节。
A. 增加政府支出或降低税率　　B. 减少政府支出或提高税率
C. 扩大财政赤字　　D. 降低预算盈余

12. 以下政府政策中，不属于自动稳定器的是（　　）。

A. 个人所得税税制　　B. 失业补助金政策

C. 发行地方政府专项债券　　D. 农产品价格维持制度

13. 功能财政的思想认为，当国民收入低于充分就业的收入水平时，政府需要（　　）以实现充分就业。

A. 增加支出或税收　　B. 减少支出或税收

C. 减少盈余或扩大赤字　　D. 增加盈余或减少赤字

14. 提高个人所得税免征额的短期政策效果是（　　）。

A. 总需求增加，从而增加国民收入

B. 总供给减少，物价上涨

C. 总需求减少，从而减少国民收入

D. 总供给增加，物价下跌

15. 下列财政政策中，对私人投资的挤出效应最小的是（　　）。

A. 减少基础货币发行量　　B. 扩大基础货币发行量

C. 政府对企业进行投资补贴　　D. 增加实际国防开支

16. 挤出效应接近100%时，对于政府支出乘数效应的影响是（　　）。

A. 支出乘数的作用受到微弱的限制　B. 支出乘数的作用不受影响

C. 乘数效应近于无效　　D. 乘数效应更为明显

17. 当经济陷入流动性陷阱中时，经济政策的效果是（　　）。

A. 财政政策有效，货币政策无效　　B. 财政政策无效，货币政策有效

C. 财政和货币政策均有效　　D. 财政和货币政策均无效

18. 政府购买增加使 *IS* 曲线右移，在（　　）情况下均衡收入变动接近于 *IS* 曲线的移动量。

A. *LM* 曲线陡峭，*IS* 曲线平缓　　B. *LM* 曲线平缓，*IS* 曲线陡峭

C. *LM* 曲线和 *IS* 曲线均平缓　　D. *LM* 曲线和 *IS* 曲线均陡峭

19. 下列影响因素中导致挤出效应较小的决定性因素是（　　）。

A. 支出乘数较大，货币需求对产出水平不敏感

B. 支出乘数较小，货币需求对产出水平不敏感

C. 货币需求对利率不敏感，投资需求对利率不敏感

D. 货币需求对利率不敏感，投资需求对利率敏感

20. 以下对于财政政策的描述正确的是（　　）。

A. 财政政策的外在时滞较长，内在时滞较短

B. 政府能够通过多种方法与手段的运用对于财政政策效果做出准确预测

C. 增支减税的财政政策能够使人们将增加的收入全部用于增加消费支出

D. 凯恩斯主义的政策体系将公众视为政策的被动接受者

21. 财政部向（　　）出售政府债券时，基础货币会增加。

A. 居民　B. 企业　C. 商业银行　D. 中央银行

22. 中央银行在公开市场上买进政府债券对于货币供给量的影响是(　　)。

A. 增加货币供给　B. 减少货币供给

C. 银根紧缩　D. 维持在原有水平

23. 影响货币供应量大小的主要因素除基础货币发行量外，还有（　　）。

A. 货币乘数　B. 人均 GDP

C. 财政收入　D. 政府预算

24. 在几大货币政策工具中，中央银行最常用的货币政策工具是（　　）。

A. 法定准备金率　B. 公开市场业务

C. 再贴现率　D. 道义劝告

25. 再贴现的行为发生于（　　）。

A. 商业银行之间　B. 商业银行和厂商之间

C. 中央银行和商业银行之间　D. 商业银行和居民户之间

26. 扩张性货币政策的运用会导致（　　）。

A. 减少货币供给量，降低利率　B. 增加货币供给量，提高利率

C. 减少货币供给量，提高利率　D. 增加货币供给量，降低利率

27. 在（　　）情况下，中央银行可以通过提高法定准备金率进行调节。

A. 降低利率　B. 经济衰退

C. 经济过热　D. 国民收入处于均衡状态

28. 货币供给对均衡收入的影响是通过改变（　　）而实现的。

A. 投资收益率　B. 利率　C. 支出乘数　D. 资产负债率

29. 在（　　）情况下货币供给增加。

A. 政府发放公债

B. 政府购买增加

C. 民众购买某大型企业发行的债券

D. 中央银行将再贴现率调整至历史最低水平

30. 货币供给增加使 *LM* 曲线向右移动，（　　）会导致均衡收入的变动不

明显。

A. *LM* 曲线和 *IS* 曲线均陡峭　　B. *LM* 曲线和 *IS* 曲线均平坦

C. *LM* 曲线陡峭而 *IS* 曲线平坦　　D. *LM* 曲线平坦而 *IS* 曲线陡峭

31. 如果仅考虑非极端情况，若 *LM* 曲线斜率不变，*IS* 曲线陡峭，则(　　)。

A. 财政政策的效果好

B. 货币政策的效果好

C. 财政政策和货币政策的效果一样好

D. 无法确定

32. 如果仅考虑非极端情况，若 *IS* 曲线斜率不变，*LM* 曲线陡峭，则(　　)。

A. 财政政策的效果好

B. 货币政策的效果好

C. 财政政策和货币政策的效果一样好

D. 无法确定

33. 在古典区域，*LM* 曲线________，________政策完全有效。(　　)

A. 垂直，财政　　B. 水平，货币　　C. 垂直，货币　　D. 水平，财政

34. 如果投资对利率不敏感，那么相应的曲线形态是（　　）。

A. *IS* 曲线较陡峭　　B. *LM* 曲线较陡峭

C. *IS* 曲线较平坦　　D. *LM* 曲线较平坦

35. 如果货币需求对利率的变化不敏感，则（　　）。

A. *IS* 曲线较为平坦，货币政策的变化将对实际收入影响较大

B. *IS* 曲线较为陡峭，货币政策的变化将对实际收入影响较小

C. *LM* 曲线较为陡峭，财政政策的变化将对实际收入影响较小

D. *LM* 曲线较为平坦，财政政策的变化将对实际收入影响较大

36. 对于货币政策的传导过程，以下描述正确的是（　　）。

A. 货币供给增加→利率上升→投资增加→总支出和总产出增加

B. 货币供给增加→利率下降→投资减少→总支出和总产出减少

C. 货币供给增加→利率下降→投资增加→总支出和总产出增加

D. 货币供给增加→利率下降→投资增加→总支出和总产出减少

37. 当中央银行在公开市场卖出债券时，以下过程描述正确的是（　　）。

A. 促使利率上升，属于扩张性财政政策

B. 促使利率下跌，属于紧缩性货币政策

C. 促使利率下跌，属于紧缩性财政政策

D. 促使利率上升，属于紧缩性货币政策

38. 如果当前均衡的国民收入未达到充分就业的水平，根据 *IS-LM* 模型，如果想要实现在提高总收入的同时利率水平不变，政府应该（　　）。

A. 增加投资　　　　　　　　　B. 同时增加投资和货币供给

C. 减少货币供给　　　　　　　D. 同时减少投资和货币供给

39. 当扩张性财政政策与紧缩性货币政策配合使用时，能够产生的效应是（　　）。

A. 国民收入变化不确定，利率下降　B. 国民收入增加，利率上升

C. 国民收入变化不确定，利率上升　D. 国民收入减少，利率下降

40. 已知某经济社会中消费函数 $C=90+0.8Y$，投资函数 $I=140-5r$，货币需求 $L=0.2Y$，货币供给 $M_S=200$，则均衡国民收入和利率水平分别为（　　）。

A. 均衡国民收入 $Y=1\ 000$，利率 $r=8$

B. 均衡国民收入 $Y=1\ 800$，利率 $r=2$

C. 均衡国民收入 $Y=1\ 200$，利率 $r=5$

D. 均衡国民收入 $Y=1\ 500$，利率 $r=9$

41. 已知某经济社会中消费函数 $C=60+0.8(Y-T)$，投资 $I=150$，货币需求 $L=0.2Y-10r$，货币供给 $M_S=200$，政府购买 $G=100$，税收 $T=100$，则均衡国民收入和利率水平分别为（　　）。

A. 均衡国民收入 $Y=1\ 200$，利率 $r=4$

B. 均衡国民收入 $Y=1\ 150$，利率 $r=3$

C. 均衡国民收入 $Y=1\ 000$，利率 $r=4$

D. 均衡国民收入 $Y=1\ 200$，利率 $r=3$

42. 假定货币需求函数 $L=kY-hr$ 中的 $k=0.5$，消费函数 $C=\alpha+\beta Y$ 中的 β 为 0.8，假设政府支出增加 10 亿元人民币，若价格水平 $P=1$，货币供给量增加（　　）亿元人民币才能实现收入增加而利率保持不变的效果。

A. 10　　　　B. 20　　　　C. 25　　　　D. 50

43. 当社会总需求显著超过总供给时，政府应该（　　）。

A. 扩大支出、减税，以及/或实施从紧的货币政策

B. 削减支出、增税，以及/或实施从紧的货币政策

C. 扩大支出、减税，以及/或实施从宽的货币政策

D. 削减支出、增税，以及/或实施从宽的货币政策

二、多项选择题

1. 对宏观经济政策描述正确的是（　　）。

A. 宏观经济政策是宏观经济理论的基础、前提和依据

B. 实施宏观经济政策为了增进整个社会经济福利、改进国民经济的运行状况

C. 宏观经济政策可分为需求管理政策和供给管理政策

D. 需求管理政策包括财政政策和货币政策

2. 供给管理政策包括（　　）。

A. 人力政策　　B. 收入政策

C. 指数化政策　　D. 财政政策和货币政策

3. 以下关于宏观经济政策目标的描述正确的是（　　）。

A. 宏观经济政策的首要目标是国际收支平衡

B. 宏观经济调控的目标之一是要消除通货膨胀

C. 经济全球化使得保持国际收支平衡成为调控的重要目标之一

D. 宏观调控要将失业率维持在一个尽可能低的水平

4. 以下宏观经济政策目标中可能存在冲突的是（　　）。

A. 经济增长与充分就业　　B. 稳定物价与充分就业

C. 国际收支平衡与物价稳定　　D. 经济增长与物价稳定

5. 当政府采用相机选择的财政政策时，可能引起（　　）。

A. *IS* 曲线向右移动　　B. *LM* 曲线向右移动

C. *IS* 曲线向左移动　　D. *LM* 曲线向左移动

6. 对于 *LM* 曲线处于极端情况下时的经济政策效果表述正确的是（　　）。

A. 凯恩斯区域内，货币政策有效，财政政策无效

B. 古典区域内，货币政策有效，财政政策无效

C. 凯恩斯区域内，货币政策无效，财政政策有效

D. 古典区域内，货币政策无效，财政政策有效

7. 紧缩性财政政策可能带来的结果是（　　）。

A. 消费需求减少　　B. 投资需求减少

C. 总需求减少　　D. 财政赤字

8. 在经济萧条时，政府可以采取的措施有（　　）。

A. 增加基础设施建设投入　　B. 扩大补贴范围

C. 降低个人所得税起征点　　D. 增加投资津贴

9. 在（　　）情况下，财政政策效果不明显。

A. *IS* 曲线较陡峭　　B. *IS* 曲线较平缓

C. *LM* 曲线较陡峭　　D. *LM* 曲线较平缓

10. 挤出效应较大，可能是受到了（　　）的影响。

A. 支出乘数大　　B. 货币需求对产出水平敏感

C. *IS* 曲线较平坦　　D. *LM* 曲线较平坦

11. 中央银行增加货币供应量可通过（　　）来实现。

A. 降低法定准备金率　　B. 降低再贴现率

C. 在公开市场买入政府债券　　D. 降低利率

12. 经济过热时，政府可以通过（　　）来进行调节。

A. 在公开市场卖出政府债券　　B. 在公开市场买进政府债券

C. 提高再贴现率　　D. 降低存款准备金率

13. 假如中央银行调低了存款准备金率，会出现（　　）。

A. 收入增加　　B. 利率上升　　C. 投资增加　　D. 利率下降

14. 以下会引起 *LM* 右移的是（　　）。

A. 价格不变，中央银行在公开市场上购买有价债券

B. 价格不变，中央银行增加货币供给

C. 价格不变，中央银行降低法定存款准备金率

D. 货币供给不变，价格下降

15. 基础货币包括（　　）。

A. 法定准备金　　B. 超额准备金

C. 银行定期存款　　D. 居民手持现金

16. 在（　　）情况下，货币政策效果比较明显 。

A. *IS* 曲线的斜率绝对值小　　B. *IS* 曲线的斜率绝对值大

C. *LM* 曲线的斜率小　　D. *LM* 曲线的斜率大

17. 当社会总需求高于充分就业的产量时，政府应该（　　）。

A. 减少政府财政支出

B. 增加转移支付

C. 增加税收

D. 在公开市场卖出政府债券

18. 关于财政政策与货币政策的组合效应不正确的是（　　）。

A. 扩张性财政政策和紧缩性货币政策使利率下降

B. 紧缩性财政政策和紧缩性货币政策使收入下降

C. 紧缩性财政政策和扩张性货币政策使利率上升

D. 扩张性财政政策和扩张性货币政策使收入增加

19. 人力政策的主要措施有（　　）。

A. 人力资本投资　　B. 完善劳动力市场

C. 工资和物价冻结　　D. 协助劳动力流动

20. 以下关于收入政策的描述正确的是（　　）。

A. 通过市场自发调节工资和价格

B. 工资和物价冻结

C. 以税收政策对工资增长率进行调整

D. 制定工资-物价指导线来进行调节

三、判断题

1. 宏观经济政策就是需求管理政策。（　　）

2. 一国长期的贸易逆差可能会引起国内发生通货膨胀。（　　）

3. 政府的财政政策可以通过调整政府购买，进而影响国民收入。（　　）

4. 消费者根据收入变化调整其消费水平的行为对于经济能够起到自动稳定器的作用。（　　）

5. 定量税制在经济运行中也会发挥自动稳定器的作用。（　　）

6. 自动稳定器的目的在于稳定公众的市场预期。（　　）

7. 在其他条件相同的情况下，政府支出与政府转移支付增加同样数量所带来的财政政策效果是相同的。（　　）

8. 根据凯恩斯功能财政的思想，财政政策的首要目标是实现财政收支平衡。（　　）

9. 凯恩斯功能财政思想认为，政府在制定和实施财政政策的时候应该充分

考虑财政预算收支平衡。(　　)

10. 扩张性财政政策包括增加政府支出、增加转移支付和税收。(　　)

11. 在经济过热时，政府可采取紧缩性的财政政策来抑制过度需求。(　　)

12. 在总需求不足时，政府发放消费券的行为能够增加社会总需求。(　　)

13. 减少政府支出属于紧缩性的货币政策。(　　)

14. 当物价水平较为稳定时，增加政府支出不会导致私人投资和消费被挤出。(　　)

15. 当挤出效应较大时，财政支出的增加能显著刺激国民收入的增加。(　　)

16. 当 *IS* 曲线近于垂直时，扩张性货币政策会使利率下降，但国民收入并无提高。(　　)

17. 当 *IS* 曲线陡峭、*LM* 曲线平坦时，财政政策效应不明显。(　　)

18. 识别时滞、决策时滞与执行时滞中，财政政策的识别时滞较短。(　　)

19. 财政政策和货币政策对于需求的影响都是直接的。(　　)

20. 扩张性的宏观调控政策有效与否主要取决于这一政策是否能有效增加总支出。(　　)

21. 中央银行在公开市场上出售政府债券将引起货币供给量的减少。(　　)

22. 公告操作的首要目的是引导市场预期。(　　)

23. 公众的储蓄意愿增强，货币创造乘数会相应下降。(　　)

24. 中央银行规定的法定准备金率与存款创造乘数之间呈正相关关系。(　　)

25. 提高再贴现率属于紧缩性货币政策，可以抑制商业银行贷款的增加。(　　)

26. 如果中央银行希望提高利率，那么它可以在公开市场上回购政府债券。(　　)

27. 中央银行在公开市场上买进政府债券的结果将会使公众手里的货币增加。(　　)

28. 货币政策在任何时期都有效。(　　)

29. 凯恩斯学派经济学家认为紧缩性的货币政策使得利率下降，国民收入上升。(　　)

30. 当 *LM* 曲线为一条水平线时，量化宽松的货币政策对实际国民收入的

影响最大。(　　)

31. 当经济过热时，一国货币当局可以进行的操作是提高再贴现率、在公开市场上卖出政府债券和降低法定准备金率。(　　)

32. 货币政策体系的政策工具只包括再贴现率政策、公开市场业务和法定准备金率。(　　)

33. 凯恩斯主义的观点认为，当应对经济萧条时，货币政策相对于财政政策更有效。(　　)

34. 在古典区域中，货币政策是无效的。(　　)

35. 中央银行能够对商业银行的活期存款规模进行调节。(　　)

36. 在公开市场上买卖政府债券是多国中央银行首选的货币政策工具。(　　)

37. 相机抉择的政策主张体现了在经济运行中鼓励由市场机制自发调节的思想。(　　)

38. 货币政策效果与货币流通速度无关。(　　)

39. 货币政策的效果可能因其他经济主体客观存在的经济行为而受到影响。(　　)

40. 指数化政策是为了降低失业率。(　　)

四、名词解释

1. 米德冲突　2. 财政政策　3. 财政政策的自动稳定器　4. 相机抉择的财政政策　5. 补偿性财政政策　6. 功能财政　7. 充分就业预算盈余　8. 挤出效应　9. 挤进效应　10. 货币政策　11. 公开市场业务　12. 公告操作　13. 存款准备金　14. 法定准备金率　15. 再贴现率　16. 基础货币　17. 货币乘数　18. 泰勒规则　19. 人力政策　20. 收入政策　21. 指数化政策

五、问答题

1. 我国宏观调控的政策目标有哪些？

2. 简述财政政策工具的主要构成。

3. 公债具有哪些特点？

4. 自动稳定器的作用机制是什么？主要有哪几种？

5. 简述李嘉图等价原理的主要内容。

6. 解释影响 *LM* 曲线的斜率的因素影响财政政策效果的机理。

7. 动态不一致性理论的主要内容是什么？

8. 财政政策挤出效应的大小受到哪些因素的影响？

9. 以财政政策促进经济恢复或增长的局限性是什么？

10. 是否边际税率越高，税收作为自动稳定器的作用越大？

11. 如何运用财政政策和货币政策的搭配来解决滞胀问题？

12. 当经济处于萧条期时，货币政策工具是如何对经济进行调节的？

13. 简述货币创造过程。影响货币创造能力的主要因素是什么？

14. 凯恩斯主义“相机抉择”的宏观调控政策主要思想是什么？这种政策主张有什么弊端？

15. 以货币政策促进经济增长的局限性是什么？

16. 为什么凯恩斯主义强调财政政策的作用，而货币主义学派强调货币政策的作用，请利用 *IS*–*LM* 模型进行说明。

17. 宏观经济政策的时滞性有哪些表现？

18. 当政府意欲通过增加政府支出来刺激经济时，配合使用与之相适应的货币政策与不使用货币政策相比，政策效果有何不同？请利用 *IS*–*LM* 模型进行解释。

19. 将财政政策和货币政策配合使用的理由是什么？

20. 填写表 15–1，说明财政政策和货币政策不同政策组合对国民收入和利率的影响。

表 15–1 财政政策与货币政策的组合效应

政策配合	收入	利率
扩张性财政政策与紧缩性货币政策		
扩张性财政政策与扩张性货币政策		
紧缩性财政政策与紧缩性货币政策		
紧缩性财政政策与扩张性货币政策		

21. 收入政策的使用对于宏观经济调控能够起到什么作用？其应用效果如何？

22. 如何具体实施人力政策？

23. 如何具体实施指数化政策？

六、计算题

1. 设消费函数 $C=100+0.75Y$，投资函数 $I=700-60r$，货币的需求 $L=0.2Y-48r$，货币供给 $M=160$ 。

（1）求 IS 和 LM 曲线的函数表达式。

（2）求均衡产出和均衡利率。

（3）若增加政府购买 600，均衡产出和利率各为多少？

（4）是否存在挤出效应？解释并画图说明。

2. 假设某经济的消费函数 $C=300+0.8Y_d$，私人意愿投资 $I=200$，税收函数 $T=0.2Y$（单位：亿美元）。求：

（1）均衡收入为 2 000 亿美元时，政府支出（不考虑转移支付）必须是多少？预算是盈余还是赤字？

（2）政府支出不变，而税收提高为 $T=0.25Y$，均衡收入是多少？此时的预算将如何变化？

3. 已知消费函数、投资函数分别为 $C=105+0.8Y$ 和 $I=395-200r$，设政府支出为 $G=200$ 亿元。试计算：

（1）若投资函数变为 $I=395-350r$，请推导投资函数变化前和变化后的 IS 曲线并比较斜率。

（2）当采取扩张性财政政策时，请比较投资函数在变化前和变化后哪种情况的收入变化大？为什么？

（3）当采取扩张性货币政策时，请比较投资函数在变化前和变化后哪种情况的收入变化大？为什么？

4. 假定某国政府当前预算赤字为 500 亿美元，边际消费倾向 $\beta=0.8$，边际税率 $t=0.25$，如果政府为降低通货膨胀率要减少支出 1 000 亿美元，政府支出上的变化能否消灭赤字？

5. 假定某国当前法定准备金率是 0.1，若没有超额准备金，公众持有现金 1 000 亿美元。

（1）假定总准备金是 400 亿美元，货币供给是多少？

（2）若中央银行把准备金率提高到 0.2，总准备金仍为 400 亿美元，则货币供给变动是多少？

（3）若保持法定准备金率不变，中央银行通过公开市场操作买入 10 亿美元债券，则货币供给变动是多少？

6. 在某两部门经济中，假定货币需求为 $L=0.5Y$，货币供给 M 为 250 亿美元，消费为 $C=40+0.8Y$，投资为 $I=110-5r$。

（1）根据条件，画出 IS 和 LM 曲线。

（2）均衡状态下的收入、利率、消费及投资水平分别为多少？

（3）当货币供给增加 50 亿美元，在货币需求不变的情况下，收入、利率、消费和投资各发生什么变化？

（4）货币供给增加后的收入和利率是如何变化的？为什么会如此变化？

7. 假设一经济中有如下关系：$C=100+0.8Y_d$，$I=50$，$G=200$，$T_{tr}=62.5$，（单位：亿元人民币）$t=0.25$（边际税率）。回答如下问题：

（1）求均衡收入。

（2）求预算盈余 BS。

（3）若投资增加到 $I=100$ 时，预算盈余有何变化？为什么会发生这一变化？

（4）若充分就业收入 $Y^*=1\ 200$，当投资分别为 50 和 100 时，充分就业预算盈余 BS^* 为多少？

8. 某商业银行体系共持有准备金 300 亿元，公众持有的通货数量为 100 亿元，中央银行对活期存款规定的法定准备金率为 15%，据测算，流通中现金漏损率（现金/活期存款）为 25%，商业银行的超额准备金率为 5%。试求：

（1）活期存款乘数。

（2）货币乘数（指狭义货币 M_1）。

（3）狭义货币供应量 M_1。

七、案例分析题

以下材料节选自 2021 年 3 月 11 日十三届全国人大四次会议闭幕后，李克强出席记者会时回答关于中国宏观经济政策走向相关提问的实录（节选）。

“去年我们没有搞宽松政策，或者说所谓量化宽松，今年也就没有必要‘急转弯’，还是要保持政策的连续性和可持续性，着力稳固经济，推动向好。保持经济运行在合理区间，还是要注重把肥施在根上，现在市场主体特别是中小微企业还在恢复元气中。由于经济恢复增长，我们要合理调整政策，但调整是适度的，有些阶段性政策退了，同时又用一些结构性减税降费政策来冲抵影响，保持保民生、保就业、保市场主体的力度不减。

怎样保持力度不减，固然资金规模很重要，但用好钱更重要，我们去年宏观调控积累的经验还可以继续用。比如在财政金融方面，简单地说，那就是要'一减、一增、一稳中有降'。'一减'，就是减少中央政府本级支出，各级政府都要带头过紧日子；'一增'，就是扩大直达资金范围，让基层和市场主体感到支持力度不减，这样能够更快更有效地惠企利民；'稳中有降'，就是在稳定杠杆率的同时，引导金融企业合理让利，使中小微企业融资更便利、融资成本做到稳中有降。当然，我们对各类风险隐患，也会及时防范化解。"

请根据材料回答以下问题：

（1）说明"一减、一增、一稳中有降"的宏观调控思路运用了哪些宏观经济政策工具？这些工具的运用对于经济运行能够起到什么样的作用？

（2）财政资金直达机制规避了财政政策工具运用中的什么问题？

（3）从这段资料中可以看出，我国的宏观调控借鉴了西方宏观经济政策，但更体现出了中国特色。请结合材料说说你的观点。

第四部分　精编习题详解

一、单项选择题

1. 答案 D，解析：国家宏观调控的政策目标一般包括充分就业、稳定物价、经济增长和国际收支平衡四项。

2. 答案 D，解析：转移支付是政府无偿地支付给个人、企业或其他组织的资金，D 为政府购买支出。

3. 答案 D，解析：政府支出是一种实质性支出，增加政府支出、减少征税会增加社会总需求，进而拉动经济增长，增加就业机会，D 正确；B 属于货币政策。

4. 答案 D，解析：税收是政府为实现其职能的需要，凭借其政治权力并按照特定的标准，强制、无偿地取得财政收入的一种形式，它是现代国家财政收入最重要的收入形式和最主要的收入来源。

5. 答案 A，解析：扩张性财政政策是指通过增加政府支出或降低税率使国民收入增加的政策，执行该政策的同时会减少政府的预算盈余或增加预算赤字。

6. 答案 D，解析：当经济发展速度过快、出现严重通货膨胀时需要通过紧缩性的财政政策来进行调节，增加财政收入、减少支出以抑制社会总需求增长，同时会增加政府的预算盈余或减少预算赤字。

7. 答案 A，解析：财政赤字是财政支出大于财政收入而形成的差额，当收入不足以弥补支出时，政府可向公众借钱即发行国债或出售政府资产进行融资。

8. 答案 A，解析：政府开支增加所引起的私人消费或者投资支出减少称为挤出效应，财政政策产生挤出效应的重要原因是政府支出增加引起了利率上升，而利率上升会引起私人投资与消费减少。

9. 答案 B，解析：政府支出的增加提高了总需求水平，计划支出曲线向上移动，增加了的产品需求使得产出必然上升，*IS* 曲线向右移动。

10. 答案 C，解析：政府购买支出乘数 $k_g=\Delta Y/\Delta G=1/(1-\beta)$，税收乘数 $k_t=\Delta Y/\Delta T=-\beta/(1-\beta)$，可见政府购买支出乘数>税收乘数，总支出净增加，增加额为 ΔG。

11. 答案 B，解析：紧缩性财政政策可以通过减少政府支出或提高税率来抑制社会总需求，防止经济过热和通货膨胀。

12. 答案 C，解析：自动稳定器依靠财政税收制度本身具有的内在机制自行发挥作用，主要包括失业保障机制、农产品价格维持制度和所得税税收体系三种。

13. 答案 C，解析：功能财政思想认为要从反经济周期的需要来利用预算赤字和盈余，当经济低于充分就业的收入水平时则需要使用扩张性的财政政策。

14. 答案 A，解析：提高个税起征点相当于减轻居民税收负担，属于扩张性的财政政策，会使社会总需求扩大，增加国民收入。

15. 答案 C，解析：挤出效应是指增加政府投资对私人投资产生的挤占效应，投资补贴在适当情况下鼓励私人投资，挤出效应较小。A、B 是货币政策。

16. 答案 C，解析：挤出效应接近 100%时，*LM* 曲线近于垂直，*IS* 曲线无论如何移动，都有 ΔY 趋近于 0，此时，政府支出乘数趋近于 0，即乘数效应接近 0。

17. 答案 A，解析：凯恩斯主义极端情况下，*LM* 曲线水平，人们的货币需求无限大，扩张性货币政策不会取得预期效果，财政政策将十分有效，而货币政策将完全无效。

18. 答案 B，解析：考虑极端情况，当 *LM* 曲线完全水平，*IS* 曲线完全垂直，此时 *IS* 曲线右移的距离与均衡点右移的距离完全一致。*LM* 曲线平坦，说明经济位于凯恩斯区域，此时政府购买增加使 *IS* 曲线右移不会引起利率上升，就不会产生挤出效应，均衡收入的变动量等于或者接近于 *IS* 曲线的水平移动量。所以 *LM* 曲线越平坦 *IS* 曲线越陡峭越好。

19. 答案 B，解析：当 *LM* 曲线平缓，*IS* 曲线陡峭，此时挤出效应小，财政政策效果明显。即支出乘数小、投资需求对利率不敏感、货币需求对产出不敏感、货币需求对利率敏感都可能使挤出效应偏小。

20. 答案 D，解析：A 选项，财政政策的内在时滞需要耗费较长时间，而外在时滞较短；B 选项，由于存在随机因素的干扰，政府很难对政策效果做出准确预测；C 选项，增加的收入可能部分转化为储蓄，不能全部用于增加消费支出。凯恩斯主义的政策体系将公众视为政策的被动接受者，非理性预期者。

21. 答案 D，解析：公开市场业务是中央银行最常用也是最重要的货币政策工具，是指中央银行通过在金融市场上公开买卖政府债券来调节货币供应量。财政部向企业和公众出售政府债券时，基础货币不增加，只是货币所有权发生了变化。

22. 答案 A，解析：当经济处于萧条期时，需要放松银根刺激经济，中央银行可以买进政府债券以增加货币供给量。

23. 答案 A，解析：货币供应量等于中央银行发放的基础货币量与货币乘数的乘积。

24. 答案 B，解析：公开市场业务是中央银行在金融市场上公开买卖有价证券，以此来调节市场货币量的行为，是央行最常用的货币政策工具。

25. 答案 C，解析：区分贴现和再贴现。再贴现指中央银行通过买进商业银行持有的已贴现但尚未到期的商业汇票，向商业银行提供融资支持的行为。

26. 答案 D，解析：扩张性的货币政策旨在通过增加货币供应量，使利率降低，从而达到刺激投资和消费的目的。

27. 答案 C，解析：当经济过热，流通中货币过多时，央行可以通过提高法定存款准备金率来控制银行贷款总量，进而抑制投资和消费。

28. 答案 B，解析：货币供给量对均衡收入的影响首先是通过改变利率，进而改变投资、消费，使国民收入发生变化。

29. 答案 D，解析：降低再贴现率能够增加经济中流通的货币量。选项 A 政府发放公债将会使货币供给减少；选项 B 为财政政策；选项 C 是企业融资行为，对于货币供给量不构成影响。

30. 答案 D，解析：这种情况下货币政策效果最弱。*IS* 曲线陡峭时投资的利率弹性较小，*LM* 曲线右移使利率下降，无法带来投资的显著增加；*LM* 曲线平坦时，曲线引起利率下降幅度较小，使得投资及国民收入增加较少，极端情况为凯恩斯区域。

31. 答案 A，解析：*IS* 曲线的弹性小，*IS* 曲线陡峭，投资对于利率的敏感程度较小，财政政策导致的挤出效应就相应较小，财政政策效果明显。*IS* 曲线越陡峭，投资对于利率的敏感程度越小，利率对投资影响小，货币政策的效果不好。

32. 答案 B，解析：*LM* 曲线的弹性越小，*LM* 曲线越陡峭，货币供给的较小变动就会引起利率、投资的较大变动，国民收入增加较多，货币政策效果较好。对于财政政策，利率变动大，挤出效应大，财政政策的效果不好。

33. 答案 C，解析：古典区域指的是 *LM* 曲线垂直的一段，此时财政政策完全无效而货币政策完全有效。凯恩斯区域指的是 *LM* 曲线水平的一段，此时财政政策完全有效而货币政策完全无效。

34. 答案 A，解析：*IS* 曲线函数为 $r=\frac{\alpha+e}{d}-\frac{1-\beta}{d}Y$，投资对利率不敏感，$d$ 较小，*IS* 曲线斜率为$-\frac{1-\beta}{d}$变大，*IS* 曲线变得陡峭。

35. 答案 C，解析：货币需求函数为 $L=kY-hr$，若货币需求对利率的变化不敏感，说明此时的 h 比较小。*LM* 曲线函数为 $r=\frac{k}{h}Y-\frac{M}{h}$，当 h 比较小时，*LM* 曲线较为陡峭，此时财政政策引起的利率变化比较大，财政政策所带来的挤出效应较大，对实际收入影响较小。

36. 答案 C，解析：货币政策通过货币供给量的改变影响利率，进一步影响投资需求，从而实现对经济总量的调节。

37. 答案 D，解析：央行在公开市场上卖出债券属于紧缩性货币政策，通过减少货币供应来抑制总需求，在这种政策下，取得信贷更加困难，利息率会上升。

38. 答案 B，解析：均衡国民收入低于充分就业收入，要想增加 Y 就可以增加 I，也就是增加投资支出，但增加 I 可能会带来利率的增加，因此政府必须增加货币供应量 M，防止 r 增加。

39. 答案 C，解析：当货币供给减少且投资支出增加时，利率由于资金面的紧张会出现上涨，但收入的变化需要根据财政和货币政策效应的大小才能够进一步确定。

40. 答案 A，解析：由 $C=90+0.8Y$ 得 $S=-90+0.2(Y-50)$，由 $I=S$ 可得 IS 方程为 $Y=1\ 200-25r$，由 $L=M$ 可得 LM 方程为 $Y=1\ 000$，联立方程组，解得 $Y=1\ 000$，$r=8$。

41. 答案 B，解析：由 $Y=C+I+G$ 可计算整理得到 IS 曲线方程为 $Y=1\ 150$，由 $L=M$ 可得 LM 曲线方程 $Y=1\ 000+50r$，联立方程组可以得到，$Y=1\ 150$，$r=3$。

42. 答案 C，解析：政府支出乘数 $k=1/(1-0.8)=5$，政府支出增加 10 亿元，则收入增加 50 亿元，货币需求增加 $50\times0.5=25$ 亿元，货币需求等于供给时才能使得利率保持不变。

43. 答案 B，解析：总需求大于总供给，经济处于繁荣期，应实行从紧的财政政策与从紧的货币政策搭配，以抑制总需求和通货膨胀。

二、多项选择题

1. 答案 BCD，解析：A 错，宏观经济理论是宏观经济政策的基础、前提和依据，宏观经济政策则是对经济理论的应用。

2. 答案 ABC，解析：D 错，需求管理政策包括财政政策和货币政策。

3. 答案 CD，解析：A 错，宏观经济政策的首要目标是实现充分就业；B 错，宏观经济调控稳定物价的目标不是要消除通胀，经济中允许轻微的通货膨胀存在。

4. 答案 BCD，解析：A 错，经济长期持续增长能够促进就业，二者具有一致性；B，为了增加就业人数，就需要增加货币工资，容易引发成本推动型通货膨胀；C，米德冲突，例如当国际收支顺差与通胀并存时，财政与货币政策的取舍上会存在冲突；D，经济规模扩张过程中常常会伴随通货膨胀的出现。

5. 答案 AC，解析：财政政策体现为 IS 曲线变动对国民收入变动产生的影响，与 *LM* 曲线无关，选项 B、D 错误。

6. 答案 BC，解析：凯恩斯区域，经济陷入流动性陷阱，人们此时更愿意持有流动性强的现金，在这种情况下货币政策自然无效，只能依靠财政政策，通过扩大政府支出、减税等手段来摆脱经济的萧条；古典区域内，利率极高，扩张性的财政政策只会进一步提高利率而不会增加收入，而扩张性货币政策则能够在降低利率的同时提高收入水平。

7. 答案 ABC，解析：紧缩性财政政策通过减少政府支出或提高税率抑制需求，在降低国民收入的同时可能增加政府预算盈余。

8. 答案 ABD，解析：在经济萧条时期一般实施扩张性的财政政策使社会总需求扩大，进而刺激经济的增长和扩大就业，选项 C 属于紧缩性的财政政策。

9. 答案 BC，解析：*IS* 曲线越平缓，政府支出的挤出效应越大，财政政策效果越不明显；*LM* 曲线越陡峭，货币需求的收入弹性越大，扩张性财政政策下收入水平的增加会带来货币需求的大幅增加，利率相应大幅提高，投资因此大幅减少，财政政策效应不显著。选项 B、C 正确。

10. 答案 ABC，解析：挤出效应与边际消费倾向、乘数、货币需求对产出水平敏感呈同方向变化。*IS* 曲线较平坦，挤出效应较大；*LM* 曲线越平缓，挤出效应越小。

11. 答案 ABC，解析：调节总需求的货币政策工具为法定准备金率、公开市场业务和再贴现政策；利率是由货币的供给和需求决定，选项 D 错误。

12. 答案 AC，解析：在经济过热时一般实施紧缩性的货币政策利于保持经济适度增长，选项 A、C 正确。

13. 答案 ACD，解析：调低存款准备金率是扩张性的货币政策，使得实际货币供应量增加，在 *IS-LM* 模型中，*LM* 曲线向右移动，因此利率下降，投资增加，总产出和总收入增加，选项 B 错误。

14. 答案 ABCD，解析：中央银行在公开市场上购买有价债券、降低法定存款准备金率属于扩张性的货币政策，导致 *LM* 曲线右移，A、C 正确。价格不变时，中央银行增加货币供给，或者货币供给不变时降低价格都会导致实际货币供给增加，引起 *LM* 曲线右移，B、D 正确。

15. 答案 ABD，解析：基础货币为流通中的现金和商业银行的准备金，C 选项银行定期存款不包括在内。

16. 答案 AD，解析：*IS* 曲线斜率绝对值小，曲线较平缓，投资需求利率弹性较大，执行货币政策时，较小的利率变动就会带来总需求的较大变化，货币政策效应显著；*LM* 曲线斜率较大时，曲线较陡峭，货币需求的利率弹性小，相应的货币供给的较小变动就会引发利率的较大变动，总需求变化较大，货币政策效应显著。

17. 答案 ACD，解析：增加财政支出会使总需求扩大进而刺激经济，在经济过热时不适用，选项 B 错误。

18. 答案 AC，解析：A，扩张性财政政策和紧缩性货币政策使利率变动不确定。C，紧缩性财政政策和扩张性货币政策一般使利率下降。

19. 答案 ABD，解析：工资和物价冻结属于收入政策，C 错误。

20. 答案 BCD，解析：收入政策是后凯恩斯主流学派提出的政策主张之一，指政府为了影响货币收入或物价水平而采取的措施，其目的通常是降低物价的上涨速度，依靠行政措施而非市场自发调节。

三、判断题

1. 答案×，解析：宏观经济政策包括需求管理政策和供给管理政策等多种政策。

2. 答案×，解析：长期逆差引发的是债务和利息负担加重，顺差才有可能引发通货膨胀。

3. 答案√，解析：在产出低于潜在国民收入时，政府购买增加，国民收入增加。

4. 答案×。自动稳定器是反向调整，而消费水平与收入通常是正相关的，所以此判断不正确。

5. 答案×，解析：定量税并不会随着收入的变化而发生改变，当经济过热或者衰退时，定量税不会自动调节人们的收入，因而也不会对总需求产生影响。

6. 答案×，解析：自动稳定器是要在一定程度上减轻经济波动带来的影响。

7. 答案×，解析：效果不同，政府支出增加直接使总需求增加，而政府转移支付是间接使总需求增加，根据乘数效应，政府支出对经济的影响力度比政府转移支付大。

8. 答案×，解析：充分就业是宏观经济政策的首要目标。

9. 答案×，解析：功能财政理论认为，政府应该利用预算赤字或盈余来实现相应的宏观调控目标，无须受到财政收支平衡的制约，其目标是无通货膨胀的充分就业。

10. 答案×，解析：增加税收属于紧缩性的财政政策。

11. 答案√，解析：经济过热，紧缩性的财政政策起到抑制总需求的作用。

12. 答案√，解析：总需求不足，政府发放消费券可以带动消费支出，进而增加社会总需求。

13. 答案×，解析：减少政府支出属于紧缩性的财政政策。

14. 答案×，解析：挤出效应存在与否并不取决于物价水平是否稳定，主要来自利率变化的影响。

15. 答案×，解析：挤出效应越大，则财政支出的政策效应越小，对国民收入的刺激作用越不明显。

16. 答案√，解析：*IS* 曲线越陡峭，货币政策效果就越小，当 *IS* 曲线垂直时，货币政策无效，移动 *LM* 曲线只会使利率下降而国民收入不变。

17. 答案×，解析：*IS* 曲线越陡峭，*LM* 曲线越平坦，挤出效应越小，财政政策效果越明显。

18. 答案×，解析：财政政策在执行阶段具有一定的强制性，执行时滞相较于识别时滞和决策时滞而言较短。

19. 答案×，解析：财政政策是直接发挥作用的，而货币政策要通过利率这个中间变量来发挥作用。

20. 答案√，解析：增加总支出就会引起产出的增加，起到刺激经济的作用。

21. 答案√，解析：中央银行出售政府债券时将收回部分流通中的现金，引起货币供给量的减少。

22. 答案√，解析：公告操作通过向公众传达政策意图来引导公众预期，进而实现利率的自发调节。

23. 答案×，解析：将现金存入银行相当于现金流入了货币创造体系，流入越多，创造出的货币额度就会越大，货币创造乘数也就越大。

24. 答案×，解析：货币创造乘数是法定准备金率的倒数，法定准备金率越高，货币创造乘数就越小。

25. 答案√，解析：提高再贴现率提高了商业银行向央行的借款成本，抑制了贷款的增加。

26. 答案×，解析：中央银行在公开市场上出售政府债券时减少了货币供给，能够起到提高利率的作用。

27. 答案√，解析：中央银行从政府债券的持有人手中买入政府债券，货币就会从中央银行流入市场，市场上流通的货币就会增加，公众手里的货币增加。

28. 答案×，解析：理性预期学派认为宏观经济政策无效。另外，按照 *IS*-*LM* 模型分析，在 *LM* 曲线凯恩斯区域，货币政策无效。

29. 答案×，解析：凯恩斯学派经济学家认为扩张性的货币政策增加货币发行量，降低利率，促进投资增加，从而使得国民收入上升。

30. 答案×，解析：*LM* 曲线为水平线时，经济进入流动性陷阱，货币政策失效。

31. 答案×，解析：当经济过热时，一国货币当局应该提高法定准备金率。

32. 答案×，解析：现代货币政策工具除了主要的三大货币政策工具之外还有信用控制、道义劝告、窗口指导等辅助性政策工具。

33. 答案×，解析：财政政策是直接起作用，货币政策要通过中间变量利率来达到效果，是间接起作用，经济萧条时容易陷入流动性陷阱，此时货币政策完全失效。

34. 答案×，解析：在流动性陷阱区域，人们不管有多少货币，都愿意保留在手中，使货币政策不能通过影响利率来影响投资，所以增加货币发行量的货币政策是无效的。古典区域财政政策不能有效提高收入，处于失灵状态。

35. 答案√，解析：中央银行可以通过改变法定准备金率等手段控制商业银行的活期存款规模。

36. 答案√，解析：公开市场业务是中央银行最常使用的货币政策工具。

37. 答案×，解析：相机抉择的政策主张认为市场机制不能保证经济均衡发展，需要在经济运行的不同阶段由政府出面进行调节。

38. 答案×，解析：货币流通速度的变动如果没能得到正确估计，会影响到货币政策的传导效果甚至政策走向。

39. 答案√，解析：在经济持续下行时，居民、企业、商业银行等微观经济主体可能存在市场信心不足，客观上导致其行为与政府政策背道而驰，抑制了货币政策效果的实现。

40. 答案×，解析：指数化政策是为了降低物价变动对人们收入、经济活动的影响。

四、名词解释

1. 米德冲突：以财政政策和货币政策实现内部均衡，以汇率政策实现外部均衡的政策组合，可能会因固定汇率制度下汇率工具无效而无法使用。要运用财政政策和货币政策来达到内、外部同时均衡，在政策取向上常常存在冲突。当国际收支逆差与国内经济疲软并存，或是国际收支顺差与国内通货膨胀并存时，财政、货币政策都会左右为难，这就是经济学上著名的“米德冲突”。

2. 财政政策：为了促进就业水平的提高、减轻经济波动、防止通货膨胀、实现稳定增长，而对政府收支、税收和借债水平所进行的选择，或对政府收入和支出水平所做出的决策。

3. 财政政策的自动稳定器：经济系统本身存在的一种减少对国民收入冲击和干扰的机制。当经济处于萧条、衰退时期，即 GDP 下降时，这种机制使政府支出自动增加或税收自动减少；同理，在经济繁荣时期，即 GDP 上升时，它会使得政府支出自动减少或税收自动增加。这种调节是自发的，而无须政府采取任何行动。

4. 相机抉择的财政政策：政府根据宏观经济指标分析宏观经济形势后，斟酌使用的经济政策。一般采取逆经济风向的原则，经济过热采取紧缩性财政政策，经济衰退或者萧条，则采取扩张性的财政政策。

5. 补偿性财政政策：通过紧缩与扩张财政政策的两相配合，财政盈余和财政赤字彼此补偿，希望在整个经济周期中做到收支平衡，而不追求每一财政年度的预算平衡。

6. 功能财政：政府为了实现充分就业和消除通货膨胀，需要赤字就赤字，需要盈余就盈余，不要为实现财政收支平衡而妨碍政府财政政策的正确制定和实行。功能财政是相机抉择财政政策的指导思想，而相机抉择财政政策是功能财政思想的实现和贯彻。

7. 充分就业预算盈余：在充分就业的收入水平或潜在产出时的预算盈余。

8. 挤出效应：政府开支增加所引起的私人消费或者投资支出减少。

9. 挤进效应：政府在采用扩张性财政政策时，诱导了民间消费和投资的增加，从而带动产出总量或就业总量增加的效应。挤进效应是政府支出行为的正外部效应所形成的。

10. 货币政策：中央银行通过控制货币供应量来调节金融市场信贷供给与利率，从而影响投资和社会总需求，以实现既定的宏观经济目标的经济政策。

11. 公开市场业务：中央银行最常用也是最重要的货币政策工具，指中央银行通过在金融市场上公开买卖政府债券来调节货币供给量。

12. 公告操作：中央银行通过各种渠道向公众传达政策意图，引导公众的预期，让市场及其参与者自行进行利率的调整，进而改变其投资、储蓄与消费等决策。

13. 存款准备金：商业银行库存的现金和按比例存放在中央银行的存款。

14. 法定准备金率：中央银行规定的存款金融机构所吸收的存款中必须向中央银行缴存的准备金比例。

15. 再贴现率：商业银行在其已贴现的票据未到期以前，将票据卖给中央银行得到中央银行的贷款，称为再贴现。中央银行在对商业银行办理贴现贷款时所收取的利率称为再贴现率。

16. 基础货币：亦称“货币基数”“货币基础”，包括商业银行存入中央银行的存款准备金与居民所持有的现金之和。基础货币是构成市场货币供应量的基础。

17. 货币乘数：中央银行发放的基础货币被商业银行创造成具有社会购买力的货币的能力，即中央银行每增加（减少）1 单位基础货币，整个社会的货币供应量增加（减少）的数量。如果用 H 代表高能（基础）货币、C_u 代表非银行部门持有的通货、RR 代表法定准备金、ER 代表超额准备金、M 代表货币供给量、D 代表活期存款。$H=C_u+RR+ER$，$M=C_u+D$。货币乘数 $=\frac{M}{H}=\frac{C_u+D}{C_u+RR+ER}$，再把该式分子分母都除以 D，则得：货币乘数 $=\frac{M}{H}=\frac{C_u/D+1}{C_u/D+RR/D+ER/D}=\frac{1+r_c}{r_d+r_e+r_c}$，其中 C_u/D 即 r_c 是现金存款比率，RR/D 即 r_d 是法定准备金率，ER/D 即 r_e 是超额准备金率。从上式可见，现金存款比率、法定准备金率和超额准备金率越大，货币乘数越小。

18. 泰勒规则：根据现实中的实际产出和通货膨胀率而调整利率。一般化的泰勒规则公式为：$r=R^*+\pi+g\left(\frac{Y-Y^*}{Y^*}\right)+\delta(\pi-\pi^*)$。根据这一公式，如果经济处于长期均衡状态，实际 GDP 等于潜在 GDP，产出缺口 $\Delta Y=Y-Y^*$ 为 0，通货

膨胀率 π 等于目标通货膨胀率π^*，实际利率 R 等于均衡实际利率 R^*，则名义利率 r 等于实际利率 R 加上实际通货膨胀率 π。从泰勒规则公式中可以看出，如果通货膨胀率高于目标水平，那么名义利率跟着上调，这有助于抑制通货膨胀；如果实际产出高于潜在产出这个目标水平，经济有过热的危险，名义利率也要跟着上调，这有助于给经济降温。

19. 人力政策：通过对人力资源的教育、培训、优化配置，增加就业，促进经济增长的政策。

20. 收入政策：政府通过某种行政措施强制性或非强制性地限制工资和价格的政策，又称为工资与物价控制政策，其目的是制止工资成本推动的通货膨胀。

21. 指数化政策：经济学将经济变量区分为名义变量和实际变量，根据通货膨胀率来调整名义变量，使名义变量与通货膨胀率同比例变动，以保持实际变量值不变，实现宏观经济的稳定发展，这种做法被称为指数化政策。指数化政策主要包括工资指数化、税收指数化、利率指数化。

五、问答题

1. 我国宏观调控的政策目标有哪些？

解析：我国宏观调控的目标是让宏观经济运行更为稳健，不断发展生产力，努力解决人民日益增长的美好生活需要和不平衡、不充分的发展之间的矛盾。我国宏观调控和宏观经济政策具体目标是充分就业、经济发展、稳定物价、国际收支平衡、经济结构和总量平衡、资源环境生态保护、人的幸福和全面发展等。

2. 简述财政政策工具的主要构成。

解析：政府为了实现既定的经济政策目标，通过政府预算变动等财政政策工具来调整政府支出和收入。政府支出包括政府购买、转移支付等，收入包括征税、发行公债等。

在政府支出方面，政府购买是指政府直接在市场上购买产品、服务及资本品而形成的开支。政府支出变化能引起社会总需求的变化，是决定国民收入大小的主要因素之一。转移支付是政府或企业无偿地支付给个人或下级政府的资金，是一种收入再分配的形式，其作用是通过国民收入在不同的社会成员之间进行转移和重新分配。此外，政府支出还包括净利息支付、政府补贴等。

在政府收入方面，税收是政府收入最主要的来源，具体包括个人所得税、企业所得税、增值税等多个税种。公债是指政府运用国家信用筹集财政资金时形成的对公众的债务，公债的发行既可以筹集财政资金、弥补财政赤字，又可以通过其在资金市场的流通来调节货币的供求从而影响社会的总需求。

3. 公债具有哪些特点？

解析：公债是指政府运用国家信用筹集财政资金时形成的对公众的债务。公债包括中央政府的债务和地方政府的债务两种。公债具有以下特点：一是公债的债务人是国家，而债权人是公众，双方并不处于对等的地位；二是公债属于一种国家信用，其基础是以国家的税收支付能力为保证的；三是公债的清偿不能由债权人要求法律强制执行；四是公债发行的信用是国家的政治主权和国民经济资源，所以公债发行不需要提供担保。

4. 自动稳定器的作用机制是什么？主要有哪几种？

解析：自动稳定器又称内在稳定器，是指经济系统本身存在的一种会减少各种干扰对国民收入冲击的机制。当经济处于萧条、衰退时期，这种机制使政府支出自动增加或税收自动减少；当经济处于繁荣时期，这种机制会使得政府支出自动减少或税收自动增加。这种调节是自发的，而无须政府采取任何行动。

自动稳定器主要包括以下几种：① 失业保障机制。如果国民经济出现衰退，失业人数增加，政府对失业者支付的津贴或救济金就会相应增加，这就是财政政策的自动扩张作用，以此实现抑制人均收入特别是可支配收入的下降，进而抑制消费需求的下降；同理，当经济出现繁荣，失业救济的相应支出也会自动减少，从而抑制可支配收入和消费的增长，使总需求不致过旺。② 农产品价格维持制度。经济萧条时，国民收入下降，农产品价格下降，政府依照农产品价格维持制度，按支持价格收购农产品，可使农民收入和消费维持在一定水平之上；经济繁荣时，国民收入水平上升，农产品价格上升，这时政府减少农产品的收购并抛售农产品，限制农产品价格上升，也就抑制农民收入增长，从而减少了总需求的增长。③ 所得税税收体系。当经济进入衰退期，人们的收入减少，其支付的所得税随之减少，这种“自动减税”有助于减缓可支配收入的下降。相反，如果经济进入繁荣时期，人们的收入增加，政府会获得更多的所得税收入，这有助于抑制总需求的增加。

5. 简述李嘉图等价原理的主要内容。

解析：根据李嘉图的等价原理，政府通过借债筹资和征税筹资是相同的，政府债务只是延期的税收，从而政府债务并不能产生短期刺激总需求的效应。因为消费者是向前看的，他们的支出不仅基于其现期收入，而且还基于其预期的未来收入。因此，政府通过借债筹资，消费者现期收入虽然增加，但消费者考虑到未来政府需要增税来偿还债务，估计未来收入会减少，于是会把目前收入增加的部分储蓄起来，以备将来缴税，这样，消费者目前的消费支出并未增加。从这个意义上说，政府债务相当于未来税收，而且由于消费者的理性预期，未来税收等价于现在税收，用借债筹资等价于税收筹资。李嘉图等价原理的指导意义是，调整人们短期收入的财政政策无效。

6. 解释影响 *LM* 曲线的斜率的因素影响财政政策效果的机理。

解析：*LM* 曲线为 $r=\frac{k}{h}Y-\frac{m}{h}$，*LM* 曲线的斜率为$\frac{k}{h}$，影响斜率有两种基本的原因。一是货币需求的收入弹性不同。*LM* 曲线越平缓，货币需求的收入弹性就越小。当政府采取扩张性财政政策时，随着收入水平的提高，交易性和预防性货币需求增加得比较少。在货币供给为既定的前提下，这意味着不需要为了大量减少投机性货币需求而大幅度提高利率。而利率上升幅度小，又意味着投资减少得不多。结果，均衡国民收入增加得比较多，也就是财政政策效应比较大。反之，*LM* 曲线越陡峭，货币需求的收入弹性就越大。当政府实施扩张性财政政策时，随着收入水平的提高，交易性和预防性货币需求增加得比较多。在货币供给量既定的前提下，为了大量减少投机性货币需求必须大幅度提高利率，而利率上升幅度越大，又意味着投资减少得越多。结果，均衡收入增加得少，财政政策效应比较小。二是货币需求的利率弹性不同。在这种情况下，*LM* 曲线越陡峭，货币需求的利率弹性越小。当政府实施扩张性财政政策时，随着国民收入的增加，交易性和预防性货币需求增加。在货币供给量既定的前提下，投机性货币需求应该相应地减少。但由于货币需求的利率弹性比较小，为减少投机性货币需求，利率上升的幅度比较大，由此导致投资减少得较多，均衡国民收入增加得就较少，财政政策效应较小；反之，财政政策效应则较大。

7. 动态不一致性理论的主要内容是什么？

解析：① 政策实施后，其作用分布在其后的较长一段时间，会出现短期效果和长期效果，而两者之间可能存在冲突，这个冲突叫作动态不一致性。动态不一致性又称时间不一致性。比如，如果昨天为今天制定的最优政策（长期最优计划）到了今天不再符合变化了的形势，不再是最优的，这个长期最优计划就被称为是动态不一致的。② 在政策实施效果受到动态不一致性影响的条件下，按政策规则行事虽然在短期不如相机抉择，会暂时付出代价，但是长期可以取信于民，建立起信誉和公信力，让政策获得个体决策者的配合，从而获得长期效果。③ 动态不一致性理论论证了按照规则行事的好处。

8. 财政政策挤出效应的大小受到哪些因素的影响？

解析：财政政策效应的大小，与政府支出增加对私人消费或投资支出的影响程度有关。政府开支增加所引起的私人消费或者投资支出减少称为“挤出效应”。财政政策产生挤出效应的重要原因是政府支出增加引起了利率上升，而利率上升会引起私人投资与消费减少。这是因为在非充分就业的经济下，如果政府支出增加会使社会总需求增加，导致国民收入增加，实际货币供应量减少，货币需求大于货币供给，因而引起利率上升，利率上升又会使私人投资水平下降，即政府支出部分挤出私人投资支出。在充分就业的经济下，政府支出增加会完全挤出私人投资支出。

财政政策挤出效应的大小取决于多种因素。第一，支出乘数的大小。政府支出增加会使利率上升，乘数越大，利率提高使投资减少所引起的国民收入减少也越多，挤出效应越大。第二，货币需求对产出水平的敏感程度，即货币需求函数 $L=kY-hr$ 中的 k 值。k 越大，政府支出增加引起的一定量产出水平增加所导致的对货币的交易需求增加越大，使利率上升得越多，挤出效应越大。第三，货币需求对利率变动的敏感程度，即货币需求函数中的 h 值。h 越小，货币需求稍有所变动，就会引起利率的大幅度变动。因此，当政府支出增加引起货币需求增加所导致的利率上升越多，挤出效应越大；反之，h 越大，挤出效应越小。第四，投资需求对利率变动的敏感程度。其敏感程度越高，一定量利率水平的变动对投资水平的影响就越大，因而挤出效应就越大；反之，越小。这四个因素中，支出乘数主要取决于边际消费倾向，而它一般被认为是稳定的；货币需求对产出水平的敏感程度 k 取决于支付习惯和制度，一般认为也较稳定。因而挤出效应的决定性因素为货币需求及投资需求对利率的敏感程度。

9. 以财政政策促进经济恢复或增长的局限性是什么？

解析：财政政策在具体的实施过程中，往往会遇到各种问题，从而大大影响政策的实施效果。这些问题主要表现在以下几个方面。① 财政政策的时滞。任何一项财政政策，从对经济形势的分析判断到决定实施再到制定出政策细则，从政策的实施到政策完全发挥效用达到预期的目的，都需要有一定的时间间隔。时滞有三种：识别时滞、决策时滞和执行时滞。政策时滞的长短对政策的制定和效果有重大的影响，并因各种不同的政策而不同。② 经济形势的不确定性。因为在实际经济运行过程中，随时都存在外在的不可预期的随机因素的干扰，所以政府很难对政策效果做出准确的预测。③ 实施财政政策存在公众的阻力。政府紧缩性财政政策中的增税措施，一般会遭到公众的普遍反对；减少政府购买可能会引起大垄断资本集团的反对；削减政府转移支付则会遭到一些公众的反对。政府采取增支减税政策扩大总需求时，人们并不一定会把增加的收入全部用于增加消费支出，也可能部分地转化为储蓄。④ 公众预期对政策效果的影响。人们基于理性预期所采取的行动常常会抵消政策效果。这种对传统经济理论有关稳定性经济政策的批评正是前文介绍过的卢卡斯批评。⑤ 财政政策还存在挤出效应问题。政府增加支出会使利率提高，私人投资减少，即产生挤出效应，这是对微观经济的一个很重要的不良影响。因此，政府在实施财政政策时，必须综合考虑其局限性及相关因素的影响，尽可能使政策效果接近其预定目标。⑥ 经济形势不好，企业找不到可以盈利的投资项目，就不会因减税而增加投资；家庭可支配收入总体下降，消费也难以提高。扩张性财政政策促进投资与消费效果往往低于预期。

10. 是否边际税率越高，税收作为自动稳定器的作用越大？

解析：自动稳定器是经济系统本身存在的一种减少对国民收入冲击和干扰的机制，通过在 GDP 发生变化时，使政府支出或税收发生自发性调节。

边际税率越高，税收作为自动稳定器的作用越大。当经济处于繁荣时期，边际税率越高，政府税收增加速度越快；当经济处于萧条时期，边际税率越高，则政府税收下降速度越快，变化的数量为国民收入乘以边际税率乘数。此时，支出乘数为$\frac{1}{1-\beta(1-t)}$，在边际消费倾向 β 一定的条件下，边际税率越高即 t 越大时，支出乘数越小，因此能更有效地抑制个人可支配收入及个人消费的大幅波动，避免总需求因收入变化而产生过大变动。

11. 如何运用财政政策和货币政策的搭配来解决滞胀问题？

解析：（1）滞胀指经济生活中出现了生产停滞、失业增加和物价水平居高不下同时存在的现象，它是通货膨胀长期发展的结果。

（2）财政政策是指政府变动税收和支出以便影响总需求进而影响就业和国

民收入的政策。货币政策是指政府通过中央银行变动货币供给量，影响利率和国民收入的政策措施。

（3）当经济出现滞胀时，需要通过多种政策的配合予以应对。根据 20 世纪 70 年代末各国应对滞胀的实践，可采取扩张性财政政策并辅以适度从紧的货币政策相配合。一方面，扩张性财政政策可以通过增加政府支出或减税等措施刺激总需求，从而避免经济陷入衰退。另一方面，通过实行控制货币发行量的紧缩性货币政策来控制通货膨胀。从长期来看，仅靠需求侧的财政和货币政策并不能完全应对滞胀，还需要通过提高技术水平以增加有效供给、对人力资源进行优化配置以促进就业等供给管理政策来进行调节。

12. 当经济处于萧条期时，货币政策工具是如何对经济进行调节的？

解析：货币政策是中央银行通过控制货币供应量来调节金融市场信贷供给与利率，从而影响投资和社会总需求，以实现既定的宏观经济目标。货币政策工具主要包括公开市场业务、法定准备金率和再贴现率。

公开市场业务是中央银行通过在金融市场上公开买卖政府债券来调节货币供给量，是中央银行最常用、最重要的货币政策工具。当经济处于萧条期时，需要放松银根刺激经济，中央银行可以通过买进政府债券以增加货币供给量，影响金融机构的信贷规模和工商企业的生产与流通，从而保证经济稳定协调发展。

法定准备金率是银行法（或中央银行）所规定的存款金融机构（商业银行）所吸收的存款中必须向中央银行缴存的准备金比例。由于银行存款创造量与法定准备金率成反比，当中央银行降低法定准备金率时，商业银行贷款的货币量通过货币乘数成倍地扩大货币供给。在经济萧条时期，当货币流通量不足时，中央银行降低法定准备金率，从而扩张银行的信用创造能力，并通过货币乘数效应，来增加货币供给量，使利率下降，刺激投资、消费，国民收入上升。

中央银行在对商业银行办理贴现贷款时所收取的利率称为再贴现率。当经济衰退时，货币流通量过少，为了刺激经济发展，减少失业，中央银行放宽贴现条件，降低再贴现率，从而使商业银行向中央银行的借款增加，商业银行的信贷规模增加，通过其信用创造功能，引起货币供应量成倍增加；商业银行贷款利率也随之下降，进而引起企业和消费者对货币的需求增加，投资和消费需求扩大，从而促进经济复苏与发展。

13. 简述货币创造过程。影响货币创造能力的主要因素是什么?

解析:(1)在现代货币体系中，一般由中央银行发行货币，商业银行负责吸收存款和发放贷款。商业银行在向中央银行缴存一定的准备金后，可以将剩余资金贷给企业。企业得到贷款后又会将其中一部分存入这家商业银行或者其他商业银行。接着，商业银行可以再将其中的一部分作为贷款发放。如此反复，最终社会中形成的购买力将是中央银行发行货币数量的若干倍。这个过程称为货币创造。

(2)商业银行进行货币创造的能力用货币乘数来表示。货币乘数体现了中央银行发放的基础货币被商业银行创造成具有社会购买力的货币的能力，即中央银行每增加(或减少)1单位基础货币，整个社会的货币供应量增加(或减少)的数量。三者之间的关系可以表示为：货币供应量=基础货币×货币乘数，即货币创造能力主要受到基础货币发行量及货币乘数大小的影响。进一步地，简单的货币乘数 $k=\frac{1}{r_{\mathrm{d}}}$，$r_{\mathrm{d}}$为法定准备金率，即中央银行新增加一笔基础货币供给，将使货币供给量扩大为这笔新增原始货币供给量的$\frac{1}{r_{\mathrm{d}}}$倍。因此，影响货币创造能力的主要因素除初始投放的基础货币量外，还有决定货币乘数大小的法定准备金率。

14. 凯恩斯主义“相机抉择”的宏观调控政策主要思想是什么?这种政策主张有什么弊端?

解析:(1)“相机抉择”政策是凯恩斯主义的政策主张。根据凯恩斯主义理论，市场机制不能完全保证经济均衡发展，市场经济在其运行过程中会导致有效需求不足，从而产生产出低于潜在产出与失业。要避免或减缓失业和通货膨胀，政府遵循逆周期调节的思路干预经济。当失业增加时，政府实行扩张性的货币和财政政策以刺激社会需求，使需求与供给均衡，消除失业；相反，当发生通货膨胀时，政府实行紧缩性的货币与财政政策，以抑制社会需求，消除通货膨胀。当经济处于平稳发展或在经济高峰期与低谷期之间的过渡期，则应根据社会总供求的具体情况相机抉择，实行总体上中性的财政和货币政策。

(2)“相机抉择”政策无法解决失业与通货膨胀并存的滞胀局面，进而引发其他学派对该政策的批评。批评者认为“相机抉择”具有很大的主观随意性，从而对宏观经济环境造成了干扰；相机抉择是一种效率极低的政策规则，由于政府执行经济政策能力的不完善性，经济政策与实际经济运行之间存在着时间不一致性问题。

15. 以货币政策促进经济增长的局限性是什么？

解析：货币政策在实践中也存在许多局限性，主要表现在以下三个方面。① 效果具有短期性。货币政策效果在短期内可能起到刺激经济的作用，但长期中这种刺激会失效，使得产量不变而物价却上涨。经济衰退时期，实行扩张性货币政策效果就未必明显，特别在“流动性陷阱”时，反衰退的效果就相当微弱。在通货膨胀时期实行紧缩性货币政策可能效果比较显著，但即使从反通货膨胀来看，货币政策的作用也主要表现在反需求拉上型的通货膨胀，而对成本推动型的通货膨胀，货币政策效果就很小。② 货币政策的时滞。时滞是客观存在的，其中识别时滞和决策时滞可以通过各种措施缩短，但不可能完全消失；执行时滞则涉及更复杂的因素，一般是难以控制的。时滞的存在可能使政策意图与实际效果脱节，从执行到产生效果却需要有一个相当长的过程，在此过程中，经济情况有可能已发生出人意料的变化，从而不可避免地导致货币政策的局限性。③ 货币流通速度的变动。货币流通速度变动是货币主义学派以外的经济学家所认为的限制货币政策效应的因素。货币流通速度中的一个相当小的变动，如果未曾被政策制定者所预料到并加以考虑，或估算这个变动的幅度时出现差错，就有可能使货币政策效果受到严重影响，甚至有可能使本来正确的政策走向反面。

16. 为什么凯恩斯主义强调财政政策的作用，而货币主义学派强调货币政策的作用，请利用 *IS*-*LM* 模型进行说明。

解析：西方经济学家认为，*LM* 曲线的斜率主要取决于货币的投机需求，出于投机动机的货币需求是利率的减函数。当利率上升到相当高的水平时，货币的投机需求将趋近于0，货币需求完全由交易动机产生，此时的 *LM* 曲线为一条垂直线，这段区域被认为是古典区域，代表了古典学派的观点。如图 15-6 所示，这时候如果实行扩张性财政政策使 *IS* 曲线向右上方移动，只会提高利率而不会使收入增加；如图 15-7 所示，变动货币供给量的货币政策使 *LM* 曲线右移则对国民收入有很大作用。这正是古典货币数量论的观点和主张。因此，古典学派强调货币政策作用的观点和主张。

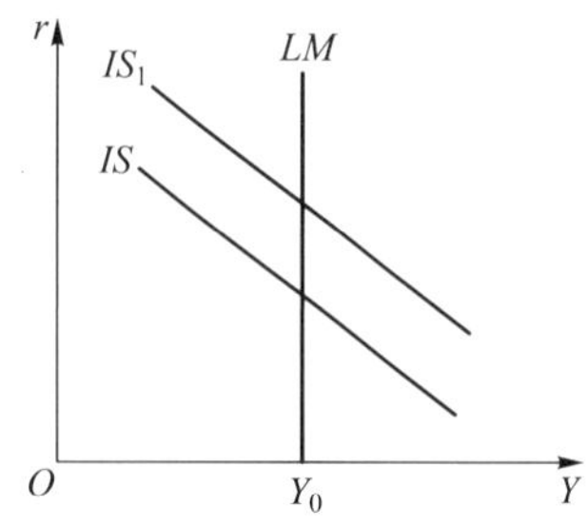

图 15-6　古典区域财政政策效果

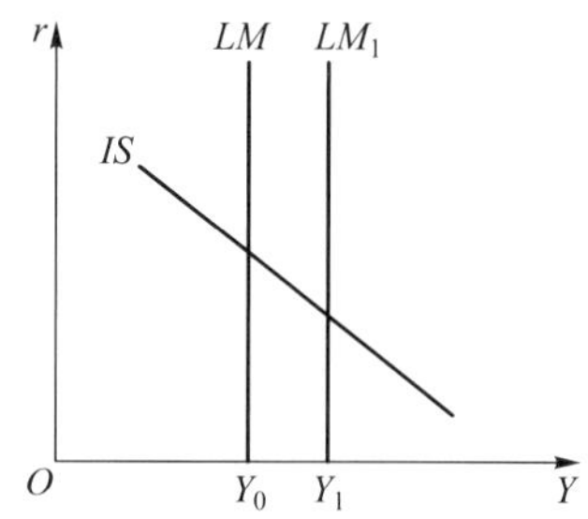

图 15-7　古典区域货币政策效果

凯恩斯认为，当利率降低到很低水平时，持有货币的利息损失很小，可是如果货币购买债券，由于债券价格异常高，因而只会下跌而不会再涨，从而使购买债券的货币资本损失的风险变得很大。这时，人们即使有闲置货币也不肯去买债券，货币的投机需求变得很大甚至无限大，经济陷入流动性陷阱，此时的 *LM* 曲线为一条水平线。如图 15-8 所示，如果政府增加支出，*IS* 曲线右移，货币需求增加，并不会引起利率上升而发生“挤出效应”，财政政策有效；相反，如图 15-9 所示，此时如果政府增加货币供给量，则不可能再使利率进一步下降，因为人们不肯去用多余的货币购买债券而宁愿让货币持有在手中，因此债券价格不会上升，利率不会下降，进而也不会刺激投资和国民收入的增加，货币政策无效。因此，凯恩斯主义首先强调财政政策的作用。

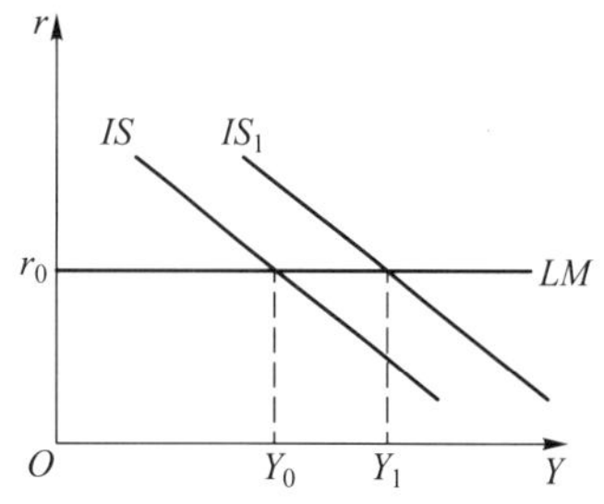

图 15-8　*LM* 凯恩斯区域财政政策效果

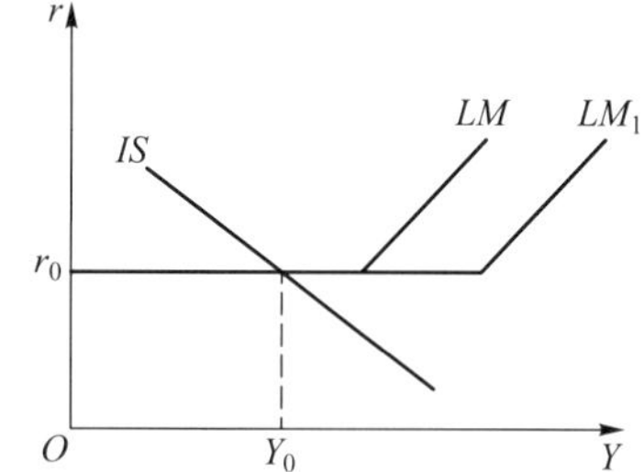

图 15-9　凯恩斯区域货币政策效果

17. 宏观经济政策的时滞性有哪些表现?

答：财政政策和货币政策在执行时都会存在一定的时滞性而影响政策的实施效果。宏观经济政策的时滞性主要表现为识别时滞、决策时滞和执行时滞三个方面。① 识别时滞是指对经济数据的收集和分析、宏观经济指标变量的衡量等都要耗费一定的时间。面对不断变化的经济形势，政府从掌握信息、分析经济形势到识别、判断经济运行情况需要经历的时间即为识别时滞。② 决策时滞是政府在判断了形势、认清了大局后采取经济政策措施所需要的时间。③ 执行时滞是指从一项政策出台到真正对经济运行产生影响所经历的时间。当政策决定实施后，还需要由行政部门制定实施细则，确定具体实施步骤并组织实施。

就财政政策而言，识别时滞和决策时滞经历的时间往往较长，因为政府对经济形势做出判断并不是一件容易的事情，而在制定财政政策时还需要经过权力机关的审批通过，这一过程需要耗费较长时间。财政政策的执行时滞相对较短，政策一旦出台，见效快且带有一定的强制性。

就货币政策而言，识别时滞和决策时滞可以通过各种措施缩短，但不可能完全消失；执行时滞则涉及更复杂的因素，一般是难以控制的。中央银行变动货币供给量要通过影响利率，再影响投资，最后影响就业和国民收入，要经过相当长一段时间才会得到充分发挥。

18. 当政府意欲通过增加政府支出来刺激经济时，配合使用与之相适应的货币政策与不使用货币政策相比，政策效果有何不同？请利用 *IS*-*LM* 模型进行解释。

解析：（1）如图 15-10 所示，政府增加支出会使 *IS* 曲线向右上方移动至 IS_1 的位置，此时利率上升至 r_1，国民收入增加至 Y_1。当配合使用扩张性的货币政策时，*LM* 曲线右移至 LM_1 处，能够实现在维持利率基本不变的情况下提高国民收入的效果，国民收入从 Y_0 增至 Y_2。

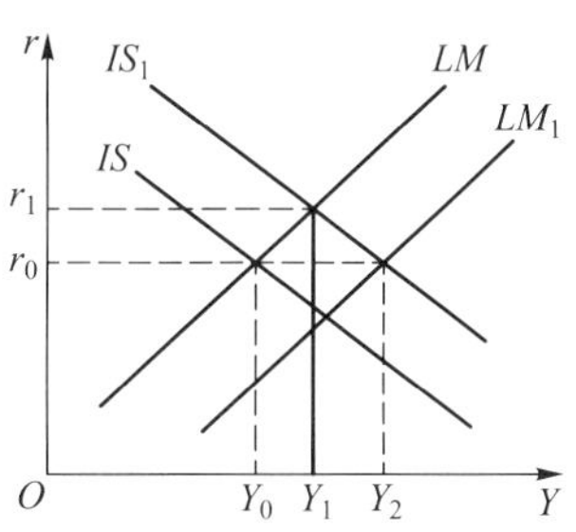

图 15-10　经济政策效果分析

（2）若仅使用扩张性的财政政策，而保持货币存量不变，即 *LM* 曲线位置不变，*IS* 曲线的右移尽管同样能够增加国民收入，但由于利率的上升导致私人部门的投资会被挤出一部分，国民收入仅增加至 Y_1，说明单独使用财政政策对经济的刺激作用要弱于财政与货币政策的配合使用。

19. 将财政政策和货币政策配合使用的理由是什么？

解析：（1）财政政策与货币政策是政府对国民经济进行宏观调控的两大手段。财政政策和货币政策相互协调有其客观必要性。一是二者尽管调节目标不同，但最终目标是一致的。财政政策往往以促进经济发展为首要目标，货币政策则常常以货币稳定为第一目标。正是二者之间在调节目标上存在一定的差异，才必须协调二者之间的关系。二是二者具有不同的作用机制。财政政策可以从收入和支出两方面影响社会总需求的形成，货币政策通过货币的供给量影响消费需求与投资需求。三是二者具有不同的功能。财政政策对供求总量和供求结构均有较强的作用；货币政策侧重于对供求总量的调节。四是可以互相弥补单独使用货币政策或财政政策时存在的局限性和缺陷，避免或降低副作用，发挥优势，实现宏观经济调控目标。

（2）把财政政策和货币政策协调起来，以发挥聚合效应和互补效应。一是政策目标的协调。根据财政政策和货币政策各自的特点，发挥各自的优势，突出各自的政策目标重点，充分发挥各自的政策调控功能。二是政策方向的协调。财政政策和货币政策的调控方向是反经济周期的逆向调节，以熨平经济波动，要根据不同经济形势采取相机抉择的财政政策和货币政策组合。三是政策力度的协调。在政策方向明确的前提下，政策力度即“松紧度”的强弱是否恰当，以及是否随着经济运行情况的改变而适时予以调整，决定着政策调控成效的大小。

20. 填写表 15-1，说明财政政策和货币政策不同政策组合对国民收入和利率的影响。

解析：

表 15-1　财政政策与货币政策的组合效应

政策配合	收入	利率
扩张性财政政策与紧缩性货币政策	不确定	上升
扩张性财政政策与扩张性货币政策	增加	不确定
紧缩性财政政策与紧缩性货币政策	减少	不确定
紧缩性财政政策与扩张性货币政策	不确定	下降

21. 收入政策的使用对于宏观经济调控能够起到什么作用？其应用效果如何？

解析：① 收入政策是指政府通过某种行政措施强制性或非强制性地限制工资和价格的政策。当推行扩张性的财政和货币政策时，在推动经济实现充分就业的同时，由于工会具有操纵工资和价格的力量，因此会带来货币工资和价格的刚性上涨，造成成本推动型通货膨胀。此时有必要采取收入政策，通过实行工资管制来达到既防止失业又遏制通货膨胀的措施。② 在收入政策的实施中，温和的收入政策收效不大，而严格的收入政策则破坏了市场在资源配置中的作用，扭曲了价格机制，实际政策效果与预期不一致。

22. 如何具体实施人力政策？

解析：人力政策就是通过对人力资源的优化配置，增加就业，促进经济增长的政策。人力政策的主要措施有：一是人力资本投资。即政府通过培训、加强教育等手段来提高劳动力质量，提高劳动者的技能水平、熟练程度、文化素质，以适应劳动力市场的需求，促进就业。二是完善劳动力市场，如建立人才市场和就业指导中心，以减小劳动力市场结构性摩擦。三是协助劳动力进行流动，即推动劳动力在地区间的流动，在更大的范围内促进劳动力的优化配置。四是降低最低工资标准，使技能水平较低的劳动者能够获得就业机会。

23. 如何具体实施指数化政策？

解析：经济学将经济变量区分为名义变量和实际变量，根据通货膨胀率来调整名义变量，使名义变量与通货膨胀率同比例变动，以保持实际变量值不变，实现宏观经济的稳定发展，这种做法被称为指数化政策。指数化政策的手段主要包括工资指数化、税收指数化、利率指数化。① 工资指数化。工资指数化是指根据通货膨胀率来调整货币工资，把货币工资增长率与物价上涨率联系在一起，使它们同比例变动。这种做法一般称为“生活费用调整”。具体做法是：在签订劳动合同时，明确雇员的工资要随着消费价格指数的增长同步或逐步调整。在现实中，这种调整有完全性调整即完全按通货膨胀率调整货币工资，也有部分调整。此外，对退休金、养老金、失业补助、贫困补助等社会保险与福利支出也实行类似的指数化政策。② 税收指数化。税收指数化是指在通货膨胀、支出水平以及工资福利水平随经济发展而变动的情况下，对税制的某些要素进行相应的调整，以避免名义减除标准或税率档次爬升的问题。③ 利率指数化。利率指数化是指根据通货膨胀率来调整名义利率，以保持实际利率不变。以上各种指数化政策虽然在一定程度上可以削弱通货膨胀对经济的消极影响，有利于社会稳定，但由于实施起来较为困难，有时可能存在加剧通货膨胀的危险。因此，如何根据不同情况来采用指数化政策仍然是值得研究的。当然，也有一些经济学者对这种政策持否定意见。

六、计算题

1. 设消费函数 $C=100+0.75Y$，投资函数 $I=700-60r$，货币的需求 $L=0.2Y-48r$，货币供给 $M=160$ 。

（1）求 *IS* 和 *LM* 曲线的函数表达式。

（2）求均衡产出和均衡利率。

（3）若增加政府购买 600，均衡产出和利率各为多少？

（4）是否存在挤出效应？解释并画图说明。

解析：（1）由 $Y=C+I$ 求得 *IS* 曲线为：$Y=3\ 200-240r$

由 $L=M$ 求得 *LM* 曲线为：$Y=800+240r$

（2）联立上述两个方程得方程组：$\begin{cases}Y=3\ 200-240r\\Y=800+240r\end{cases}$

解方程组得均衡产出为 $Y=2\ 000$，均衡利率为 $r=5$。

（3）将增加政府购买 600，求 IS_1 曲线

$$Y=C+I+G=100+0.75Y+700-60r+600$$

IS_1 曲线为 $Y=5\ 600-240r$

联立 IS_1 和 *LM* 的曲线方程 $\begin{cases}Y=5\ 600-240r\\Y=800+240r\end{cases}$

得均衡产出为 $Y_1=3\ 200$，均衡利率为 $r_1=10$。

（4）由 MPC＝0.75 可知，政府购买乘数 $=\dfrac{1}{1-0.75}=4$，当政府购买增加 600 时，若利率水平不变，国民收入应该增加 2 400，增加到 $2\ 000+2\ 400=4\ 400$，但实际上国民收入增加量，$\Delta Y=Y_1-Y=3\ 200-2\ 000=1\ 200$，这是由于利率上涨挤出了部分私人投资所导致的，即存在挤出效应 1 200。如图 15-11 所示。

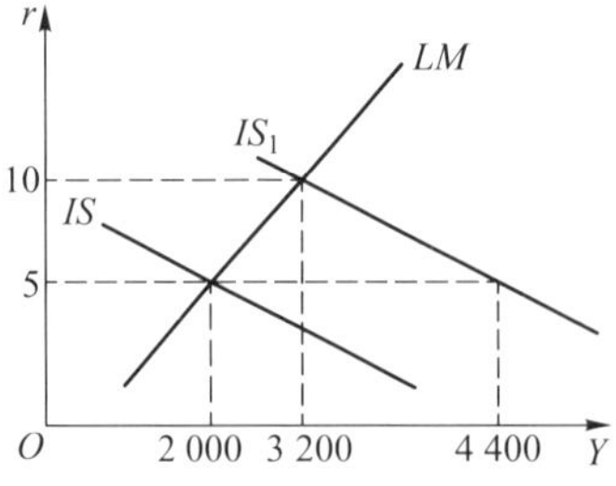

图 15-11 财政政策的挤出效应

2. 假设某经济的消费函数 $C=300+0.8Y_d$，私人意愿投资 $I=200$，税收函数 $T=0.2Y$（单位：亿美元）。求：

（1）均衡收入为 2 000 亿美元时，政府支出（不考虑转移支付）必须是多少？预算是盈余还是赤字？

（2）政府支出不变，而税收提高为 $T=0.25Y$，均衡收入是多少？此时的预算将如何变化？

解析：（1）由三部门经济收入恒等式 $Y=C+I+G$，可得：

$Y=300+0.8(Y-T)+200+G=300+0.8\times(1-0.2)Y+200+G=500+0.64Y+G$

即 $G=0.36Y-500$

当 $Y=2\ 000$ 时，政府购买必须是：

$$G=0.36Y-500=0.36\times2\ 000-500=220\text{（亿美元）}$$

则：

$$BS=T-G=0.2Y-220=180\text{（亿美元）}$$

故政府预算盈余为 180 亿美元。

（2）当政府支出 $G=220$ 亿美元不变，税收提高为 $T=0.25Y$ 时，由 $Y=C+I+G$ 可知：$Y=300+0.8(Y-T)+200+G=300+0.8(1-0.25)Y+200+220=720+0.6Y$

解得：$Y^*=1\ 800$（亿美元），即均衡收入为 1 800 亿美元。

$BS'=T-G=0.25\times1\ 800-220=230$（亿美元）

$\Delta BS=BS-BS'=230-180=50$（亿美元）

这时预算盈余增加了 50 亿美元。

3. 已知消费函数、投资函数分别为 $C=105+0.8Y$ 和 $I=395-200r$，设政府支出为 $G=200$ 亿元。试计算：

（1）若投资函数变为 $I=395-350r$，请推导投资函数变化前和变化后的 IS 曲线并比较斜率。

（2）当采取扩张性财政政策时，请比较投资函数在变化前和变化后哪种情况的收入变化大？为什么？

（3）当采取扩张性货币政策时，请比较投资函数在变化前和变化后哪种情况的收入变化大？为什么？

解析：（1）由产品市场的均衡条件可知：

$Y=C+I+G=105+0.8Y+395-200r+200=0.8Y-200r+700$，整理可得投资变化

前的 IS 曲线为：$r=3.5-\frac{Y}{1\ 000}$。

当投资函数变为 $I=395-350r$ 时，产品均衡的条件变为：

$Y=C+I+G=105+0.8Y+395-350r+200=0.8Y-350r+700$，整理可得投资变化之后的 IS' 曲线为 $r=2-\frac{Y}{1\ 750}$。

对比两条 IS 曲线可知，由于投资函数的变化使得 IS 曲线的斜率变小了，IS' 曲线相较于 IS 曲线更为平坦。

（2）如图 15-12 所示，当政府支出增加时，引发 IS 曲线向右移动，会导致收入 Y 和利率 r 上升。由于投资函数变化后 IS 曲线的斜率较小，即投资的利率敏感性增加，所以将导致挤出更多私人投资，与投资函数变化前相比，均衡收入变化较小。

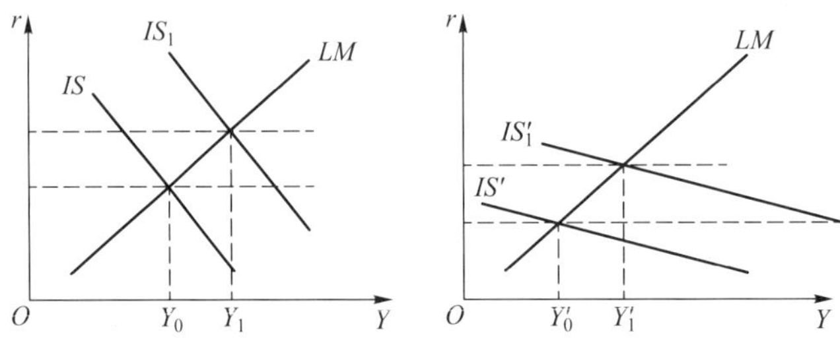

图 15-12　投资对利率的敏感性对财政政策影响

（3）如图 15-13 所示，若增加货币供给，引发 LM 曲线向右移动，会导致利率 r 下降，利率下降后投资对利率的敏感性增大，因此将引起较大的投资增加。由此可见，扩张性货币政策将使后者引起的国民收入变化超过前者。

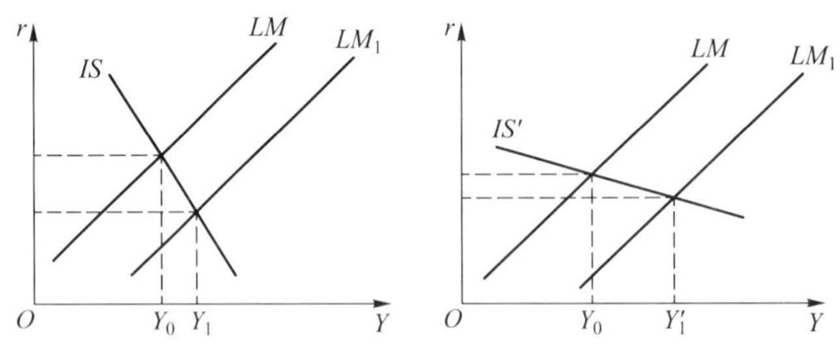

图 15-13　投资对利率的敏感性对货币政策影响

4. 假定某国政府当前预算赤字为 500 亿美元，边际消费倾向 $\beta=0.8$，边际税率 $t=0.25$，如果政府为降低通货膨胀率要减少支出 1 000 亿美元，政府支出上的变化能否消灭赤字？

解析：在三部门经济中政府支出乘数为：

$$k_G=\frac{1}{1-\beta(1-t)}=2.5$$

当政府支出减少 1 000 亿美元时，收入和税收均会减少，为：

$\Delta Y=k_G\Delta G=2.5\times(-1\ 000)=-2\ 500$（亿美元）

$\Delta T=t\Delta Y=0.25\times(-2\ 500)=-625$（亿美元）

于是预算盈余增量为：

$\Delta BS=\Delta T-\Delta G=-625-(-1\ 000)=375$（亿美元）

这说明当政府减少支出 1 000 亿美元时，政府预算将增加 375 亿美元，而当前的预算赤字为 500 亿美元，支出上的变化并不能完全消灭赤字。

5. 假定某国当前法定准备金率是 0.1，若没有超额准备金，公众持有现金 1 000 亿美元。

（1）假定总准备金是 400 亿美元，货币供给是多少？

（2）若中央银行把准备金率提高到 0.2，总准备金仍为 400 亿美元，则货币供给变动是多少？

（3）若保持法定准备金率不变，中央银行通过公开市场操作买入 10 亿美元债券，则货币供给变动是多少？

解析：（1）货币供给 M = 通货 CU + 存款 DEP = $1\ 000+400/0.1=5\ 000$（亿美元）

（2）当准备金率变为 0.2 时，货币供给 $M'=1\ 000+400/0.2=3\ 000$（亿美元）

货币供给变动 $\Delta M=-2\ 000$（亿美元）

（3）中央银行买入债券使得银行存款增加 10 亿美元，则货币供给增加 $\Delta M'=10/0.1=100$（亿美元）

6. 在某两部门经济中，假定货币需求为 $L=0.5Y$，货币供给 M 为 250 亿美元，消费为 $C=40+0.8Y$，投资为 $I=110-5r$。求：

（1）根据条件，画出 IS 和 LM 曲线。

（2）均衡状态下的收入、利率、消费及投资水平分别为多少？

（3）当货币供给增加 50 亿美元，在货币需求不变的情况下，收入、利率、消费和投资各发生什么变化？

（4）货币供给增加后的收入和利率是如何变化的？为什么会如此变化？

解析：（1）由 $L=M$ 可知，$0.5Y=250$，解得 LM 曲线方程为 $Y=500$。

由 $Y=C+I$ 可知，$Y=40+0.8Y+110-5r$，解得 IS 曲线方程为 $r=30-0.04Y$。如图 15-14 所示。

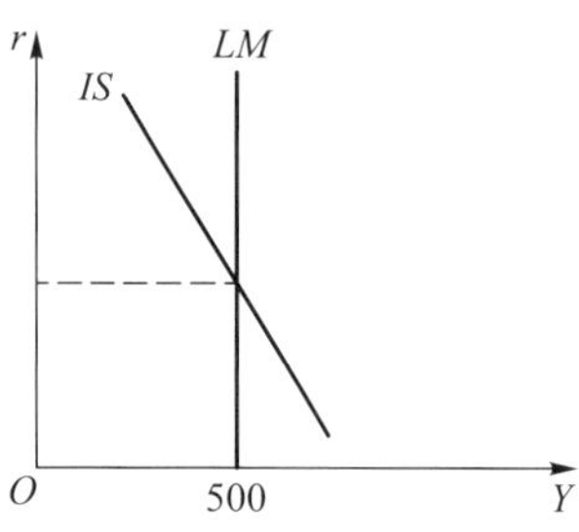

图 15-14 *IS* 和 *LM* 曲线

（2）联立 LM、IS 方程，可求得均衡状态下的收入 $Y=500$ 亿美元，利率 $r=10$，将 Y 与 r 分别代入消费和投资函数，进一步可以得到均衡状态下的消费 $C=440$ 亿美元，投资 $I=60$ 亿美元。

（3）货币供给增加 50 亿美元，货币供给 $M'=300$ 亿美元，根据 $L=M'$ 可得右移后的 LM' 曲线方程为 $Y=600$。

联立 LM'、IS 方程，可求得新的均衡状态下的均衡收入 $Y'=600$ 亿美元，利率 $r'=6$，将 Y' 与 r' 分别代入消费和投资函数，可得新的均衡状态下的消费 $C'=520$亿美元，投资 $I'=80$ 亿美元。

（4）货币供给增加后收入不变，利率下降。因为 LM 曲线是垂直的，货币需求的利率系数为 0，说明人们不愿为投资需求而持有货币，收入水平会提高到正好将所增加的货币额全部吸收到交易需求中，所以均衡收入增加量等于 LM 曲线移动量。

7. 假设一经济中有如下关系：$C=100+0.8Y_d$，$I=50$，$G=200$，$T_{tr}=62.5$（单位：亿元人民币），$t=0.25$（边际税率）。回答如下问题：

（1）求均衡收入。

（2）求预算盈余 BS。

（3）若投资增加到 $I=100$ 时，预算盈余有何变化？为什么会发生这一变化？

（4）若充分就业收入 $Y^*=1\ 200$，当投资分别为 50 和 100 时，充分就业预算盈余 BS^* 为多少？

解析：（1）$Y=C+I+G=100+0.8\times(Y-0.25Y+62.5)+50+200$

解得：$Y=1\ 000$

（2）$BS=tY-T_{tr}-G=0.25\times1\ 000-62.5-200=-12.5$。

（3）投资增加到 100 时，$Y=C+I+G=100+0.8\times(Y-0.25Y+62.5)+100+200$。

解得：$Y=1\ 125$

$BS=tY-T_{tr}-G=0.25\times1\ 125-62.5-200=18.75$。

由于投资增加，从而国民收入增加，税收增加，所以预算盈余改善。

（4）若 $I=50$ 和 $I=100$，充分就业收入 Y^* 均为 1 200，则：

$BS^*=tY^*-G-T_{tr}=0.25\times1\ 200-200-62.5=37.5$

8. 某商业银行体系共持有准备金 300 亿元，公众持有的通货数量为 100 亿元，中央银行对活期存款规定的法定准备金率为 15%，据测算，流通中现金漏损率（现金/活期存款）为 25%，商业银行的超额准备金率为 5%。试求：

（1）活期存款乘数。

（2）货币乘数（指狭义货币 M_1）。

（3）狭义货币供应量 M_1。

解析：（1）活期存款乘数$=\dfrac{1}{r_d+r_e+r_c}=\dfrac{1}{0.15+0.05+0.25}=\dfrac{1}{0.45}=\dfrac{20}{9}$。

（2）货币乘数 $m=\dfrac{1+r_c}{r_d+r_e+r_c}=\dfrac{1+0.25}{0.15+0.05+0.25}=\dfrac{25}{9}$。

（3）基础货币 $H=R+C=300+100=400$（亿元）。所以 $M_1=m\times H=\dfrac{25}{9}\times400=\dfrac{10\ 000}{9}\approx1\ 111.11$（亿元）。

七、案例分析题

以下材料节选自 2021 年 3 月 11 日十三届全国人大四次会议闭幕后，李克强出席记者会时回答关于中国宏观经济政策走向相关提问的实录（节选）。

“去年我们没有搞宽松政策，或者说所谓量化宽松，今年也就没有必要‘急转弯’，还是要保持政策的连续性和可持续性，着力稳固经济，推动向好。保持经济运行在合理区间，还是要注重把肥施在根上，现在市场主体特别是中小微企业还在恢复元气中。由于经济恢复增长，我们要合理调整政策，但调整是适度的，有些阶段性政策退了，同时又用一些结构性减税降费政策来冲抵影响，保持保民生、保就业、保市场主体的力度不减。

怎样保持力度不减，固然资金规模很重要，但用好钱更重要，我们去年宏观调控积累的经验还可以继续用。比如在财政金融方面，简单地说，那就是要‘一减、一增、一稳中有降’。‘一减’，就是减少中央政府本级支出，各级政府都要带头过紧日子；‘一增’，就是扩大直达资金范围，让基层和市场主体感到支持力度不减，这样能够更快更有效地惠企利民；‘稳中有降’，就是在稳定杠杆率的同时，引导金融企业合理让利，使中小微企业融资更便利、融资成本做到稳中有降。当然，我们对各类风险隐患，也会及时防范化解。”

请根据材料回答以下问题：

（1）说明“一减、一增、一稳中有降”的宏观调控思路运用了哪些宏观经济政策工具？这些工具的运用对于经济运行能够起到什么样的作用？

解析：“一减、一增”体现的是财政政策的运用。“一减”减少的是政府本级支出，支出安排的减少源于收入的下降，减税降费的扩张性财政政策的使用将减轻企业负担，对于稳住就业具有重要作用；“一增”增加的是惠企利民的转移支付，体现了对于财政支出结构的优化调整，转移支付的增加将进一步增加企业和居民的可支配收入，起到刺激总需求的作用。“稳中有降”体现的是扩张性货币政策在特定对象上的运用，针对中小企业降低融资成本，能够起到刺激中小企业投资需求进而扩大总收入的作用。

（2）财政资金直达机制规避了财政政策工具运用中的什么问题？

解析：财政政策具有一定的时滞性，具体表现为识别时滞、决策时滞和执行时滞。其中，前两者属于内在时滞，由于从经济数据的收集、分析和判断到最终采取相应的经济措施需要一定的时间，导致政策完全发挥作用会存在滞后，影响了政策效应。财政资金直达机制规避了财政政策的时滞问题，将政策工具刺激总需求的效果直接作用对于国民经济具有重要影响的中小企业，强化了政策的时效性。

（3）从这段资料中可以看出，我国的宏观调控借鉴了西方宏观经济政策，但更体现出了中国特色。请结合材料说说你的观点。

解析：我国借鉴西方宏观经济政策的思想，通过在不同时期采取紧缩性或扩张性的财政和货币政策配合来促进国民经济平稳持续发展，并在此基础上与我国的基本经济制度、发展阶段、运行模式紧密结合。我国的宏观调控政策在实施过程中强调提升政策效能，政策从规模型转向效率型，我国的经济政策不仅促产出，保就业，而且重视社会效益，重视高质量发展、以人民群众利益为政策制定的根本出发点的综合性政策体系，充分体现了具有中国特色社会主义特征的宏观经济治理体系。

第十六章　经济增长

第一部分　内容框架结构与复习重点

一、内容框架结构

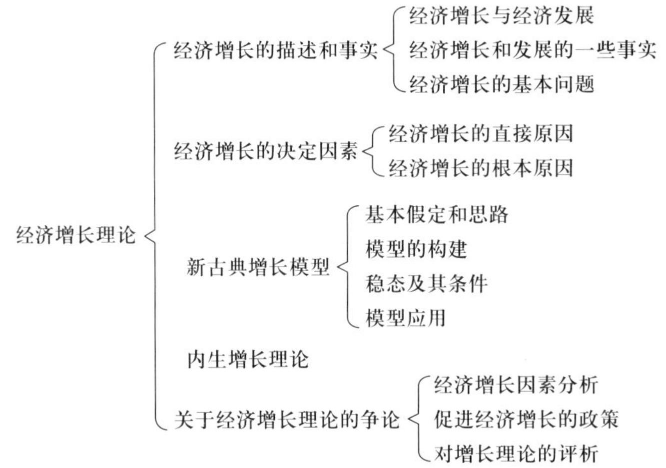

二、复习重点

1. 主要概念

经济增长、全要素生产率、新古典增长模型、内生经济增长模型

2. 基本理论

经济增长与经济发展之间的关系、经济增长的决定因素以及各种因素对经济增长的作用方式、新古典增长模型、内生经济增长模型的假设、表达式、结论观点

第二部分　章后思考题详解

一、扫码自测习题

（一）单选题

1. 下面哪一个选项不是新古典增长模型的假定？（　　）

A. 经济由一个部门组成，该部门生产一种既可用于投资也可用于消费的商品

B. 生产的规模报酬不变

C. 经济的技术进步由内生因素决定

D. 人口增长由外生因素决定

答案 C，解析：新古典增长模型的基本假定：① 经济由一个部门组成，该部门生产一种既可用于投资也可用于消费的商品；② 该经济为不存在国际贸易的封闭经济，且政府部门被忽略；③ 生产的规模报酬不变；④ 该经济的技术进步、人口增长及资本折旧的速度都由外生因素决定；⑤ 社会储蓄函数为 $S=sY$，s 为储蓄率。

2. 在存在技术进步的新古典增长模型中，人均产量的稳态增长率为(　　)。

A. 0　　B. 人口增长率　　C. 1　　D. 技术进步率

答案 D，解析：不存在技术进步时，人均产量的稳态增长率为 0；在存在技术进步的新古典增长模型中，人均产量的稳态增长率为技术进步率。

3. 资本的黄金律水平应满足的经济学条件是（　　）。

A. 资本的边际产品等于劳动增长率加上折旧率

B. 人口增长率等于折旧率

C. 劳动的边际产品等于折旧率

D. 技术进步率等于人口增长率

答案 A，解析：美国经济学家菲尔普斯于 1961 年找到了与人均消费最大化相联系的人均资本应满足的关系式，这一关系式被称为资本的黄金律水平。当资本存量处在黄金法则水平时，资本的边际产品等于折旧率加上劳动力增长率。推导如下：人均产出主要用于消费、重置资本、资本广化。故有 $f(k)=C(k)+(g_N+\delta)k$。$C(k)=f(k)-(g_N+\delta)k$，若实现消费最大化，则需要 $C'(k)=f'(k)-(g_N+\delta)'k=0$，即 $f'(k)=g_N+\delta$。

4. 在宏观经济学中，经济增长被定义为（　　）。

A. 投资的增加　　B. 劳动的增加　　C. 资本的增加　　D. 产量的增加

答案 D，解析：经济增长是指一个经济体所生产的物质产品和所提供服务在一个相当长的时期内持续增加，即实际总产出的持续增长；或者是指按人口平均计算的实际产出（人均实际产出）的持续增加。

（二）多选题

1. 促进经济增长的政策主要包括（　　）。

A. 鼓励技术进步

B. 鼓励资本形成

C. 增加劳动供给

D. 用自动稳定器控制剧烈的经济波动

E. 建立适当的制度

答案 ABCE，解析：D 错误：自动稳定器又称“内在稳定器”，属于需求管理理论，对经济波动起到减震作用。其他因素可以影响经济增长。

2. 增长核算方程表明，产出增长取决于（　　）。

A. 劳动增长的贡献　　B. 资本增长的贡献

C. 生产率增长的贡献　　D. 制度的贡献

E. 文化的贡献

答案 ABC，解析：增长核算方程表明，产出增长率取决于全要素生产率、资本、劳动的贡献，这些是经济增长的直接因素，即产出增长 = 生产率增长的贡献+资本增长的贡献+劳动增长的贡献。制度和文化是影响产出的根本因素，但是增长核算方程没有研究。

3. 关于具有技术进步的新古典增长模型稳态增长率表述正确的是(　　)。

A. 人口增长率等于技术进步的速率

B. 人均资本增长率等于技术进步的速率

C. 人均产量增长率等于人口增长率

D. 总产量增长率等于人口增长率加上技术进步的速率

E. 总资本增长率等于人口增长率加上技术进步的速率

答案 BDE，解析：A 错误，人口增长率等于总产量增长率减去技术进步的速率。C 错误，人均产量增长率等于技术进步的速率。

4. 经济增长的基本问题包括（　　）。

A. 为什么一些国家如此富裕，而另一些国家那么贫穷

B. 什么是影响经济增长的因素

C. 为什么一国的 GDP 在短期内会出现波动

D. 怎样理解一些国家或地区的增长奇迹

E. 如何消除周期性失业

答案 ABD，解析：经济增长包括三个基本问题。第一，为什么一些国家如此富裕，而另一些国家那么贫穷？第二，什么是经济增长的源泉？第三，怎样理解一些国家和地区的增长奇迹？这三个问题都是长期增长问题。C、E 属于短期经济波动问题。

（三）判断题

1. 在新古典增长模型中，人口增长加快提高了总产出的稳态增长率。（　　）

答案√，解析：人口增长率的上升提高了总产量的稳态增长率，因为在新的稳态点上，产量增长率仍然等于人口增长率，又因为人口增长率上升，所以稳态时的总产量也上升了。

2. 在新古典增长模型中，储蓄率的上升可以提高稳态增长率和提高收入的稳态水平。（　　）

答案×，解析：储蓄率的上升提高了人均资本存量，依据 $y=f(k)$，人均产出水平上升；达到稳态时 y 的增长率为零；所以说储蓄率 s 的上升只有增加稳态产出水平的效应，而对稳态增长率没有影响。

3. 资本的黄金律水平是使稳态人均消费达到最大化的人均资本量。（　　）

答案√，解析：属于黄金律水平的基本概念。资本的黄金律水平就是指稳定状态时人均消费最大化所对应的人均资本水平。资本的黄金律水平描述了如何将产出在消费与投资之间分配才使人均消费量最大化。

4. 经济增长的程度可以用增长率来描述。（　　）

答案√，解析：经济增长一般用 GDP 的增长率描述。在宏观经济学中，经济增长通常被规定为产量的增加。这里，产量既可以表示为经济的总产量，也可以表示为人均产量。经济增长的程度可以用增长率来描述。

二、思考题

1. 说明经济增长和经济发展的关系。

解析：在宏观经济学中，经济增长被定义为经济体产量的增加。这里的产量既可以是经济体的总产量（GDP 总量），也可以是经济体的人均产量（人均 GDP）。如果说经济增长是一个相对直观的“量”的概念，那么经济发展就是一个比较复杂的“质”的概念。从更广泛的意义上说，经济发展不仅包括经济增长，而且包括国民的生活质量以及整个社会各个不同方面的总体进步。总之，经济发展是反映一个经济体总体发展水平的综合性概念。经济增长是经济发展的前提和基础，是经济发展的必要条件，但经济增长不是经济发展的充分条件，存在有增长无发展的情况。

2. 推导经济的总产量、人均产量和人口增长这三者的增长率之间的关系。

解析：由于$y_t=\frac{Y_t}{L_t}$，两边同取对数得：$\ln y_t=\ln Y_t-\ln L_t$。

利用瞬时增长率可得：$g_y=g_Y-g_L$。其中，g_y为人均产量的增长率，g_Y为总产量的增长率，g_L为人口增长率。人均产量增长率可以表示为总产量增长率与人口增长率之差。

3. 什么是新古典增长模型的基本公式？它有什么含义？

解析：（1）没有技术进步的新古典增长模型。设生产函数为$Y=F(N,K)$，得新古典增长模型的基本公式为：$\dot{k}=sf(k)-(g_N+\delta)k$。其中，$k$表示人均资本，$\dot{k}=\frac{dk}{dt}$，$f(k)$为人均生产函数，$g_N$为人口增长率，$s$为储蓄率，$\delta$为折旧率。这一关系式表明，人均资本变化等于人均储蓄减去（$g_N+\delta$）k项，表达式$(g_N+\delta)k$可理解为“必要的”或是“临界的”投资，它是保持人均资本k不变的必需的投资。为了阻止人均资本k下降，需要一部分投资来抵消折旧，这部分投资就是δk项。同时还需要一些投资，因为劳动力数量以g_N的速率在增长，这部分投资就是$g_N k$项。因此，资本存量必须以（$g_N+\delta$）的速度增长，以维持k不变。总计为$(g_N+\delta)k$的储蓄（或投资）被称为资本的广化。当人均储蓄（投资）大于临界投资所必需的数量时，k将上升，这时经济社会经历着资本深化。根据以上解释，新古典增长模型可表述为：资本深化=人均储蓄(投资)－资本广化。储蓄率增加提高人均资本，提高稳态产出的稳态水平。人口增长率较高的国家将会有较低的人均资本量，进而较低的人均收入。

（2）具有技术进步的新古典增长模型。其生产函数为：$Y=F(AN,K)$。AN被称为有效劳动，在这种情况下，产出Y是资本K和有效劳动AN的一次齐次函数。$\hat{y}=\frac{Y}{AN}$，代表按有效劳动平均的产量；记$\hat{k}=\frac{K}{AN}$，代表按有效劳动平均的资本。则$Y=F(AN,K)$可写为：$\hat{y}=f(\hat{k})$。新古典增长模型的一个重要假定是，技术进步是外生给定的，即假定变量A以一个固定的比例g_A增长，得具有技术进步的新古典增长模型的基本方程$\dot{\hat{k}}=sf(\hat{k})-(g_N+\delta+g_A)\hat{k}$。这里$sf(k)$为社会的人均储蓄，$\dot{k}$ 为人均资本的增加即资本的深化，$(g_N+\delta+g_A)\hat{k}$ 为新增人口所配备的资本数量即资本的广化。

4. 用图形说明，在新古典增长模型中，人口增长对经济有哪些影响？

解析：图 16-1 中，经济最初位于 A 点所示的稳态。现在假定人口增长率从 g_N 增加到 $g_{N'}$，则图 16-1 中的 $(g_N+\delta)k$ 线便移动到 $(g_{N'}+\delta)k$ 线，这时，新的稳态为 A' 点。比较 A' 点与 A 点可知，人口增长率的增加降低了人均资本的稳态水平，进而降低了人均产量的稳态水平。人口增长率较高的国家将会有较低的稳态的人均资本量，进而有较低的人均收入。

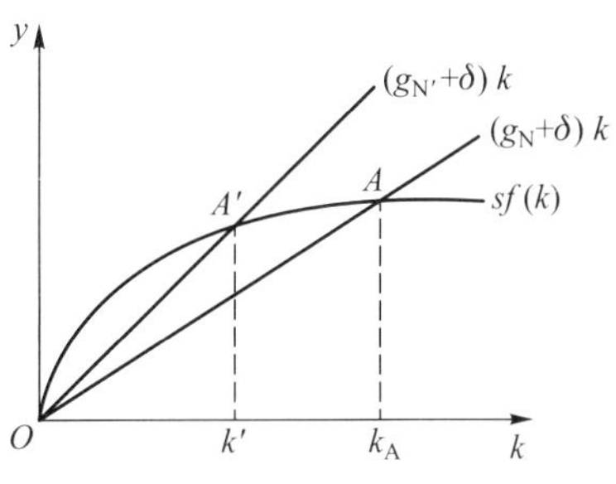

图 16-1　人口增长的影响

由于长期总产量的稳态增长率等于人口增长率，所以人口增长率的上升增加了总产量的稳态增长率。由于 A 点和 A' 点都是稳态，故人口增加对人均资本和人均产量的增长率都不产生影响。

5. 在新古典增长模型中，人均生产函数为 $y=f(k)=2k-0.5k^2$，人均储蓄率为 0.1，人口增长率为 0.05，资本折旧率为 0.05，求：

（1）使经济达到稳态时的 k 值和 y 值；

（2）稳态时的人均储蓄和人均消费。

解析：（1）在稳态时有 $sf(k)=(g_N+\delta)k$，即 $0.1(2k-0.5k^2)=(0.05+0.05)k$，则 $k=2$，$y=f(k)=2k-0.5k^2=2$。

（2）由（1）可知人均储蓄为 $sf(k)=sy=0.2$，人均消费为 $(1-s)f(k)=(1-0.1)y=1.8$。

6. 假设一个经济体的总量生产函数为 $Y_t=A_t f(N_t,K_t)$，其中 Y_t、N_t、K_t 顺次为 t 时期的总产量、劳动数量和资本量，A 为 t 时期的技术状况。推导经济增长率关于技术进步率、劳动增长率和资本增长率的分解式，并指出其对增长问题的意义。

解析：技术、劳动、资本是影响经济增长的直接因素，本题以柯布-道格拉斯生产函数 $Y=AK^{a}N^{1-a}$ 为例说明这个问题。式中，Y、N 和 K 分别代表总产出、投入的劳动量和投入的资本量，A 代表经济的技术状况，参数 a 介于 0 和 1 之间。

借助关于增长率的结论：① 如果 $Z(t)=X(t)Y(t)$，则有 $g_z=g_x+g_y$，即两个变量之积的增长率，等于两个变量增长率之和。② 如果 $Z(t)=[X(t)]^{a}$，a 为常数，则有 $g_z=ag_x$。得 $Y=AK^{a}N^{1-a}$ 的增长率为 $g_Y=g_A+ag_K+(1-a)g_N$。

式中，g_Y 代表总产出增长率，g_A 代表技术增长率（全要素生产率），g_K 代表资本增长率，g_N 代表劳动增长率。$g_Y=g_A+ag_K+(1-a)g_N$ 也是增长核算方程，它是生产函数式的增长版本。该方程表明，总产出增长率等于全要素生产率加上资本和劳动的增长率。来自生产率增长的贡献 $=g_A$，来自资本增长的贡献 $=ag_K$，来自劳动增长的贡献 $=(1-a)g_N$。因此，产出增长 = 生产率增长的贡献 + 资本增长的贡献 + 劳动增长的贡献。全要素生产率 $g_A=g_Y-ag_K-(1-a)g_N$，因此，全要素生产率是作为一个余量计算出来的，即作为考虑了可以直接衡量的增长决定因素后剩余的产出增长率，由于这个原因，g_A 有时被称为索洛余量。

7. 举例说明经济增长的直接原因和根本原因。

解析：（1）增长的直接原因。简单地说，增长的直接原因是用宏观生产函数或总量生产函数来说明的。总量生产函数提供了总量投入与总产出之间的数量关系。假定经济的总量生产函数为：$Y=AF(N, K)$

式中，总产出 Y 取决于劳动 N 和资本 K 两种投入以及技术水平 A，作为因变量的 Y 与作为自变量的 A、N 和 K 之间的关系是同方向变动的。

如果上述生产函数为规模报酬不变的，那么所有投入扩大一定比例也会使产出扩大同样的比例。在数学上，可以把式 $Y=A\cdot F(N, K)$ 写为：

$$\frac{Y}{N}=AF\left(1, \frac{K}{N}\right)$$

公式 $\frac{Y}{N}$ 被定义为生产率，表示为每个工人的产量。因此，公式说明，生产率或每个工人的产量取决于人均资本和代表技术状况的变量 A。

有了生产函数式 $Y=AF(N, K)$，就能简单说明经济增长的直接原因，即作为生产要素的劳动 N 和资本 K，以及技术水平 A。在有的文献中，还包括人力资本和经济的自然资源。

（2）增长的根本原因。所谓增长的根本原因是指与导致增长的直接原因有所差别的那些根源性原因。经济增长的根本原因和直接原因的关系如图 16-2 所示。

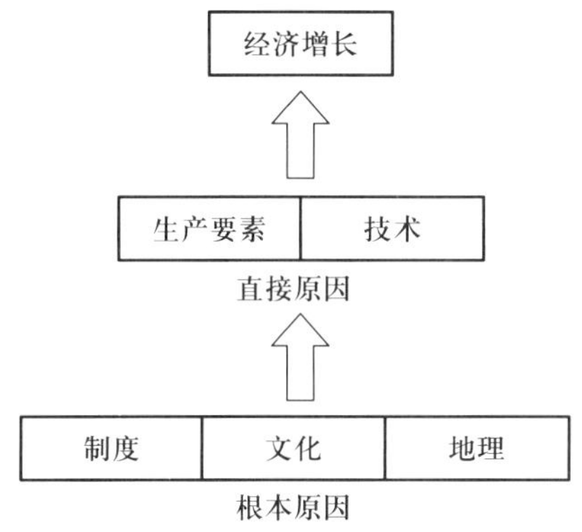

图 16-2　经济增长的根本原因和直接原因

当社会拥有充足的生产要素并在生产中有效地使用先进技术时，社会就出现了经济增长。但这只是增长的直接原因，因为生产要素和技术是由其他更深层次的因素决定的。西方学者将增长的根本原因划分为三个方面，即制度、文化和地理。中国道路、制度、理论、文化作为中国发展的根本原因维持了中华民族永续发展，逐步强大。

理解增长的直接原因和根本原因的另一种方式，是借助于数学中复合函数的概念。从前面的讨论知道，增长的直接原因可利用关系式 $Y=AF(N, K)$ 进行说明。为了说明根本原因对经济的影响，记字母 f 表示增长的根本原因，则对经济产出的影响可以通过下面的复合函数来理解，即 $Y=Y(f)=A(f)F[N(f), K(f)]$。上述函数说明，一个经济的总产出（GDP）是通过变量 A、F 和 K 成为根本原因 f 的函数，进而通过生产函数成为根本原因的复合函数。

8. 假定总量生产函数为 $Y=AK$，假设经济的初始资本存量为 $k(0)$。

（1）求出内生的经济增长率，同时给出内生增长的条件；

（2）求初始的消费水平和投资率。

解析：（1）对于 $Y_t=AK_t$，K_t 的动态式为：$\dot{K}_t=sY_t-\delta K_t=s\cdot AK_t-\delta K_t$

由 $k_t=\frac{K_t}{AL_t}$，$y_t=\frac{Y_t}{AL_t}$，且 A 为常数，得内生的经济增长率为：

$$g_k = g_y = \frac{\dot{k}_t}{k_t} = \frac{\dot{K}_t}{K_t} - \frac{\dot{A}}{A} - \frac{\dot{L}_t}{L_t} = (sA-\delta) - 0 - n$$

内生经济增长的条件是：$g_k>0$，即 $A>\frac{n+\delta}{s}$。

（2）由$g_k=0$，得 $s=\frac{n+\delta}{A}$，此即为投资率，则初始的消费水平为 $c(0)=(1-s)k(0)=\frac{A-n-\delta}{A}k(0)$。

9. 新古典增长理论是如何解释有一些国家的增长率会高于另一些国家的？

解析：世界各国的增长率具有很大的差异。下面说明新古典增长模型对该问题的解释。根据新古典增长模型，假设 $y=f(k)=k^{\alpha}(0<\alpha<1)$，则有：$\dot{k}=sf(k)-(g_N+\delta)k=sk^{\alpha}-(g_N+\delta)k$

上式左右两侧同除以 k，并记$g_k=\frac{\dot{k}}{k}$，则有：$g_k=s\,k^{\alpha-1}-(g_N+\delta)$。此公式是由新古典增长模型求得的人均资本增长率方程。图 16-3 显示了公式左右边两部分的关系。

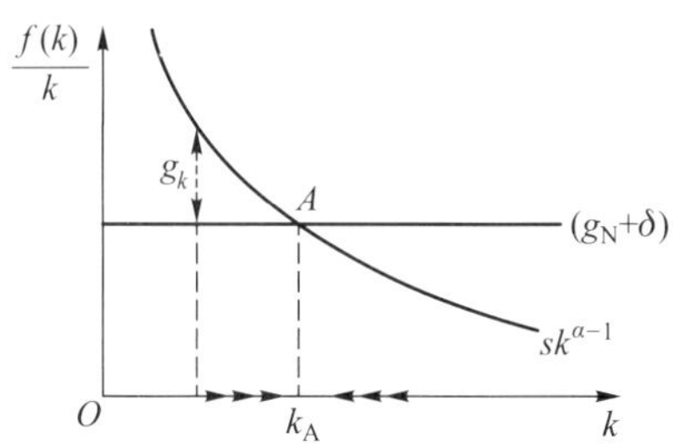

图 16-3 收敛于稳态的速度

根据公式$g_k=s\,k^{\alpha-1}-(g_N+\delta)$和图16-3，如果 $s\,k^{\alpha-1}>(g_N+\delta)$，则人均资本增长率为正值，这时 k 的值较小，图中 A 点的左边表示的就是这种情况。相反，当 k 的值比较大时，$(g_N+\delta)$ 将大于 $s\,k^{\alpha-1}$，这时g_k将为负值，人均资本存量将缩减。当两条线相交时，人均资本增长率将等于零，此时经济达到稳态。

随着人均资本越来越接近稳态水平，$s\,k^{\alpha-1}$线和 $(g_N+\delta)$ 线将逐步接近，人均资本增长率将趋近于零。

根据以上分析，新古典增长模型形成了如下三个预言：第一，如果两个国家的储蓄率（或投资率）相同，但初始人均资本（从而初始人均收入）不同，那么，初始人均资本较低的那个国家将具有较高的经济增长；第二，如果两个国家的初始人均资本相同，但是投资率不同，那么，投资率高的那个国家将具有较高的经济增长；第三，如果一个国家提高投资水平，那么，它的收入增长率也将提高。

10. 请用本章介绍的经济增长理论说明我国提出的创新驱动发展战略。

解析：新古典增长模型告诉我们，投资只能在一段时间内推动增长。要想获得长期增长，经济体需要更好的技术。但新古典增长模型并没有解释新技术究竟来自哪里。也就是说，技术是外生变量。

内生增长理论是引领和支撑“加速经济”国家发展的基础理论，它与新古典增长模型的不同之处在于技术是外生变量还是内生变量。20 世纪 80 年代产生的倡导技术内生的内生增长理论认为，技术可以在经济体内被创造出来；技术具有“非竞争性”，技术可以不断扩充和发展；政府可以通过资助研究开发来发挥作用，从而带来更多的创新。由此，在新古典增长模型认为增长会减速的地方，内生增长理论认为增长还会继续，因为新的知识会扩散到整个经济体。这意味着那些善于创新知识的大体量经济体能够在不减速的状态下继续增长。

我国在 2006 年提出建设“创新型国家”。党的十八大进一步提出实施创新驱动发展战略。当前，仍然以要素投入为主推动经济发展，既没有当初那样的条件，也是资源环境难以承受的。我们必须加快从要素驱动发展为主向创新驱动发展转变，发挥科技创新的支撑引领作用。党的十九大报告强调：“创新是引领发展的第一动力，是建设现代化经济体系的战略支撑。”党的二十大报告指出：“坚持创新在我国现代化建设全局中的核心地位。”全党全社会都要充分认识科技创新的巨大作用，把创新驱动发展作为面向未来的一项重大战略，常抓不懈。

第三部分 精编习题

一、单项选择题

1. 以下关于经济增长的说法错误的是（　　）。

A. 经济增长被定义为产量的增加

B. 经济增长的程度可以用增长率来描述

C. 经济增长与经济发展是相同含义

D. 经济增长是人类福利进步的一项基础

2. 生产可能性曲线向外移动可能是（　　）的图形描述。

A. 经济衰退　　B. 经济增长　　C. 经济停滞　　D. 无法确定

3. 以下哪个选项不是经济增长过快所带来的成本？（　　）

A. 为了开发新技术或新资本所必须放弃的当前消费

B. 由于经济增长，加剧环境破坏

C. 由于经济增长，消费商品数量在未来会增加

D. 经济增长过快造成一些资源存量减少

4. 下列哪种情况属于资本深化？（　　）

A. 人口增长 2%，资本存量增加 3%

B. 人口增长 3%，资本存量增加 2%

C. 人口增长 2%，资本存量增加 2%

D. 人口增长 2%，资本存量没有增加

5. 在新古典增长模型中，妇女参与工作的比例提高，长期内在新的稳态下将（　　）。

A. 提高人均产出　　B. 降低人均产出

C. 提高总产出　　D. 资本总量不变

6. 假设一国的储蓄率得到提高并达到新的稳态后，该国（　　）。

A. 人均产量将以更快的速度增长　　B. 人均产量将比原来高

C. 人均产量保持不变　　D. 以上均错误

7. 以下说法错误的是（　　）。

A. 技术进步将提高人民的长期生活水平

B. 人口增长率的降低将提高人民的长期生活水平

C. 在经济运行达到稳定状态后，资本存量不变

D. 在经济运行达到稳定状态后，资本存量仍将不断变化

8. 新古典增长模型中，储蓄率的提高慢于人口增长率的提高将会导致(　　)。

A. 每个人资本的稳态水平降低

B. 每个人资本的稳态水平提高

C. 每个人资本的稳态水平不会变化

D. 无法确定

9. 根据新古典增长模型，某国人口增长率的上升，从长期来看可能会(　　)。

A. 增加该国的实际利率　　B. 提高该国人民的生活水平

C. 增加该国的储蓄率　　D. 促进该国技术进步

10. 根据新古典增长模型，人口增长率的上升（　　）。

A. 将导致人均产量的稳态水准的提高

B. 将导致人均产量的稳态水准的降低

C. 不影响人均产量的稳态水准

D. 对人均产量稳态水准的影响是不确定的

11. 根据新古典增长模型，下列选项不会导致人均收入趋同的是（　　）。

A. 各国物质资本净投资增加了 10 亿元

B. 穷国人口的快速增长

C. 各国教育净投资增加了 10 亿元

D. 资本和劳动在国际流动

12. 按照新古典增长模型的资本黄金律，下列各项中错误的是（　　）。

A. 经济会自动趋向于资本的黄金律水平

B. 人们想要得到资本的黄金律水平，需要一个特定的储蓄率来实现它

C. 现期储蓄增加可使人均消费下降

D. 若使稳态人均消费达到最大，稳态人均资本量的选择应使资本的边际产量等于劳动增长率加上折旧率

13. 以下各项不符合新古典增长模型预言的是（　　）。

A. 如果两个国家的储蓄率相同，初始人均资本较低的那个国家将具有较高的经济增长

B. 如果两个国家的初始人均资本相同，投资率高的那个国家将具有较高的经济增长

C. 如果一个国家提高投资水平，那么，它的收入增长率也将提高

D. 如果两个国家的储蓄率相同，初始人均资本较高的那个国家将具有较高的经济增长

14. 新古典增长模型认为，技术进步是（　　）。

A. 内生变量　　B. 模型内部因素决定

C. 外生变量　　D. 不确定

15. 根据新古典增长理论，下列说法中错误的是（　　）。

A. 在新古典增长模型中，储蓄对消费的影响是不确定的

B. 新古典增长模型的均衡点是指人均资本量保持稳定，不随着时间的推移而变化

C. 在新古典增长模型中，假定只有资本和劳动两种投入要素，且两者不可以相互替代

D. 新古典增长模型预言如果两个国家的初始人均资本相同，但是投资率不同，那么，投资率高的那个国家将具有较高的经济增长

16. 内生增长理论与新古典增长模型最本质的区别在于，内生增长理论（　　）。

A. 肯定了技术变革对经济增长的作用

B. 抛弃了新古典增长模型外生技术变革的假设

C. 将研究与开发作为外生技术变革的主要原因

D. 以上表述都不正确

17. 根据丹尼森的分析，下列选项中不是要素生产率的主要决定因素的是（　　）。

A. 规模经济状况　　B. 资源配置状况

C. 知识进展　　D. 企业产权性质

18. 根据丹尼森对经济增长因素的分析，下列说法中错误的是（　　）。

A. 知识进展是发达资本主义国家最重要的增长因素

B. 技术知识比管理知识进步更加重要

C. 经济增长可以看成劳动、资本和土地投入的结果

D. 技术进步对经济增长的贡献是明显的，但只把生产率的增长看成大部分是采用新技术知识的结果则是错误的

19. 下列各项中不属于生产要素供给增加的是（　　）。

A. 折旧的增加　　B. 就业人口的增加

C. 新技术的发明　　D. 发展职业技术培训

20. 下列说法中正确的是（　　）。

A. 在新古典增长模型中，人口增长速度加快使人均产出的增长率短期内上升，长期内不变

B. 储蓄率不能影响经济中的产出增长，它由劳动投入的增长和技术进步所

决定

C. AK 模型中规模报酬不变，边际收益递减

D. 储蓄率的变化对消费的影响是不确定的

二、多项选择题

1. 关于经济增长，下列说法中正确的是（　　）。

A. 经济增长的标志是社会生产能力不断提高

B. 经济增长在图形上表现为生产可能性曲线向外移动

C. 经济增长在图形上表现为生产可能性曲线内某一点向曲线上方移动

D. GNP 是衡量经济增长的一个极好指标

2. 关于经济增长，以下说法正确的是（　　）。

A. 经济增长与经济中生产潜力的增长及生产能力得到利用的程度有关

B. 经济增长关注区域是否可能获得经济的持续增长

C. 经济增长的部分社会成本是：污染、农田的毁坏、对野生动植物的破坏以及迅速耗尽的重要自然资源

D. 经济增长被定义为产量的增加，这里的产量仅可以表示为经济的总产量（GDP 总量）

3. 经济增长的直接原因是（　　）。

A. 劳动　　B. 制度　　C. 资本　　D. 文化

4. 以下说法中正确的是（　　）。

A. 根据新古典增长模型，穷国人口的快速增长不会导致人均收入的趋同（收敛）

B. 在新古典增长模型中，劳动力增长率的提高不影响人均产出的增长率

C. 在新古典增长模型中，储蓄对消费的影响是不确定的

D. 假设战争摧毁了一个国家的劳动力，但是没有影响资本存量。那么，根据新古典增长模型，该国的人均产出反而会增加

5. 在新古典增长模型里，被视为内生变量的是（　　）。

A. 劳动　　B. 资本　　C. 人口增长率　　D. 储蓄率

6. 新古典增长模型中经济增长的均衡点含义是（　　）。

A. 生产增长率等于 0

B. 实际经济增长率等于 0

C. 资本深化等于0

D. 整个社会的积累刚好可以满足装备新增加的人口的需要

7. 以下说法正确的是（　　）。

A. 当技术得到进步时，人民的长期生活水平将会提高

B. 当人口增长率降低时，人民的长期生活水平将会提高

C. 在经济运行达到稳定状态后，一般资本存量仍将不断增长

D. 在经济运行达到稳定状态后，一般资本存量将会不断减少

8. 内生经济增长理论与新古典增长模型相比，不同在于内生经济增长理论中（　　）。

A. 将技术进步作为内生变量　　B. 将技术进步作为外生变量

C. 富国经济增长慢于穷国　　D. 规模报酬递增

9. 根据内生增长理论，以下选项中正确的是（　　）。

A. 技术进步是引起经济增长的主要因素

B. 技术进步是引起经济增长的次要因素

C. 技术进步是经济增长的内生变量

D. 技术进步是经济增长的外生变量

10. 之所以要重视投资（资本品）是因为（　　）。

A. 投资提供了新技术所需要的装备

B. 增加投资一定会使消费支出持续增加

C. 投资提供给现有工人更多的机器设备，进而提升劳动生产率

D. 投资提供给新进入劳动力队伍的劳动力生产用设备，使其进入生产

11. 每个工人的产出增加可能来自（　　）。

A. 全要素生产率提高　　B. 进口消费品增加

C. 受教育年龄增加　　D. 其他生产设备得到更好的维护

12. 会降低平均劳动生产率的是（　　）。

A. 教育制度改革成功　　B. 新工人进入经济

C. 提前退休　　D. 萧条时期的工人流动频繁

13. 根据丹尼森的观点，下列关于管理知识正确的是（　　）。

A. 管理知识就是广义的管理技术和企业组织方面的知识

B. 管理和组织知识方面的进步更可能降低生产成本，增加国民收入

C. 管理知识对国民收入的贡献比改善产品物理特性对国民收入的贡献影响

更小

D. 管理知识进步比技术知识进步更加重要

14. 下列各项有利于技术进步的是（　　）。

A. 专利制度给新产品发明者以暂时的垄断权利

B. 税收法规为进行研究和开发的企业提供税收减免

C. 通过教育和培训使劳动者获得知识和技能

D. 国家科学基金等政府机构持续直接资助大学的基础研究

15. 下列各项中正确的是（　　）。

A. 一般总产出的高增长率比人均产出的高增长率更为可取

B. 一般在经济繁荣时期，总需求大于总供给，经济中存在通货膨胀，政府通过紧缩性的财政政策来压抑总需求，可以实现物价稳定

C. 根据新古典增长模型，劳动、资本的增长或技术水平的提高都可以带来经济增长

D. 在经济衰退时期，人们的可支配收入中消费的比例将减小

16. 下列各项中正确的是（　　）。

A. 资本积累的成本是社会为了将来可能的消费而缩减当前的消费

B. 高增长率意味着消费总量的增长且消费占收入的比例增加

C. 在其他条件相同的情况下，较高的平均储蓄倾向导致较高的增长率

D. 为提高经济增长率，可以推广基础科学及应用科学的研究成果

17. 下列各项中正确的是（　　）。

A. 人均产出水平和资本-劳动比率取决于人口增长率和储蓄率

B. 在一个充分就业、不断增长的经济体系中，如果储蓄水平不断增长，那么投资水平必须不断增长才能保持充分就业水平

C. 提高生产能力的使用率会使经济远离生产可能性曲线

D. 当经济在某一生产可能性曲线上时，产出进一步增长需要生产能力进一步扩大

18. 下列各项中正确的是（　　）。

A. 根据新古典增长模型，人口增长率的上升会提高人均资本的稳定状态水平

B. 如果在某一时期内国民收入增加，则净投资肯定大于零

C. 如果在某一时期内国民收入增加，但增长率趋于下降，则净投资持续下降

D. 投资可以给新进入劳动力队伍的劳动者提供设备，使他们可以进行生产

三、判断题

1. 我们通常用总需求的增加来表现经济增长。(　　)

2. 提高设备利用率和失业率的下降都会带动国内生产总值的增长。(　　)

3. 经济增长的标志是社会生产能力不断提高。(　　)

4. 要研究一国人民生活水平的变化，应该主要考察实际国民生产总值。(　　)

5. 如果某一时期 GDP 不断上升，那么净投资小于零。(　　)

6. 经济增长在经济学上可以表现为生产可能性边界向内移动。(　　)

7. 依据新古典增长模型，不改变其他条件，提升人口增长率，将会出现资本深化大于 0。(　　)

8. 依据新古典增长模型，资本深化和资本广化两者之和等于单位劳动力的产出。(　　)

9. 根据新古典增长模型，储蓄率的提高可能导致实际总产出增长率的永久性上升。(　　)

10. 根据新古典增长模型，储蓄率的上升将会引起稳态增长率的降低和收入的稳态水平提高。(　　)

11. 根据新古典增长模型，人口增长率的上升将提高人均资本的稳定状态水平。(　　)

12. 新古典增长模型的基本方程式可表述为：资本深化 = 人均储蓄（投资）+资本广化。(　　)

13. 在生产函数 $F=AL^{a}K^{(1-a)}$ 中，全要素生产率是指 a。(　　)

14. 储蓄率提升只可能引起消费的下降。(　　)

15. 丹尼森认为规模经济状况、资源配置状况、管理知识、技术知识是要素生产率的主要决定因素。(　　)

16. 想要使经济摆脱缓慢增长的状态，可以通过鼓励投资、优化资源配置和推进创新活动，提高国内生产总值。(　　)

17. 老年人工作经验更加丰富，但是年轻人在体力、精力和接受新事物、新知识等方面的能力比老年人强，因此长期来看让老年人提前退休，增加年轻人比例，会使平均劳动生产率提高。(　　)

18. 劳动者教育年限的增加属于生产要素供给的增长。(　　)

19. 人才的合理流动可以提高劳动力生产要素的利用效率。(　　)

20. 劳动力健康属于人力资本内容。(　　)

21. 资本自身的积累将会影响人均产出的增长。(　　)

22. 资本形成是指总投资增加。(　　)

四、名词解释

1. 经济增长　2. 资本广化　3. 资本深化　4. 人力资本　5. 制度

五、问答题

1. 为什么即使总需求增大，也不能使得潜在国民经济增长更快？

2. 根据索洛模型，为提高居民生活水平和人均产出增长率，应该提高投资在产出中的比例。这一观点正确吗？为什么？

3. 根据新古典增长模型，在表16-1的最后一列填写对应变量的稳态增长率。

表16-1　新古典增长模型的稳态增长率

内生变量	符号	稳态增长率
没有技术进步的新古典增长模型的稳态增长率		
人均资本	$k=\frac{K}{N}$	
人均产量	$y=\frac{Y}{N}$	
总资本	K	
总产量	Y	
具有技术进步的新古典增长模型的稳态增长率		
按有效劳动平均的资本	$\hat{k}=\frac{K}{AN}$	
按有效劳动平均的产量	$\hat{y}=\frac{Y}{AN}$	
人均资本	$\frac{K}{N}=\hat{k}A$	
人均产量	$\frac{Y}{N}=\hat{y}A$	
总资本	$K=\hat{k}AN$	
总产量	$Y=\hat{y}AN$	

4. 通过新古典增长模型分析，可以得出哪些重要结论？

5. 丹尼森如何概括经济增长的因素?

6. 什么是新经济增长理论?新经济增长理论出现的背景及其政策建议是什么?

7. 简述内生经济增长理论的 AK 模型。

8. 简述内生经济增长理论的两部门模型。

9. 内生增长理论与索洛模型对长期经济增长的解释有何不同之处?

10*. 什么是全要素生产率?如何测度?

六、计算题

1. 已知资本增长率 $k=2\%$,劳动增长率 $L=0.6\%$,产出增长率 $y=3\%$,资本的国民收入份额 $a=0.2$,在以上假定条件下,技术进步对经济增长的贡献为多少?

2. 用数学方法证明,在一定条件下,人均产量的增长率等于总产量的增长率减去人口增长率。

3. 设变量 y 呈指数式增长:$y(t)=y_0e^{gt}$,证明变量 y 的增长率可以表示为 $g=\ln y(t)-\ln y(t-1)$。

4. 如果一个国家的有效人均生产函数为:$y=k^{0.35}$,储蓄率 $s=0.4$,人口增长率 $g_N=0.01$,技术进步率 $g_A=0.03$,资本折旧率 $\delta=0.06$。请计算:

(1)该国长期均衡的有效人均资本存量 k^* 和消费水平 c^*;

(2)资本积累的黄金律水平 k_g。

5*. 如果要使一国的产出年增长率 G 从4%提高到8%,在储蓄率 s 为40%的条件下,根据哈罗德-多玛经济增长模型,资本-产出比率应如何相应变化?

七、案例分析题

1. 表16-2给出了按收入划分的三类国家2012年的人均实际 GDP 及其年均增长率。

表16-2 三类国家2012年的人均实际 GDP 和年均增长率

国家类别	人均实际 GDP(美元)	人均实际 GDP 年均增长率(2000—2012年)
高收入国家	31 372	1.1%
中等收入国家	2 730	4.7%
低收入国家	422	3.2%

（1）计算各类国家人均实际 GDP 翻一番所需年数。

（2）假定每类国家的年均增长率都保持在 2000—2012 年的平均水平，按复利计算这三类国家 2076 年的人均实际 GDP。

（3）在上表中，中等收入国家和低收入国家在 2000—2012 年的年均增长率均高于高收入国家，请用增长理论解释这个现象。

2. 2021 年，中国经济增长国际领先，经济实力显著增强。全年国内生产总值比上年增长 8.1%，经济增速在全球主要经济体中名列前茅；经济总量达 114 万亿元，稳居世界第二，占全球经济的比重超过 18%；人均国内生产总值 80 976元，按年平均汇率折算，达到 1.2 万美元；2021 年年末，外汇储备余额 32 502 亿美元，稳居世界第一。改革开放 40 多年来，中国经济一直高速增长，结合经济理论和中国经济社会发展实践，谈谈中国经济快速发展的原因。

第四部分　精编习题详解

一、单项选择题

1. 答案 C，解析：经济增长被定义为产量的增加，而经济发展是反映一个经济社会总体发展水平的综合性概念，二者含义不同。

2. 答案 B，解析：生产可能性曲线是表示经济社会在既定资源和技术条件下所能生产的各种商品最大数量的组合。可以使生产可能性曲线向外平移的因素包括技术进步、资源数量增加、劳动生产率提高，这些情况往往是属于经济增长的表现。

3. 答案 C，解析：消费商品数量扩张是经济增长带来的一种利益，而不是成本。

4. 答案 A，解析：资本深化 = 人均储蓄（投资）- 资本广化，所以当出现资本深化时，资本存量增加速度应该大于人口增长速度。

5. 答案 C，解析：妇女参与到工作中，则工人的就业人数增加，在新的稳态水平下，人均资本占有量下降，人均资本和人均产出收敛到原来的水平，但是资本总量和产出总量都将增加。

6. 答案 B，解析：在短期中，储蓄率提高，人均资本存量将增加，直到经济达到新的稳定状态为止，此时人均资本存量和人均产量都高于原来的稳态水平。但是，在长期中，经济并不会永远保持高经济增长率，随着资本积累的增加，增长率会回落到原来的水平。

7. 答案 C，解析：在经济运行达到稳定状态后，由于人口数量等因素变化，资本存量仍将不断变化，C 选项错误。

8. 答案 A，解析：储蓄率的提高慢于人口增长率的提高会导致人均资本 k 下降，即每个人资本的稳态水平降低。

9. 答案 A，解析：人口增长率上升后，会使均衡状态下的人均资本存量减少，实际利率上升。

10. 答案 B，解析：人口增长率的上升降低了人均资本的稳态水平，从而降低了人均产量的稳态水平。

11. 答案 B，解析：人口增长率的上升导致的是较低的稳态人均资本水平和人均产出，穷国和富国不再趋同，它们拥有不同的稳态人均资本。

12. 答案 A，解析：一般地，一个经济并不会自动趋向于资本的黄金律水平，因此 A 选项错误。

13. 答案 D，解析：初始人均资本较高的那个国家，需要更高的储蓄率才能达到相同程度的资本深化，才能有着相同的经济增长，所以 D 选项错误。

14. 答案 C，解析：新古典增长模型认为技术进步取决于机遇和运气，所以它并没有指出技术变革发生的原因，技术进步是新古典增长模型的外生变量。

15. 答案 C，解析：在新古典增长模型中，假定只有资本和劳动两种投入要素，且两者可以相互替代。

16. 答案 B，解析：考查内生增长理论与新古典增长模型的比较。

17. 答案 D，解析：要素生产率主要取决于资源配置状况、规模经济和知识进展。

18. 答案 B，解析：技术知识和管理知识进步的重要性是相同的，不能只重视前者而忽视后者。

19. 答案 A，解析：生产要素供给增加包括劳动数量增加、劳动质量增加、资本存量增加、技术进步和制度改善。

20. 答案 D，解析：在新古典增长模型中，人口增长速度加快使人均产出的增长率短期内下降，长期内不变，因此 A 选项错误。内生增长理论认为储蓄率可以影响增长率，因此 B 选项错误。AK 模型的边际收益不变，因此 C 选项错误。

二、多项选择题

1. 答案 ABD，解析：经济增长在图形上表现为生产可能性曲线向外移动，所以 C 选项错误。

2. 答案 ABC，解析：经济增长被定义为产量的增加，这里的产量不仅可以表示为经济的总产量（GDP 总量），还可以表示为人均产量（人均 GDP）。

3. 答案 AC，解析：B、D 选项属于根本原因，不是直接原因。

4. 答案 ACD，解析：在从原来的稳态水平向新的稳态水平过渡时，劳动力增长率的增加会降低人均资本和人均产出的增长率，故 B 选项错误。

5. 答案 AB，解析：$\dot{k}=sf(k)-(g_N+\delta)k$ 为新古典增长模型稳态公式，人口增长率、储蓄率虽然影响人均资本，但是外生变量。

6. 答案 CD，解析：在新古典增长模型中，$\dot{k}=sf(k)-(g_N+\delta)k=0$ 是经济增长的均衡点，此时资本深化等于 0，整个社会的积累刚好可以满足装备新增加的人口的需要。

7. 答案 ABC，解析：技术进步、资本形成和劳动投入可使经济增长长期有效，因此 A、B 选项正确；在经济运行达到稳定状态后，一般资本存量仍会保持不断增长，因此 C 选项正确，D 选项错误。

8. 答案 AD，解析：内生经济增长理论与新古典增长模型相比，它将技术进步作为内生变量，因此 A 选项正确，B 选项错误；在内生经济增长理论中，规模报酬递增，富国经济增长快于穷国，因此 C 选项错误，D 选项正确。

9. 答案 AC，解析：在内生增长理论中，技术进步既是引起经济增长的主要因素，又是经济增长的内生变量。

10. 答案 ACD，解析：收入水平才是影响消费支出变化的主要因素，因此 B 选项错误。

11. 答案 ACD，解析：进口消费品增加可能引起产出下降，因此 B 选项错误。

12. 答案 BD，解析：新工人进入经济，还没有掌握生产技能，因此会降低平均劳动生产率；萧条时期工人流动频繁，工人们不能连续工作，连续积累工作经验，因此会降低平均劳动生产率。因此，B、D 选项应选。教育制度改革成功与提前退休都会提高平均劳动生产率，因此 A、C 选项不选。

13. 答案 AB，解析：管理知识对国民收入的贡献比改善产品物理特性对国民收入的贡献影响更大，因此 C 选项错误。技术知识和管理知识进步的重要性是相同的，因此 D 选项错误。

14. 答案 ABCD，解析：各项都直接或者间接地促进技术进步。

15. 答案 BC，解析：社会的发展应该以人的幸福和全面可持续发展为第一要务，人均产出的高增长率比一般总产出的高增长率更为可取，因此 A 选项错误；在经济衰退时期，按照边际消费倾向递减规律，人们的可支配收入中消费的比例将增大，因此 D 选项错误。

16. 答案 ACD，解析：高增长率应该是意味着消费总量的增长且消费占收入的比例减小，因此 B 选项错误。

17. 答案 ABD，解析：提高生产能力的使用率会使经济接近生产可能性曲线。

18. 答案 BCD，解析：根据新古典增长模型，人口增长率的上升会降低人均资本的稳定状态水平。

三、判断题

1. 答案×，解析：我们通常用总供给的增加来表现经济增长。

2. 答案√，解析：提高设备利用率和失业率的下降都会带来短期国内生产总值的增长，不会引起潜在国民收入的变动。

3. 答案√，解析：考查经济增长基本知识点。

4. 答案×，解析：要研究一国人民生活水平的变化，应该主要考察人均实际国民生产总值。

5. 答案×，解析：某一时期 GDP 不断上升，那么净投资应该大于零。

6. 答案×，解析：经济增长的表现是生产可能性边界向外移动。

7. 答案×，解析：考查新古典增长模型基本公式 $\dot{k}=sf(k)-(g_N+\delta)k$ 概念，当人口增长率 g_N 得到提升时，人均资本数量将会随之降低，那么资本深化小于 0。

8. 答案×，解析：依据新古典增长模型理论，资本深化和资本广化两者之和等于人均储蓄。

9. 答案×，解析：在短期，储蓄率的提高导致了总产量和人均产量增长率的提高。在长期，储蓄率的提高只提高了稳态的人均产量水平和人均资本水平，而不会影响稳态增长率。

10. 答案×，解析：根据新古典增长模型，储蓄率的上升无法引起稳态增长率的变化，但可以提高收入的稳态水平。

11. 答案×，解析：根据新古典增长模型，人口增长率上升将降低人均资本的稳态水平。

12. 答案×，解析：新古典增长模型的基本方程式可表述为：资本深化=人均储蓄（投资）-资本广化。

13. 答案×，解析：在生产函数 $F=AL^{a}K^{(1-a)}$，全要素生产率是指 A。

14. 答案×，解析：消费可能由于储蓄增加而减少，也可能由于储蓄率提高、投资增加、产出增加而增加，因此储蓄率的变化对消费的影响是不确定的。

15. 答案√，解析：要素生产率主要取决于资源配置状况、规模经济和知识进展。管理知识、技术知识均为知识进展。

16. 答案√，解析：考查促进经济增长政策措施相关知识点。

17. 答案√，解析：短期来看由于新工人经验不足，提升新工人比例会降低平均劳动生产率；但是长期来看年轻人在体力、精力和接受新事物、新知识等方面的能力比老年人强，是有助于平均劳动生产率提高的。

18. 答案√，解析：劳动者教育年限增加，虽然学习时间延长、工作时间相对缩短，但工作能力、效率提高，可增加人均产出，总体考察，属于生产要素供给的增长。

19. 答案√，解析：人才的合理流动可以提高劳动力生产要素的利用效率，是人力资本投资的一部分。

20. 答案√，解析：劳动力健康、劳动力数量、劳动力的技术都属于人力资本内容。

21. 答案√，解析：当技术始终不变时，就资本自身的积累而言，可能会引起资本的边际产量下降，导致对人均产出的增长产生影响。

22. 答案×，解析：资本形成是指净投资增加。

四、名词解释

1. 经济增长：在宏观经济学中，经济增长被定义为产量的增加。这里，产量既可以表示为经济的总产量（GDP 总量），也可以表示为人均产量（人均 GDP）。经济增长的程度可以用增长率来描述。

2. 资本广化：为新增人口配备的平均数量的资本，$(g_N+\delta+g_A)\hat{k}$ 为资本的广化。

3. 资本深化：在新古典增长模型中，资本深化是由人均储蓄（投资）减去资本广化得到的，指在经济增长过程中，当人均储蓄超过资本广化，使得人均资本 k 上升。

4. 人力资本：是指劳动者通过教育和培训所获得的知识和技能。它包括天生的能力和才华以及通过后天教育训练获得的技能。人力资本投资是提高社会劳动生产率和人们生活水平的主要途径。政府政策可以提供良好的教育与培训体系、促进劳动力流动等提高人力资本质量和数量。

5. 制度：是社会中的博弈规则，或者说是人们设计的影响人们互动的约束。包括正式和非正式规则，如法律、规章、职业道德、家庭美德、社会公德等。

五、问答题

1. 为什么即使总需求增大，也不能使得潜在国民经济增长更快？

解析：因为均衡产出是和总需求相一致的产出，也就是经济社会的收入正好等于全体居民和企业想要有的支出。均衡产出并不等于潜在 GDP。从长期看，国民经济增长取决于劳动力、资本、土地和技术水平，只有在这四者增加的情况下，潜在国民经济才能增加。从中期看，在一定条件下，总需求的增加会导致国民经济的增长，这是因为在资源没有被充分利用的情况下，总需求的增加会增加对劳动力、资本和土地的利用，从而促使经济增长。但在资源得到充分利用的情况下，总需求增加只能导致通货膨胀，并不能促进国民经济快速增长，更不要说总需求越大，潜在国民经济增长越快了。

2. 根据索洛模型，为提高居民生活水平和人均产出增长率，应该提高投资在产出中的比例。这一观点正确吗？为什么？

解析：不正确。理由如下：① 提高投资在产出中的比例，就是要提高储蓄率。根据索洛模型，稳态的均衡条件为 $sf(\hat{k})=(g_A+g_N+\delta)k$，这意味着储蓄率的提高必将带来人均资本和人均产出的提高，但这种提高是短期内的一次性提高，因而并不会影响人均产出的增长率。并且储蓄率提高意味着用于消费的收入比例降低，居民生活水平会下降。② 根据索洛模型，当经济处于长期均衡的稳态条件下，人均产出增长率等于广义的技术进步率。因此只有技术进步才能保证居民生活水平的提高和人均产出的持续增长。③ 储蓄率提高带来的资本存量增长不一定越高越好。在资本存量超过黄金律的情况下，经济中的资本配置不再是帕累托最优的，此时通过减少资本存量可以提升整个社会的福利水平，在资本黄金律的资本存量下可以使得人均消费最大化。

3. 根据新古典增长模型，在表 16-1 的最后一列填写对应变量的稳态增长率。

表 16-1　新古典增长模型的稳态增长率

内生变量	符号	稳态增长率
没有技术进步的新古典增长模型的稳态增长率		
人均资本	$k=\frac{K}{N}$	0
人均产量	$y=\frac{Y}{N}$	0
总资本	K	g_N
总产量	Y	g_N
具有技术进步的新古典增长模型的稳态增长率		
按有效劳动平均的资本	$\hat{k}=\frac{K}{AN}$	0
按有效劳动平均的产量	$\hat{y}=\frac{Y}{AN}$	0
人均资本	$\frac{K}{N}=\hat{k}A$	g_A
人均产量	$\frac{Y}{N}=\hat{y}A$	g_A
总资本	$K=\hat{k}AN$	g_N+g_A
总产量	$Y=\hat{y}AN$	g_N+g_A

4. 通过新古典增长模型分析，可以得出哪些重要结论？

解析：通过新古典增长模型分析，可以得出如下重要结论：① 生产函数和储蓄率相似的经济体，如果初始人均收入较低，其增长速度会较快，而初始人均收入较高的经济体，其增长速度则较慢。② 储蓄率较高，使得投资水平较高，导致人均资本和人均产出水平较高，但是不影响这些变量的长期增长率。③ 较高的人口增长率会降低人均产出水平。④ 一旦经济达到稳态，人均产出的增长率就只取决于技术进步的速率。换句话说，只有技术进步才能解释一国或地区经济的持续增长和生活水平的持续提高。

5. 丹尼森如何概括经济增长的因素？

解析：丹尼森把经济增长因素分为两大类：生产要素投入量和生产要素生

产率。具体而言，丹尼森把影响经济增长的因素归结为六个：① 劳动；② 资本存量的规模；③ 资源配置状况；④ 规模经济；⑤ 知识进展；⑥ 其他影响单位投入产量的因素。

在 1985 年出版的《1929—1982 年美国经济增长趋势》一书中，丹尼森根据美国国民收入的历史统计数据，对各增长因素进行了考察和分析，认为劳动力增加对经济增长的贡献相当大。知识进展解释了技术进步对经济增长约 2/3 的贡献。资源配置、规模经济这一因素对要素生产率增加的贡献也不可忽视。

6. 什么是新经济增长理论？新经济增长理论出现的背景及其政策建议是什么？

解析：（1）新经济增长理论的含义。新经济增长理论又称内生增长理论，其认为促使经济增长的因素是由模型内生决定的。新经济增长理论是相对于过去的增长理论尤其是新古典增长理论而言的。过去的增长理论往往假定生产函数具有规模报酬不变的性质，认为技术和人口等的变动都是外生的，并以此来说明一国经济长期增长和各国经济增长率的差异。而新经济增长理论最重要的特征是试图使增长率内生化。

（2）新经济增长理论出现的背景。新经济增长理论是在索洛的新古典增长理论无法说明各国经济增长的现实的背景下出现的。例如，按新古典增长模型的假设，当资本存量增长时，由于边际收益递减，经济增长速度会放慢，最终增长将停止。但过去 100 多年间，许多国家人均产出保持了正的增长率，增长没有长期下降的趋势。又如，根据新古典增长模型，穷国人均资本存量较低，每单位新增投资能得到较高报酬率，因而穷国应比富国增长更快，但事实却相反，穷国增长往往更慢。在这种情况下，一些经济学家通过对新古典模型的反思，认为新古典模型之所以说明不了现实，关键在于把模型中的储蓄率、人口增长率、折旧率和技术进步都当作外生变量，实际上除折旧率外，其余一些变量都是内生的，是由人们行为决定的，并可以通过政策加以影响。这样，一种以内生经济增长为主要特征的新经济增长理论就诞生了。

（3）新经济增长理论的政策建议。新经济增长理论认为增长是内生的，尤其是内生技术变化的产物，因此，政府可以通过政策影响人们的行为。例如，对从事研究与开发的企业减免税收，对科研活动提供补贴，鼓励技术引进，实行大力发展教育、促进人力资本投资的政策等。政府的政策重心不应当放在应对经济周期上，而应该放在如何促进经济长期增长上。

7. 简述内生经济增长理论的 AK 模型。

解析：内生增长理论的生产函数 $Y=AK$。式中：Y 代表产出；K 代表资本存量；A 代表一个常量，它衡量一单位资本所生产的产出量。

$\Delta K=sY-\delta K$。上式表明，资本存量的变动 ΔK 等于投资 sY 减去折旧 δK。将这一关系式与生产函数 $Y=AK$ 结合在一起，进行一些运算之后可得：$\frac{\Delta Y}{Y}=\frac{\Delta K}{K}=sA-\delta$。只要 $sA>\delta$，即使没有外生技术进步的假设，经济也一直增长。在这种内生增长模型中，接受知识是一种资本，不存在资本边际收益递减，故储蓄和投资会引起长期增长。AK 内生增长模型提供了一条内生化稳态增长率的途径，储蓄率 s 越高，产出增长率也将越高。这一模型暗示，那些能永久提高投资率的政府政策会使经济增长率不断地提高。

8. 简述内生经济增长理论的两部门模型。

解析：两部门模型属于内生经济增长理论。假定经济有两个部门，分别称为制造业企业和研究性大学。企业生产产品和提供服务，这些产品与服务用于消费和物质资本投资。大学生产被称为“知识”的生产要素，然后这两个部门免费利用知识。企业的生产函数、大学的生产函数，以及资本积累方程描述了该经济：

$Y=F[K,(1-u)EN]$　　企业的生产函数

$\Delta E=g(u)E$　　大学的生产函数

$\Delta K=sY-\delta K$　　资本积累方程

式中：u 代表在大学的劳动力比例；相应地，$(1-u)$代表在企业的劳动力比例；E 代表知识存量；函数 $g(u)$表明知识增长如何取决于在大学的劳动力比例的函数。一般地，假设企业的生产函数是规模报酬不变的，如果资本存量 K 和在企业的劳动力的数量即$(1-u)EN$ 翻一番，那么，产品与服务产出 Y 也翻一番。

如果使资本存量 K 和知识 E 都翻一番，根据以上关系式和假定可知，这时经济中两个部门的产出也都翻一番。因此，与前面的 AK 模型一样，这个模型也可以在不假设生产函数中有外生变动的情况下引起长期增长。在这里，长期增长是内生地产生的，因为大学的知识创造不会停止。

9. 内生增长理论与索洛模型对长期经济增长的解释有何不同之处？

（1）假设条件不同。索洛模型假设资本边际收益递减，而内生经济增长理

论则假设资本边际收益不变。这是内生经济增长理论和索洛模型的关键区别。另外，索洛模型假设技术是外生的，而内生经济增长理论则认为技术和资本一样，是内生的。

（2）储蓄率变动对经济增长的影响不同。在索洛模型中，储蓄引起暂时增长，但资本收益递减最终迫使经济达到稳定状态，在这一稳定状态下经济增长只取决于外生技术进步。相反，在内生增长模型中，储蓄和投资可以导致经济持续增长。

（3）结论不同。内生经济增长理论的结论是经济增长率是内生的，即促使经济增长的因素是模型内生决定的，储蓄和投资会引起经济的长期增长。索洛模型的结论则是经济增长取决于外生的技术进步，而储蓄只会导致经济的暂时增长。

10*. 什么是全要素生产率？如何测度？

解析：全要素生产率指生产单位（主要为企业）中各个要素的综合生产率，以区别于单一要素生产率。全要素生产率求解的简单公式是：

$$\frac{\Delta A}{A}=\frac{\Delta Y}{Y}-(1-\theta)\cdot\frac{\Delta N}{N}-\theta\cdot\frac{\Delta K}{K}$$

在增长率的分解式中 A 的变化，解释了所有不是源于要素投入变化的生产率的变化。A 有时被称作全要素生产率，或简称为 TFP。这是一个比“技术进步”更为中性的术语。通过这种方法测量到的 TFP 也称为索洛剩余。

六、计算题

1. 已知资本增长率 $k=2\%$，劳动增长率 $L=0.6\%$，产出增长率 $y=3\%$，资本的国民收入份额 $a=0.2$，在以上假定条件下，技术进步对经济增长的贡献为多少？

解析：由经济增长理论可知，资本的国民收入份额+劳动的国民收入份额=1。那么根据题意，资本的国民收入份额 $a=0.2$，可得到劳动的国民收入份额：$b=1-a=1-0.2=0.8$。

根据经济增长核算方程，资本和劳动这两种要素供给的增加取得的综合增长率为：

$$ak+bL=0.2\times2\%+0.8\times0.6\%=0.88\%$$

技术进步对经济增长的贡献为实际的产出 y 增长率与要素投入对经济增长

所做的贡献。因此，技术进步对经济增长的贡献为 3%-0.88%=2.12%。

2. 用数学方法证明，在一定条件下，人均产量的增长率等于总产量的增长率减去人口增长率。

解析：由 $y=\frac{Y}{N}$，两边同时取对数得：$\ln y=\ln Y-\ln N$

两边同时对 t 求导得：$\frac{\mathrm{d}y/\mathrm{d}t}{y}=\frac{\mathrm{d}Y/\mathrm{d}t}{Y}-\frac{\mathrm{d}N/\mathrm{d}t}{N}$，即$g_y=g_Y-g_N$，人均产量的增长率等于总产量的增长率减去人口增长率。

3. 设变量 y 呈指数式增长：$y(t)=y_0\mathrm{e}^{gt}$，证明变量 y 的增长率可以表示为 $g=\ln y(t)-\ln y(t-1)$。

解析：由 $y(t)=y_0\mathrm{e}^{gt}$，两边同时取对数得：$\ln y(t)=\ln y_0+gt$　　（1）

$t-1$ 期时有：$\ln y(t-1)=\ln y_0+g(t-1)$　　（2）

由（2）减（1）得：$g=\ln y(t)-\ln y(t-1)$。

4. 如果一个国家的有效人均生产函数为：$y=k^{0.35}$，储蓄率 $s=0.4$，人口增长率 $g_N=0.01$，技术进步率 $g_A=0.03$，资本折旧率 $\delta=0.06$。请计算：

（1）该国长期均衡的有效人均资本存量 k^* 和消费水平 c^*；

（2）资本积累的黄金律水平 k_g。

解析：（1）经济达到稳态时，必须有 $sf(k)=(g_A+g_N+\delta)k$，即有：$0.4k^{0.35}=(0.03+0.01+0.06)k$。因此，$k^*=4^{1/0.65}$，$y^*=4^{7/13}$。消费 $c^*=y^*-(g_A+g_N+\delta)k^*=(1-s)y^*=0.6\times4^{7/13}$。

（2）由有效人均生产函数可得 $MP_K=\mathrm{d}y/\mathrm{d}k=0.35k^{-0.65}$，满足资本积累的黄金律水平的条件是：$MP_k=g_A+g_N+\delta$，即有：$0.35k^{-0.65}=0.03+0.01+0.06=0.1$，$k_g=3.5^{1/0.65}$。

5*. 如果要使一国的产出年增长率 G 从 4%提高到 8%，在储蓄率 s 为 40%的条件下，根据哈罗德-多玛经济增长模型，资本-产出比率应如何相应变化？

解析：根据哈罗德-多玛经济增长模型，为实现经济的均衡增长，则 $G=S/V$。其中资本-产出比率 V 会随着资本和劳动的相互替代而调整。

由题意可知，当产出年增长率 G_1 为 4%时，$G_1=s/V_1$，则 $V_1=s/G_1=40\%/4\%=10$。

当产出年增长率 G_2 为 8%时，$G_2=s/V_2$，则 $V_2=s/G_2=40\%/8\%=5$。

那么，为了使得产出年增长率从 4%提高到 8%，在储蓄率相对稳定的情况下，资本-产出比率应从 10 降至 5。

七、案例分析题

1. 表 16-2 给出了按收入划分的三类国家 2012 年的人均实际 GDP 及其年均增长率。

表 16-2 三类国家 2012 年的人均实际 GDP 和年均增长率

国家类别	人均实际 GDP（美元）	人均实际 GDP 年均增长率（2000—2012 年）
高收入国家	31 372	1.1%
中等收入国家	2 730	4.7%
低收入国家	422	3.2%

（1）计算各类国家人均实际 GDP 翻一番所需年数。

（2）假定每类国家的年均增长率都保持在 2000—2012 年的平均水平，按复利计算这三类国家 2076 年的人均实际 GDP。

（3）在上表中，中等收入国家和低收入国家在 2000—2012 年的年均增长率均高于高收入国家，请用增长理论解释这个现象。

解析：（1）设基期的 GDP 为 1，n 年后的 GDP 为 2，年增长率 x，则有 $1\times(1+x)^n=2$，

解得：$n=\dfrac{\ln 2}{\ln(1+x)}$

则高收入国家 GDP 翻一番所需年数：$n=\dfrac{\ln 2}{\ln(1+0.011)}=63.36$

中等收入国家 GDP 翻一番所需年数：$n=\dfrac{\ln 2}{\ln(1+0.047)}=15.09$

低收入国家 GDP 翻一番所需年数：$n=\dfrac{\ln 2}{\ln(1+0.032)}=22$

（2）高收入国家 2076 年的人均实际 GDP 为：$GDP=31\ 372\times(1+0.011)^{64}=63\ 185.32$

中等收入国家 2076 年的人均实际 GDP：$GDP=2\ 730\times(1+0.047)^{64}=51\ 611.95$

低收入国家 2076 年的人均实际 GDP：$GDP=422\times(1+0.032)^{64}=3\ 168.20$

（3）按照新古典经济增长理论，人均资本高的发达国家为新增人口配备的

必要资本大，资本折旧也相对较多，因此人均资本增量小，经济增长速度也相应低。相反中等收入国家和低收入国家，为新增人口配备的必要资本少，资本折旧也相对较少，人均资本增量较大，经济增长速度也就快得多。

2. 2021 年，中国经济增长国际领先，经济实力显著增强。全年国内生产总值比上年增长 8. 1%，经济增速在全球主要经济体中名列前茅；经济总量达 114 万亿元，稳居世界第二，占全球经济的比重超过 18%；人均国内生产总值80 976元，按年平均汇率折算，达到 1. 2 万美元；2021 年年末，外汇储备余额 32 502 亿美元，稳居世界第一。改革开放 40 多年来，中国经济一直高速增长，结合经济理论和中国经济社会发展实践，谈谈中国经济快速发展的原因。

解析：（1）中国存在其他国家无法比拟的理论、道路、制度和文化优势。中国共产党高举马克思主义科学理论，坚持以人民为中心的发展理念，坚持中国特色社会主义道路和制度，坚持中华优秀传统文化，坚持党的群众路线，始终牢记江山就是人民、人民就是江山，坚持一切为了人民、一切依靠人民，发展成果由人民共享，坚定不移走全体人民共同富裕道路，汇聚几亿人民群众聪明才智和磅礴力量取得了长期发展的成果。

（2）中国发展动能不断转换，促进了中国快速发展。① 经济体制改革和建立市场经济体制。改革开放是决定当代中国前途命运的关键一招，激发了微观经济主体活力，调动了人民生产和投资积极性，公有制企业效能提高，“三农”问题初步解决，非公有制企业蓬勃发展。② 要素驱动和投资驱动。多年以来我国投资对经济贡献都在 40%以上，投资既拉动了中国经济增长，也改善了公共服务。中国商品质优价廉，完善的基础设施便利了人民出行、购物、旅游，降低了企业生产成本，污染防治取得明显成效，青山、蓝天、碧水、公园、健身广场大大提高了人民幸福感。③ 坚持开拓创新。创新是一个国家、一个民族发展进步的不竭动力。党领导人民不断推进理论创新、实践创新、制度创新、文化创新以及其他各方面创新，敢为天下先，走出了前人没有走的路。④ 城镇化和乡村振兴。城镇化和乡村振兴是资源优化的过程，可以提高人的边际生产力，增加社会产出，促进经济增长和人民生活水平提高。⑤ 区域协调发展。区域协调可以发挥各地的比较优势，开发新的增长点，提升社会潜在需求。⑥ 坚持独立自主。独立自主是中华民族精神之魂，是我们立党立国的重要原则。走自己的路，是党百年奋斗得出的历史结论。党历来坚持独立自主开拓前进道路，坚持把国家和民族发展放在自己力量的基点上，坚持中国的事情必须由中国人民自己作主张、自己来处理。⑦ 对外开放。中国对外开放带动了中国发展，也为世界贡献了中国产品、中国智慧和中国方案。中国离不开世界，世界也离不开中国。

参考文献

[1] 约瑟夫·E. 斯蒂格里茨，卡尔·E. 沃尔什. 经济学［M］.4 版. 黄险峰，张帆，译. 北京：中国人民大学出版社，2013.

[2] 保罗·萨缪尔森，威廉·诺德豪斯. 经济学［M］.19 版. 萧琛，译. 北京：商务印书馆，2013.

[3]《西方经济学》编写组. 西方经济学［M］.2 版（下册）. 北京：高等教育出版社，人民出版社，2019.

[4] 高鸿业. 西方经济学［M］.7 版. 北京：中国人民大学出版社，2018.

[5] 张顺. 宏观经济学习题集［M］.3 版. 北京：中国人民大学出版社，2021.

[6] 吴汉洪. 西方经济学习题与解答［M］.2 版. 北京：高等教育出版社，2020.

[7] 尹伯成. 现代西方经济学习题指南［M］.9 版. 上海：复旦大学出版社，2017.

读者意见反馈

为收集对教材的意见建议，进一步完善教材编写并做好服务工作，读者可将对本教材的意见建议通过如下渠道反馈至我社。

咨询电话　400-810-0598

反馈邮箱　gjdzfwb@ pub. hep. cn

通信地址　北京市朝阳区惠新东街 4 号富盛大厦 1 座

高等教育出版社总编辑办公室

邮政编码　100029